Andreas Bode / Christopher Mueller
Mit Medienmusik erfolgreich in der Kreativwirtschaft

Andreas Bode / Christopher Mueller

Mit Medienmusik erfolgreich in der Kreativwirtschaft

Ein praxisorientierter Leitfaden
für die professionelle Musiknutzung
in der Kreativwirtschaft

Bibliografische Information Der Deutschen Bibliothek
Die Deutsche Bibliothek verzeichnet diese Publikation in der
Deutschen Nationalbibliografie; detaillierte bibliografische Daten
sind im Internet über http://dnb.ddb.de abrufbar.

© Musikmarkt GmbH & CO. KG, München
1. Auflage 2010
ISBN 978-3-9811024-8-2

Nachdruck, Vervielfältigung, auch auszugsweise, nur mit
ausdrücklicher Genehmigung des Verlages
Umschlaggestaltung: Media Design, München
Druck: buchbücher.de gmbh, Birkach
Printed in Germany
All rights reserved

Verlag, Herausgeber und Autoren machen darauf aufmerksam, dass die im vorliegenden Buch genannten Markennamen und Produktbezeichnungen in der Regel kennzeichenrechtlich geschützt sind. Eine Einzelfallberatung in rechtlichen und steuerlichen Angelegenheiten können die Artikel nicht ersetzen. Die Veröffentlichungen aller Informationen und Abbildungen erfolgt mit größtmöglicher Sorgfalt, dennoch können Fehler nicht ausgeschlossen werden. Verlag, Herausgeber und Autoren übernehmen deshalb für fehlerhafte Angaben keine Haftung. Sie sind jedoch dankbar für Verbesserungsvorschläge und Korrekturen.

Inhalt

Vorwort
Mit Medienmusik erfolgreich in der Kreativwirtschaft 7

Einleitung
Kreativwirtschaft – die Zukunft der Wirtschaft?! 9

A Die kommerzielle Musiknutzung 25
1. Das Potential der Musik 27
2. Die kommerzielle Musiknutzung
   Wie wird Musik eingesetzt? 32
3. Medienmusik 35
4. Vergütung für die Musik 55
5. Musik im Produkt 60
6. Corporate Media 63
7. Werbung und Sponsoring 69
   Zusammenfassung Teil A 84

B Die Musiknutzung in den Medien 85
1. Einleitung 87
2. TV 88
3. Radio 91
4. Kino/Film 96
5. Video/DVD 104
6. Internet 108
7. IP-TV 122
8. Podcast 128
9. Games 132
10. Mobile Content 138
11. Mobile Marketing und Mobile Advertising 141
12. Hörbücher 145
13. Existenzgründung in der Kreativwirtschaft 148
14. Was bringt die Zukunft? 163

C Rechtsfragen und Praxisbeispiele 173
I. Allgemeiner Teil 175
1. Einleitung 175
2. Die Musikschaffenden und ihre Leistungen 179
3. Die Verwertungsgesellschaften 187
4. Die Production Library 192
5. Die Rechte an Musik 193
6. Formalitäten beim Erwerb des Urheberrechtsschutzes .. 203
7. Der Rechtsverkehr im Urheberrecht 205
8. Unbekannte Nutzungsarten 209
9. Vergütung 211
10. Urheberrecht im Kontext zu anderen einschlägigen Rechtsgebieten 213

II. Besonderer Teil 217
1. Corporate Media 217
2. Werbung 218
3. Film/Kino 220
4. TV 221
5. Radio 222
6. Video/DVD 222
7. Internet 223
8. Podcast 224
9. Games 225
10. Mobile Content 225
11. Mobile Advertising 226
12. Hörbücher 227

D Was bringt die Zukunft? 229
Die Kreativwirtschaft ist die innovative Schlüsselindustrie der Zukunft 231

E Glossar und Service 239
Glossar 241
Service für professionelle Musiknutzer in allen Medien . 257
Premium Service-Adressen 265
Literatur- und Linkliste 266
Über die Autoren 272

Vorwort
Mit Medienmusik erfolgreich in der Kreativwirtschaft

Ziel des Buches:
Mit Medienmusik als roten Faden durch die Kreativwirtschaft führen.
Musikwirkung und Nutzen in allen Medien darstellen.

Sehr geehrte Leserinnen und Leser,

Musik ist ein wesentlicher Bestandteil unseres Lebens. Musik emotionalisiert, erinnert uns an schöne Dinge und macht uns empfänglich für Botschaften. Musik zu hören oder selber Musik zu machen ist ein weit verbreitetes Hobby.
Musik ist aber auch ein wesentlicher Wirtschaftsfaktor. In erster Linie denkt man dabei natürlich an die Musikindustrie selbst. Musik wird aber auch im professionellen »Business to Business«-Bereich (B2B) sehr erfolgreich eingesetzt, und es gilt, das große Einsatzpotenzial auszuschöpfen. Der B2B-Bereich umfasst alle Medien und faktisch die gesamte Kreativwirtschaft:

1. Musikindustrie: Musikverlage, Tonträgerfirmen, Musiker, Komponisten, Tonstudios, Musikschulen, Konzertagenturen, Musikmanager,
   Musiksponsoring, Musikberater, Musiklehrer, Musik-Coaches, Musikschulen, Musikfachverlage, Arrangeure, Texter, Orchester, Dirigenten etc.,
2. Filmwirtschaft einschließlich TV-Produktion: TV, IP-TV,
3. Rundfunkwirtschaft,
4. Gruppe der darstellenden und bildenden Künste, Literatur,
5. Journalisten und Nachrichtenbüros,
6. Museumsshops, Kunstausstellungen,
7. Einzelhandel mit Kulturgütern: Buchhandel, Musikfachhandel, Kunsthandel, Architekturbüros,
8. Design-Wirtschaft: Industriedesign, Kommunikationsdesign, Grafikdesign, sonstiges Design,
9. Werbebranche inklusive Sonderwerbeformen und Sponsoring in allen Medien,

VORWORT

10. Games: Offline, Online, Mobile,
11. Software.

In diesem Buch wird die Wirkung und praktische Anwendung von professioneller Medienmusik in allen relevanten Bereichen der Kreativwirtschaft praxisnah dargestellt. Gegenstand ist der B2B-Bereich, also die professionelle Musiknutzung durch Firmen. Die Musikbranche wird erstmalig aus diesem Blickwinkel betrachtet. Es wird dargestellt, wie Wirtschaftsunternehmen durch den gezielten Einsatz von Musik Umsätze und Performance verbessern können. Die Kreativwirtschaft ist schon heute ein so großer Wirtschaftszweig wie die Automobilindustrie, und ihre Bedeutung wird weiter wachsen. Zum ersten Mal werden alle professionellen Musiknutzer in allen Medien angesprochen. Wirtschaft und Musik werden innovativ verbunden.

Dieses Buch zeigt allen beruflichen Musiknutzern, wie Musik in Medienproduktionen gewinnbringend eingesetzt werden kann. Es gibt einen Überblick, sodass jeder Leser, der in einem der Medien arbeitet, die anderen Medien auch gut kennen lernt. Der Rechtsteil liefert Sicherheit und Verständnis; er ersetzt keine Rechtsberatung, bietet aber eine gute Grundlage für die Arbeit mit Rechtsanwälten.

Das Buch ist so aufgebaut, dass es zusammenhängend, aber auch kapitelweise gelesen werden kann. Es zeigt Zusammenhänge auf und gibt wertvolle Tipps für die berufliche Musiknutzung. TV, Radio, Kino, Film, PC-Games, Internet, Hörbücher, Werbung, Sonderwerbeformen und Sponsoring sind mit Medienmusik verbunden.

Der Serviceteil gibt konkrete Hilfestellung bei der Musiklizenzierung. Das Glossar und nützliche Adressen ergänzen die praxisnahe Umsetzung.

Das Buch ist nützlich für alle Manager und Mitarbeiter der Kreativindustrie, bei Markenartiklern, im Mittelstand, Unternehmensberatern, Lehrern und allen, die beruflich mit Musik in Berührung kommen. Jedes Wirtschaftsunternehmen kann die positive, verkaufssteigernde und imagefördernde Wirkung der Medienmusik nutzen. Es ist von Praktikern für Praktiker geschrieben.

Wir wünschen allen Musiknutzern Umsatzsteigerungen durch Musik, innovative Impulse und viel Spaß und Erfolg in der Welt der Medienmusik.

Andreas Bode und Christopher Mueller

Einleitung
Kreativwirtschaft – die Zukunft der Wirtschaft?!

Ziel: Darstellung der Bedeutung der Kreativwirtschaft für Deutschland, Existenzgründer und die Medienmusik.

»Es ist ein absolutes Novum, nicht nur für die Bundesrepublik, sondern in ganz Europa, dass die Ressorts für Wirtschaft und Kultur Hand in Hand arbeiten, um die Kultur und Kreativwirtschaft zu stärken, eine der wichtigsten Zukunftsbranchen in Deutschland«, erklärte Kulturstaatsminister Bernd Neumann. In einer Rede anlässlich der Jahreskonferenz der Initiative Kultur und Kreativwirtschaft am 16.6.2009 sagt er weiter:

»Meines Erachtens gibt es vor allem drei Handlungsbereiche, die wir branchenübergreifend angehen sollten:
Erstens wollen wir erreichen, dass zukünftig mehr Unternehmen der Kultur und Kreativwirtschaft, dort wo es notwendig ist, an der Wirtschaftsförderung partizipieren können. Dies gilt insbesondere für die vielen kleinen und mittleren Unternehmen dieser Branche. Bundesweit sollen Lotsen tätig werden, die den Unternehmen der Kultur- und Kreativwirtschaft bei der Orientierung helfen.
Zweitens klagen viele Klein- und Kleinstunternehmen der Kulturwirtschaft über Probleme beim Zugang zu privatem Kapital. Die Ursachen dafür sind vielfältig, zum Teil liegen sie bei den Banken, die die besondere Risikostruktur dieser Unternehmen schwer einschätzen können. Wir werden als erstes zusammen mit Beratern, Banken und Wirtschaftsförderern eine Handreichung erarbeiten, um den Investoren und Banken eine bessere Einschätzung der Kultur-und Kreativwirtschaft zu ermöglichen.
Dies führt mich drittens zum Thema Professionalisierung. Hervorragenden Produkt-oder Geschäftsideen steht oftmals lückenhaftes betriebswirtschaftliches Wissen gegenüber. Auch dies ist ein Grund für die unbefriedigende Einkommenssituation von Künstlern und Kreativen.«
(Quelle: www.bundesregierung.de)

EINLEITUNG

Diese Einschätzung von Bernd Neumann trifft nach Meinung vieler Experten voll zu: Die Studie »Initiative Kultur- und Kreativwirtschaft« zeigt eine Umsatzsteigerung von 4,3 % in diesem Bereich. 238.000 Unternehmen mit rund einer Million Erwerbstätigen erwirtschaften 132 Milliarden Euro. Die Zusammenarbeit der Ministerien soll gewährleisten, dass sich die Zuständigkeiten einzelner Ressorts – zum Beispiel für Urheberrecht, Steuern oder soziale Sicherung – im Sinne der gemeinsamen Sache verbinden. Maßnahmen wie die »Initiative Musik« und der »Deutsche Filmförderfonds« sollen die Kreativwirtschaft im Besonderen unterstützen.

In der Bildenden Kunst werden eine Reihe von Verbänden und Vereinigungen unterstützt. Dazu gehören der »Deutsche Museumsbund«, der »Deutsche Künstlerbund«, der »Bundesverband bildender Künstlerinnen und Künstler« sowie die »Arbeitsgemeinschaft der Kunstvereine.« Die Tourismusbranche kann in diesen Bereichen wichtige Synergien bieten. Es ist insgesamt ein starkes, branchenübergreifendes Handeln gefragt.

Die Kreativwirtschaft wächst und hat großes wirtschaftliches Potential. Es gibt in diesem Bereich viele kleinere und mittlere Unternehmen, die eine hohe Wachstumsdynamik aufweisen. Sie stärken den Mittelstand nachhaltig. Es gibt kaum Beratungsexperten für diesen Wachstumssektor. Einer der wenigen Spezialisten ist die www.alg-gruenderberatung.de, die eingebunden in einem starken Netzwerk diesen Wirtschaftssektor aktiv unterstützt.

Grundpfeiler der Kreativwirtschaft ist Professor Richard Florida zufolge die kreative Klasse. Diese Theorie (The Rise of the Creative Class, 2002) besagt, dass die kreativen Köpfe einer Gesellschaft Innovationen schaffen, die wiederum entscheidend für das ökonomische Wachstum von Regionen sind. Die kreative Klasse ist in allen Bereichen der Arbeitswelt zu finden. Ihr kreativer Output wird zum wichtigsten Produktionsfaktor.

Kultur ist anders. Kultur ist keine Ware im herkömmlichen Sinne des nur ökonomischen Nutzens. Kultur trägt Ideen und Wertvorstellungen. Kultur ist aber gleichzeitig auch ein Wirtschaftsgut, welches gehandelt wird. Kultur ist ein Wirtschaftszweig mit großen Chancen.

Tony Blair, der ehemalige britische Premierminister, hat sehr stark den Begriff »creative industries« geprägt. Viele Ökonomen sehen in den »creative industries« den »6. Kondratieff-Zyklus«. Der »Kondratieff-Zyklus« (benannt nach dem russischen Wirtschaftswissenschaftler

EINLEITUNG

Nikolai Kondratjew) bezeichnet das Hauptelement des zyklischen Wirtschaftswachstums über Jahrzehnte hinweg, die sogenannten »langen Wellen«.

1. Kondratieff 1830-1850   Dampfmaschine, Textilindustrie
2. Kondratieff 1870-1890   Eisenbahn, Stahl
3. Kondratieff 1920-1935   Elektrotechnik, Chemie
4. Kondratieff 1950-1980   Automobile, Petrochemie
5. Kondratieff 1990-2005   Informationstechnologie
6. Kondratieff ab ca. 2010   Kreativwirtschaft?

Die Dampfmaschine hat die Arbeitswelt revolutioniert und die Grundlagen der Industriegesellschaft geschaffen (1. Kondratieff). Eisenbahn und Stahl waren Motoren der industriellen Revolution. (2. Kondratieff). Elektrotechnik und Chemie vertieften und beschleunigten den Fortschritt. (3. Kondratieff). Das Automobil als Zeichen des Wohlstandes (4. Kondratieff) läutete sogleich das Ende der klassischen Industriegesellschaft ein. Der 5. Kondratieff mit Einführung der Informationstechnologie war der Start in die Informationsgesellschaft. Die Industriegesellschaft hat damit tendenziell ausgedient.

Heute sind Informationen aktuell und umfassend verfügbar. Das Arbeiten und Lernen hat sich verändert. Die Kunst besteht nicht mehr darin, zu Wissen zu gelangen, sondern darin, aus der immensen Wissensfülle zu eigenen, guten Ergebnissen zu kommen. Die Kehrseite dessen ist, besonders im Internet, das Wissen nicht mehr wertfrei ist. In Blogs kann jeder zu einem Meinungsmacher werden und Texte veröffentlichen, was früher nur Journalisten möglich war. Das Internet verbindet die Welt – mit allen positiven und negativen Nebenfolgen. Mangelnde Demokratie und Verletzung der Menschenrechte kann von (fast) allen Erdbewohnern bemerkt und angeprangert werden. Informationen, Musik, Film, Fotos werden überall verfügbar. Man kann seine Firma faktisch virtuell führen, weil man von überall Zugang zu seinen E-Mails, Dokumenten und Kundeninformationen hat.

Die Informationstechnologie hat somit die Menschheit mehr verändert als jede Technologie davor.

EINLEITUNG

Die Kreativwirtschaft

1988 erschien die Studie von Frau Dr. Marlies Hummel und Manfred Berger »Die volkswirtschaftliche Bedeutung von Kunst und Kultur«. Den Gegenstand dieser Grundlagenstudie kann man heute als Kern der Kreativwirtschaft ansehen. Innerhalb von 20 Jahren beschleunigte sich die Entwicklung enorm. Die Musikbranche erlebte Höhenflüge mit der CD und ist wieder fast auf dem Boden gelandet wegen der Tauschbörsen im Internet. Aus dem World Wide Web der Computerfreaks und Tüftler ist heute das weltweite Massen-Leitmedium geworden. Aus der Pong Spielekonsole wurde ein Games-Markt, der die Filmindustrie wirtschaftlich überflügelt hat. Sponsoring hat sich als ein wichtiges Marketinginstrument etabliert. Der Eventbereich ist extrem gewachsen und das Konzert Live-Erlebnis erfreut sich großer Beliebtheit.

Die Zeit ist reif für die Kreativwirtschaft als Motor der Gesamtwirtschaft.

Der Kondratieff-Experte Leo A. Nefiodow sieht im 6. Kondratieff-Zyklus folgende Schwerpunkte:
- Informationsmarkt
- Regenerierbare Engergien und Umwelt
- Biotechnologie
- Gesundheitsmarkt
- Unterhaltungsindustrie, Internet, Medien (Kreativwirtschaft).

Zur Kreativwirtschaft gehören: Die Musik- und Filmwirtschaft, die Rundfunkwirtschaft, der Buchmarkt, der Kunstmarkt, der Markt für darstellende Künste, die Designwirtschaft, der Architekturmarkt, der Pressemarkt, der Werbemarkt, die Software- und Games-Industrie.

Die Musik-, Film- und Rundfunkwirtschaft, der Werbemarkt inklusive Sponsoring und die Games-Industrie werden in diesem Buch ausführlich im Zusammenhang mit optimaler Musiknutzung praxisnah vorgestellt.

»Der wirtschaftlich verbindende Kern jeder Kultur-und kreativwirtschaftlichen Aktivität ist der sogenannte schöpferische Akt. Damit sind alle künstlerischen, literarischen, kulturellen, musischen, architektonischen, oder kreativen Inhalte, Werke, Produkte, Produktionen oder Dienstleistungen gemeint, die als wirtschaftlich relevanter Ausgangskern

EINLEITUNG

den elf Teilmärkten zugrunde liegen. Die deutsche Abgrenzung ist im Übrigen sowohl mit der europäischen Kernabgrenzung der EU-Kommission als auch mit dem weltweiten Referenzmodell, dem britischen Creative Industries Konzept kompatibel. (Quelle: Forschungsgutachten Kultur-und Kreativwirtschaft der Bundesregierung 2009)

Die Kreativwirtschaft wird von der Politik auf allen Ebenen wahrgenommen und als zukunftsträchtige Wirtschaft gesehen. Wirtschaftlich schwierige Zeiten fördern den Druck, neue Wirtschaftszweige zu erschließen und Arbeitsplätze zu schaffen. Die Kreativwirtschaft ermöglicht überproportional viele Firmengründungen, weil in diesem Bereich viele kleine, gut vernetzte Firmen agieren. Die Musikbranche ist ein wichtiger Teil der Creative Industries und befindet sich in einem Umstrukturierungsprozess, wobei gerade kleinere, unabhängige Unternehmen gute Wachstumsraten verzeichnen. Die Kreativwirtschaft beschäftigt über eine Million Erwerbstätige plus 238.300 Selbständige und Kleinunternehmen. Sie erwirtschafteten im Jahr 2008 Euro 131,7 Mrd. und haben eine Bruttowertschöpfung von 61 Mrd. Euro Dies entspricht 2,6 % des Bruttoinlandsproduktes.

Dies ist mehr als die Energieversorgungsbranche, mehr als die gesamte chemische Industrie und fast soviel wie die Automobilindustrie. Die Creative Industries sind sauber, umweltfreundlich und schaffen im Verhältnis überproportional viele Arbeitsplätze. Sie können nicht (so leicht) in »Billiglohn«-Länder ausgelagert oder durch Maschinen ersetzt werden und sind zukunftsträchtig.

Die Musik ist der rote Faden in diesem Buch. Sie ist in allen Bereichen der Kreativwirtschaft enthalten und selber Bestandteil der Kreativwirtschaft. Die Musik verkörpert ideal die Verbindung zwischen Kultur und Wirtschaft. Musik emotionalisiert, schafft positive Erinnerungen und ist ein Sympathieträger, der auch noch Menschen aller Generationen und Völker verbindet.

Die Musikwirtschaft

Zur Musikwirtschaft im engeren Sinne gehören selbständige Komponisten/Musikbearbeiter, Musikverlage, Tonträgerfirmen, Hersteller von Musikinstrumenten, Einzelhandel Musikalien, Musik und Tanzensemble, Theater und Konzertveranstalter, private Theater, Opernhäuser,

Konzerthallen, Clubs, Tonstudios. Zum erweiterten Bereich gehört der Phonomarkt, Einzelhandel phonotechnische Geräte, Diskotheken, Tanzlokale und Tanzschulen. Die Musikwirtschaft generiert 16.3342 Mrd. Euro. in 19.708 Unternehmen (Quelle: aktuellste Statistik für 2006; Deutscher Musikrat). Mit ca. 64.600 Beschäftigten ist die gesamte Musikwirtschaft ein stabiler Zweig der Kreativindustrie, trotz Umsatzrückgang der Umsätze in der Tonträgerbranche.

Die Musikwirtschaft umfasst im Einzelnen (Stand 2007): 140 selbständige Komponisten/Musikbearbeiter, 1.606 Musikverlage, 4.231 Verlage und Vervielfältigung von bespielten Tonträgern, 933 Tonstudios, 5.488 Theater und Konzertveranstalter, 3.160 Private Theater, Opernhäuser, Konzerthallen. Dazu kommen 3.747 Einzelhandel Musikalien, 6.359 Herstellung Musikinstrumente. Die Musikwirtschaft alleine hat damit einen Anteil von 0,24 % an der Gesamtwirtschaft, die gesamte Kreativindustrie ca. 2,8 %. Theater und Konzertveranstalter verzeichnen das größte Beschäftigungsplus (zu 2004) von 10,2 %, gefolgt von Musikverlagen (+ 7,4 %). Dieser Trend hält bis heute an.

1877 konstruierte Thomas Alva Edison den Phonographen. 1918 kam das Trichtergrammophon, die erste marktgerechte Langspielplatte kam 1949 und setzte einen weltweiten Siegeszug an, da Musik unabhängig vom Konzertbesuch konsumiert werden konnte. 1979 kam der Sony Walkman, mit dem Musik endlich auch unterwegs gehört werden konnte. Die CD 1983 gab der Musikindustrie weitere wichtige Impulse, dabei konnten neben neuer Musik auch viele Schallplatten-Alben noch einmal in digitaler CD-Qualität verkauft werden, da die Musikfans ihre Lieblingsmusiken ohne Rauschen hören wollten. Es entwickelte sich 1994 die CD-ROM für multimediale Anwendungen, gefolgt von der DVD im Jahr 1996. Seit 1999 gibt es MP3-Musikdaten im Internet und MP3-Player, 2004 kamen Mobiltelefone mit Musik-Abspielfunktion dazu. Seit 2006 »bedroht« intelligente Aufnahmesoftware, mit der sich aus Internet-Radios vollautomatisch maßgeschneiderte CDs erstellen lassen, den Musikmarkt.

Georg Hübner sieht in seinem Buch »Musikindustrie und Web 2.0« »die 1920er Jahre als die Zeit des Jazz, des Radios und des Mikrofons, die 1950er Jahre als die Zeit des Rock'n'Roll, der Vinyl-Schallplatte und des Tonbands. In den 80er Jahren kam dann durch die CD das digitale Zeitalter. 2000er sieht als Web 2.0, »Peer to Peer-Tauschbörsen« und musikalischem Fragezeichen.«

EINLEITUNG

Das Zusammentreffen von fehlenden grundlegenden neuen Musiktrends, Digitalisierung und allgemeiner technischer Verfügbarkeit ergibt die gegenwärtige Musikkrise im Endverbrauchermarkt. Dazu kommt das dynamische, dezentrale Web 2.0 mit »user generated content«, welches den Anwender im Zentrum stehen hat. Musik wird zunehmend kostenlos verfügbar und verliert dadurch an Wert. Gleichzeitig können viele Musikhörer einfacher selbst Musik machen (Samples, Musik-Programme für den PC). Diese Verbindung lässt die Wertschätzung für Musik und damit die Zahlungsbereitschaft sinken. Dies trifft nicht auf den B2B Markt zu, Medienmusik und Produktionsmusik sind Wachstumsbereiche. Die Musik ist mit der gesamten Kreativindustrie verbunden und verankert, wie dieses Buch ausführlich darstellen wird. Am Schluss wird auch noch ausführlich die Zukunft der Musikindustrie beleuchtet, mit dem Schwerpunkt B2B-Anwendungen. Georg Hübner stellt folgende These auf: »Vielleicht war ja die Schallaufnahme ein mit der technischen Media Morphose untrennbar verbundener Weg, mit Musik sein Einkommen zu generieren. In diesem Falle stünden dem produktiven Künstler nur mehr zwei Wege der bezahlten Arbeit offen. Der eine: Die im Netz umsonst, im Sinne von »gratis« verteilte Musik als Visitenkarte wird ihm Auftragsarbeiten innerhalb der Kreativwirtschaft bringen und ist solcherart nicht ganz umsonst. Als zweiter Weg bleibt ihm die für den reproduktiven Musiker einzige Möglichkeit: »Das Livekonzert ... dritte Möglichkeit: das Almosen ... ein Bezahlsystem auf freiwilliger Basis. Dabei ist diese Art, als Musiker sein Auskommen zu finden, gar nicht so neu. Und so könnte die Musik als Beruf ausgerechnet dort landen, wo sie vor der Möglichkeit, überhaupt zu kopieren bereits war: im Mittelalter«

Literatur

Literatur ist im weitesten Sinn der Bereich mündlich oder schriftlich fixierter sprachlicher Zeugnisse; im engeren Sinn der Bereich von Texten, die Gegenstand der Kunstdiskussion werden.

Literaturmarkt

Der Literaturmarkt ist weniger durch allgemein bekannte Stars geprägt. Er befindet sich in einer starken Umbruchphase. Einige Sachbuchverlage zum Beispiel bieten neben Büchern auch Seminare an, um sich auf dem Bildungsmarkt zu etablieren. Literatur wird crossmedial. Es gibt Online

Angebote, E-Books und Hörbücher. Literatur kann auch erfolgreich mit Musik vermarktet werden.

Musik in der Literatur
Es gibt sehr viele Bücher über Musik, Buch/CD Pakete und Hörbücher, in denen Musik enthalten ist.

Buchhandel
ist der Vertrieb von Büchern, Druckwerken und anderen Medien. Die typische Vertriebsform ist die Buchhandlung. Der Buchhandel über das Internet hat in den letzten Jahren allerdings stark zugenommen. Dazu müssen Bücher bekannt sein. Der Versandhandel (Internethandel) funktioniert gut bei bekannten Autoren und Büchern. Da die Bücher aber auch von Lesern beschrieben und empfohlen werden, verkaufen sich auch Bücher mit Spezialthemen, gemäß der Longtail – Theorie, nach der ein Anbieter im Internet durch eine große Anzahl an Nischenprodukten Gewinn machen kann. Es macht eine große Anzahl weniger gefragter Produkte mehr Umsatz als wenige Bestseller. Dies gilt besonders für Bücher und Tonträger, weil selten verkaufte Titel in einem konventionellen Verkaufsgeschäft zu hohe Kosten verursachen würden.

»Haben Bücher eine Zukunft?« fragte eine Studie von Price Waterhouse Coopers im Jahr 2008, denn das Buch muss sich heute in einer dichten Medienlandschaft behaupten. Den Frauen sei Dank! Gemäß der Studie kaufen sie mehr Bücher als Männer. Wie in der Musikindustrie auch gibt es im Buch- und Literaturmarkt gut gebildete, informierte und internetaktive Kunden! Allerdings öffnet sich die Schere: Auf der einen Seite gibt es Vielleser, die immer mehr lesen, und auf der anderen Seite immer mehr Nichtleser.

Beim Buchkauf folgen 55% dem Rat von Freunden, Bekannten und Kollegen. Davon profitieren kleinere Buchhandlungen mit Stammkundschaft, aber auch der Internet-Versandhandel, wo z.B. bei www.amazon.de Bücher von Kunden empfohlen und bewertet werden. 35% der Kunden kaufen ihre Bücher bei Buchportalen im Internet.

Kinder sind häufig aufgrund der schulischen Anforderungen näher am Buch als mancher Erwachsene. Diese zukünftige Kundschaft gilt es zu halten. Die Generation 50 Plus liest auch immer mehr. In der Studie wird der kleinen Buchhandlung noch eine hohe Bedeutung und Zukunft zugesprochen. Fernsehen ist nur bei bildungsfernen Bevölkerungsgruppen ein Substitutionsmedium zum Buch geworden.

Der Buchhandel sieht trotzdem großen Veränderungen entgegen. Das

EINLEITUNG

E- Book verzeichnet ein stetiges Wachstum, hat sein Potential aber noch lange nicht ausgeschöpft, da E-Books bisher einen Anteil von lediglich 5 % des Gesamtumsatzes haben. Buchverlage sehen es immer noch als schwierig an, mit ihren Produkten und Services im Internet Erlöse zu erzielen. Nur 30 % halten die Bezahlsysteme für ausreichend. 83 % halten Vertriebskooperationen mit Download-Portalen und Kooperationspartnern im Internet für sehr wichtig. (Quelle Branchenbarometer 2006 Börsenverein des deutschen Buchhandels).

Musik im Buchhandel
Der Buchhandel verkauft viele Musik-CDs. Viele Hörbüchern enthalten Musik. Audio-CDs und andere Tonträger werden häufig auch verkaufsfördernd Büchern beigelegt. Musik kann ebenfalls gut in Ratgeber eingebunden werden.

Kunst

Bezeichnet jede entwickelte Tätigkeit, die auf Wissen, Übung, Wahrnehmung und Intuition gegründet ist. Man unterscheidet zwischen Bildender Kunst (Malerei, Grafik, Architektur) und Darstellender Kunst (Theater, Tanz, Film, Musik, Literatur).

Kunstmarkt und Kunsthandel
In der Antike gab es schon Kunsthandel, der im Mittelalter zurückging und in der Renaissance wieder wuchs. Fürstliches Mäzenatentum äußerte sich in der Regel durch Auftragsarbeiten, sodass die Künstler sich oft als Handwerker verstanden. Im 19. Jahrhundert arbeiteten Maler und Bildhauer wegen der Kunst. Sie waren ab dann aber gezwungen, einen Käufer zu finden und sich »einen Namen« zu machen.

Der Kunstmarkt
Der Kunstmarkt ist ein Weltmarkt. Erfolgreiche Künstler müssen weltweit wahrgenommen werden. Die größte Kunstmesse der Welt ist die »Art Basel«. Es folgt die »Art Miami«. Als »Kunst-Hauptstadt« gilt New York, gefolgt von London, Paris, Köln, Berlin. Neue, bedeutende Kunstsammler sind aus Russland, den Vereinigten Arabischen Emiraten und China dazugekommen. Bei moderner Kunst sind die »länderspezifischen Besonderheiten« geringer geworden und es gibt weltweit gleiche Trends. Der Kunstmarkt ist sehr stark von der individuellen Zusammen-

EINLEITUNG

arbeit zwischen Künstler und Galerist geprägt. Der Galerist wiederum ist mit den Sammlern verbunden. Der weltweite Kunstmarkt ist ein Milliardengeschäft, dass sich zur Zeit aufgrund der Preisentwicklung in einer starken Krise befindet. Es liegt in der Krise aber auch die Chance einer Marktbereinigung. Wenn exorbitant hohe Auktionsergebnisse schwinden und sich »reellere Preise« herausbilden, kann dies ja auch neue Käuferschichten für Kunst erschließen.

Videokunst bezieht sich auf Künstler die mit Videotechnik arbeiten, also Videos im Rahmen einer Videoinstallation oder in Form einer Videoskulptur präsentieren. Berühmt ist der Koreaner Na June Paik, der schon 1963 in der Wuppertaler Galerie Parnass echte Fernsehbilder mit Hilfe starker Magneten so sehr veränderte, dass die Fernsehbilder zu gegenstandslosen Formen mutierten.

Anlässlich der Art Basel 2009, der bedeutendsten Kunstmesse der Welt, wurden folgende Thesen über die Zukunft der Kunst formuliert.
1. Die Rezession schadet auch der Kunst, weil Experimentierfreude und Vielfalt unter einen niedrigerem weltweiten Kunst-Budget leiden.
2. Die Künstler sind bei schwachem Markt weniger experimentierfreudig. Sie haben ja weniger Geld zum experimentieren. Sie brauchen für besonders ausgefallene Kunst ja auch einen Markt. Die größten Innovationen wie Konzeptkunst, Minimal Art, Pop Art gab es in den prosperierenden 60er Jahren.
3. Viele Sammler setzen aus Sicherheitsdenken auf »sichere« Werke und dezente Ästhetik. Junge Künstler, nicht etablierte Künstler haben es folglich schwerer, gekauft zu werden.

Kunst und Musik
hängen eng zusammen. Viele Künstler, Maler sind auch musikalisch begabt.
   Auf der anderen Seite gibt es Musiker wie z. B. Udo Lindenberg, die auch gerne malen. Es gibt Minimalismus in der Kunst, aber auch in der Musik. Man denke nur an Mussorgski`s Bilder einer Ausstellung«. Dieses Musikwerk gilt als Musterbeispiel für Programmmusik. Programmmusik ist das Gegenteil von absoluter Musik. Es ist Instrumentalmusik die einem Programm aus dem außermusikalischen Bereich wie Filmkunst, Malerei, Bildhauerei, Natur, Technik, Geschichte usw. folgt, das üblicherweise als Titel der Komposition vorgestellt wird. Programmmusik hat viele Gemeinsamkeiten mit der später vorgestellten Medienmusik.

Bei Videokunst wird Musik sehr stark eingebunden und verstärkt die künstlerische Wirkung enorm.

Design
Bedeutet »Gestaltung« oder »Entwurf«. Im Deutschen ist die Bezeichnung »Design« als Bezeichnung für den Prozess des bewussten Gestaltens geläufig. Gutes Design orientiert sich am Menschen und seinen Bedürfnissen. Design braucht Funktionalität und nutzt vielfältiges Wissen. Design sucht die Verbindung zwischen Kunst, Schönheit und Funktion. Design ist die Grundlage für Massenproduktion. Design ist dadurch sehr wertvoll und besonders schützenswert. Durch Design werden enorme wirtschaftliche Werte geschaffen. Design spielt heute in der Wirtschaft eine noch größere Rolle, weil viele Produkte technisch gleichwertig geworden sind und oft das bessere Design zum Kauf führt. Basis für gutes Design ist eine gute künstlerische Ausbildung.

Design und Musik
Musikwiedergabegeräte verbinden Design mit Musik. Es gibt »Shape CDs« in allen möglichen Formen mit sehr innovativem Design. Musikinstrumente profitieren von gutem Design. Auch Produktionsmusik hat auch etwas von Design, weil sie eine Verbindung von Kunst und Funktionalität ist.

Architektur
Architekten sind ebenfalls Künstler, auch wenn ihre Aufgabe, Häuser und andere Gebäude zu entwerfen, einen stark funktionsbezogene Aspekt hat. Beim Bau von Konzertsälen, Opernhäusern, Theatern etc. spielt die Architektur für die Akustik und damit für die Musikaufführung eine wichtige Rolle.

Theater
Theater ist die Bezeichnung für eine szenische Darstellung eines inneren und äußeren Geschehens als künstlerische Kommunikation zwischen Akteuren (Darstellern) und dem Publikum. Es gibt Musiktheater (Oper, Operette, Musical), Sprechtheater (Schauspiel, Tragödie, Komödie), Tanztheater und Figurentheater. Es gibt in Deutschland 150 öffentliche Theater, die vom Staat subventioniert werden, und 280 Privattheater. In den Theatern wird immer stärker Sponsoring eingesetzt.

EINLEITUNG

Musik und Theater
Das Musiktheater, also Oper, Operette und Musical, ist eine sehr beliebte Theatergattung. Auch beim Tanztheater spielt Musik eine wichtige Rolle. Im Sprechtheater gibt es ebenfalls spezielle Theatermusiken, die ähnlich wie im Film die Handlung und Emotionen verstärken sollen. Es gibt auch die Einbindung von Musik in der Theater-Szene, analog zur Source Musik beim Film. In vielen Theatern werden auch Konzerte aufgeführt und Musik ist Bestandteil spezieller Theaterfeste (»Tag der offenen Tür« etc.) Musik spielt in der Werbung für Theater eine wichtige Rolle und in den Internet-Auftritten der Theater. Diese Aktivitäten werden zunehmen, um mehr Zuschauer in die Theater zu locken.

Darstellende Kunst
Zur darstellenden Kunst gehört alles oben genannte und außerdem die Filmkunst, die im Kapitel Film/Kino ausführlich dargestellt wird.

Musik in der darstellenden Kunst
Musik spielt in der darstellenden Kunst eine herausragende Rolle. Alle Theatergenres enthalten Musik, wobei das Musiktheater die führende Gattung ist. Als Tonkunst bezeichnet man die Anteile der Musik bei Kunst im Hörfunk, Hörspiel, Feature. Internetkunst (Netart) gehört auch dazu. Der zentrale Aspekt von Internetkunst ist, dass Aussagen der Werke nur in Verbindung mit einem Rechnernetzwerk erfahrbar sind. Das Zentrum für Kunst und Medientechnologie, Karlsruhe (www.zkm.de) zeigt viele Beispiele. Auch bei der Internetkunst spielt Musik eine prominente Rolle. Zur darstellenden Kunst gehören last but not least auch Happening und Performance.

Journalisten
Journalisten gehören auch zur Kreativwirtschaft. Die Journalismus-Branche befindet sich in einem starken Umbruch. Printmedien werden weniger nachgefragt und viele Journalisten müssen sich in anderen Medien wie z. B. Online neu orientieren.
  Während der Medienkrise ab 2002 wurden viele redaktionelle Stellen bei Zeitungen, Zeitschriften und Nachrichtenagenturen gestrichen. Im Internet gibt es sehr viel Blogs und Community Beiträge. Dies geschieht alles ohne professionelle Journalisten. Die Social Commerce Plattform www.eadeo.com, nominiert beim Münchener Businessplan-Wettbewerb, setzt auf eine Kombination von neutralen journalistischen Beiträgen, da-

EINLEITUNG

mit die Community eine solide und faktenreiche Diskussionsbasis hat. Aufgrund dieser Beiträge entstehen dann oft Produkt und Kaufwünsche, die bei EADEO dann direkt erfüllt werden können. Social Commerce hat Zukunft. EADEO ist offen für andere Gruppen und fungiert als Gruppenmultiplikator und Lounge Provider.

Frau Professor Dr. Claudia Mast sieht drei zukunftsträchtige Bereiche für Journalisten:
1. Individualisierung und Spezialisierung z. B. im Online Journalismus, PR etc.
2. Content als Ware. Dieser Markt wächst im Internet und kann langfristig in irgendeiner Form kostenpflichtig werden. (bei EADEO z. B. können Seminare, Kulturführungen etc. von Journalisten angeboten werden).
3. Crossmedia – Strategien: Offlinewelt und Online Welt gehen zusammen.

Journalisten und Musik
Journalisten spielen auch eine wichtige Rolle beim Aufbau von Stars in der Musikbranche und ganz besonders im Kunstbereich.

Software
ist ein Sammelbegriff für die Gesamtheit ausführbarer Datenverarbeitungsprogramme. Man unterscheidet Systemsoftware, die für grundlegende Funktionen des Computers erforderlich ist, und Anwendersoftware die den Benutzer beim Ausführen seiner Arbeit unterstützt. Standardsoftware wird von einem Softwareanbieter erstellt, die der Kunde dann so fertig kaufen kann, Individualsoftware wird für einen Kunden individuell erstellt. Software spielt in der Musik eine große Rolle. Sie kann beim komponieren helfen und wird auch in der Musikproduktion eingesetzt. Das Internet zwingt die Musikbranche zu Veränderungen und ist gleichzeitig ein wichtiger Distributionskanal für Musik und Musikpromotion.

Musik und Software
Software wird zunehmend zum Musikmachen eingesetzt, sowohl in Keyboards zur Instrumentierung (Sounds) als auch in der Produktion. Dies hat den Vorteil, dass immer mehr Menschen Musik machen können, aber auch den Nachteil, dass der Wert der Musik durch die leichte Verfügbarkeit in den Augen vieler gesunken ist.

EINLEITUNG

In der Musikkultur gibt es immer die zwei Gegenpole: Eine große Anzahl aktiver Musikamateure, die gerne Musik machen, aber auch gerne Musik von großen Stars hören. Die Anzahl der großen Stars ist aber aufgrund des mangelnden nachhaltigen Aufbaus der Künstler rückläufig und die aktiven kommen »in die Jahre« oder sind inzwischen schon verstorben, wie jüngst Michael Jackson. Professionelle Medienmusik wird auch im B2B Bereich stark in Softwarelösungen eingesetzt. Der Einsatz reicht von Musik in Sprachkursen bis hin zu Musik in Auto-Navigationsgeräten. Software und Musik haben viele Gemeinsamkeiten und sind auch im Urheberrecht gut vertreten. Es gibt aber zwei fundamentale Unterschiede, die eigentlich den Kern aller Musikmarkt-Diskussionen in Bezug auf legale Kopien, Schutzdauer der Aufnahmen, Filesharing und Bearbeitungen sind.

1. Software wird ständig weiter entwickelt und kommt regelmäßig in neuen Versionen heraus. Musik als Kulturgut hat länger Bestand und muss daher auch länger geschützt werden. Der Verkauf ist auch nicht so rasant wie z. B. bei mancher Anwendungssoftware, auf die ja von den PC-Besitzern »sehnsüchtig« gewartet wird, um (hoffentlich) noch besser arbeiten zu können. Bei einem Musik-Hit ist das anders und die Bedeutung von Hits wird generell abnehmen, weil der Musikmarkt immer mehr in einzelne Genres aufgeteilt wird.
2. Software lebt von den Verbesserungen seiner Nutzer. Dies ist der wesentliche Grund für Shareware, Freeware und Open Source Software, bei denen die Nutzer kostenlos zur Verbesserung der Produkte beitragen, die sie dann wiederum kostenlos bekommen. An einem guten Musikwerk gibt es nichts zu verbessern.

Zusammenfassung

Die Kreativwirtschaft wird zukünftig die stärkste Wirtschaftskraft, trotz momentaner Schwierigkeiten. Es ist ein Paradigmenwechsel weg von »brotloser« Kunst zu einer erfolgreichen Verbindung von Wirtschaft und Kultur. Der Begriff Kreativwirtschaft ist breiter als allgemein angenommen und hat eine wirtschaftliche Bedeutung vergleichbar der Automobilindustrie.

Medienmusik ist der rote Pfaden in der Kreativwirtschaft, der alles verbindet, Umsätze steigern kann und Kunden emotionalisiert.

Fast eine Million Beschäftigte in ca. 238.000 Kreativwirtschaft-Unternehmen können das gewinnbringende Potential von Medienmusik nutzen. Dieses Buch ist dafür ein Leitfaden. Es stellt die Musik B2B-orientiert dar, erstmals alle Branchen der Kreativwirtschaft und gibt Einblicke für alle in dieser Branche Tätigen. Das Buch zeigt auch, wie Sie Musik gewinnbringend in der Kreativwirtschaft einsetzen können.

A
Die kommerzielle Musiknutzung

1. Das Potential der Musik

Ziel: Die Wirkung von Musik verstehen.

Was ist Musik?

Musik begleitet die Menschheit in allen Ländern durch alle Epochen. »In seiner umfassenden Bedeutung bezeichnet das Wort Musik die absichtsvolle Organisation von Schallereignissen.« Aus der zeitlichen Aufeinanderfolge von Tönen und Geräuschen entsteht Rhythmus. Die Aufeinanderfolge verschiedener Tonhöhen ergeben die Melodie. Der Zusammenklang mehrerer Töne ergibt einen Akkord. Die Klangfarbe wird durch verschiedene Schallwerkzeuge, Instrumente oder Singstimme, erzeugt. Tonabstände und Tondauer lassen sich als feste Zahlenverhältnisse darstellen. Musik hat so gesehen eine sachliche, mathematische Grundlage.

Musik hat andererseits eine ausgeprägte emotionale Wirkung. Sie verbindet Menschen, erinnert an Personen, Orte und Ereignisse. Musik kann auch zum Kauf verleiten. Sie macht die Menschen offen für Botschaften.

Wie charakterisieren berühmten Personen Musik?
- »Die Sprache der Leidenschaft« (Richard Wagner, 1813-1883, deutscher Komponist und Dichter)
- »Die Stenografie des Gefühls« (Leo N. Tolstoi, 1828-1910, russischer Schriftsteller)
- »Die Musik drückt aus, was nicht gesagt werden kann und worüber zu schweigen unmöglich ist.« (Victor Hugo, 1802-1885, französischer Dichter und Romantiker)

Unsere Ohren sind die am stärksten entwickelten Sinnesorgane. Sie wirken intensiver und nachhaltiger als alle anderen Sinnesorgane. Die Hörzone veranschaulicht die Tiefen und Höhen, die das menschliche Ohr hören kann. Sie reicht von etwas 16 Hertz bis maximal 20.000 Hertz. Musik wird über das Ohr hinaus auch körperlich sehr stark wahrgenommen. In Rockkonzerte kann man das »Wummern im Bauch« sinnlich erleben.

Exemplarisch für die Wirkung von Musik seien die wichtigen Thesen von Hans Günther Bastian (Institut für Musikpädagogik und Vorsitzender der Bundesfachgruppe Musikpädagogik) genannt:

1. **Musik fördert die soziale Kompetenz, also ein soziales Miteinander:**
Gemeinsam in Chor, Orchester, oder bei Feiern im Freundeskreis musizieren.

2. **Musik fördert die Intelligenz:**
Vom Blatt spielen erfordert die schnelle und gleichzeitige Verarbeitung von Informationen in extremer Fülle und Dichte: Noten, Takt, Tempo, Lautstärke.

3. **Musik fördert die Konzentration:**
In der Schule, aber auch im sonstigen Leben. Dies wird in der Werbung, bei Bildungsfilmen und Spielfilmen genutzt. Mit Musik kann man besser und konzentrierter arbeiten.

4. **Musik fördert Leistung und Kreativität:**
Musik beschwingt wie jeder sicher schon selbst erfahren hat. Viele Musiker haben weitere kreative Talente. Udo Lindenberg malt, Heinz-Rudolf Kunze schreibt Gedichte.

Wie entsteht »Musik im Kopf?«

Das Gehör ist das erste Sinnesorgan, das im Mutterleib ausgebildet ist. Manfred Spitzer (ärztlicher Direktor der Psychiatrischen Universitätsklinik in Ulm), erklärt auf BR-Online: »Aufgrund der individuellen Hörerfahrungen hat sich in jedem Gehirn ein eigenes, unverwechselbares Geflecht neuronaler, also nervlicher Verbindungen herausgebildet. Neue Klänge treffen auf bereits angelegte Bahnen und Strukturen. Dort werden sie mit früheren Erfahrungen verglichen. Nur deshalb erkennen wir Melodien. Musik bringt Ruhe und Schlaf durch Einfluss auf das vegetative Nervensystem. Das vegetative Nervensystem kontrolliert alle lebenswichtigen Funktionen. Zu diesen Vitalfunktionen gehören Herzschlag, Atmung, Blutdruck, Verdauung und Stoffwechsel. Deshalb können Schmerzen reduziert werden. Musik verbessert das Sprachgedächnis bei Schlaganfall Patienten. Musik trägt dadurch wesentlich zu einer verbesserten Genesung bei.«

Die Deutsche Gesellschaft für Kardiologie (DGK) berichtet in der ALMUT-Studie, dass Musik unterschiedliche Grade von Angstabbau auslöst. Es wurden untersucht; Klassik, Entspannungsmusik, Kuscheljazz und Stille. Der Angststatus wurde aufgrund von Blutdruck und Herzfrequenz bestimmt. Klassik hat aufgrund der als angenehm empfundenen Rhythmizität gewonnen. Stille kann keine Angst lösen, sondern eher noch beunruhigen. Entspannungsmusik ist gut zum entspannen, aber kein Angstlöser. Zum Kuscheljazz sollte man entspannt sein und das geht nur ohne Angst. Die positive Wirkung der Klassik findet sich auch in der Medienmusik.

Jeder kennt sogenannte »Ohrwürmer«. Es sind Melodiefolgen, die wir nachdem wir sie mehrmals gehört haben, tagelang nachsummen können. Neuropsychologen fanden folgendes heraus: Musikstücke werden auch nach abrupter Unterbrechung vom Gehirn noch weiter verarbeitet. Das Gehirn »summt« trotz Unterbrechung der Melodie diese einfach weiter.

Musik stimuliert Verkäufe
Am Beispiel der Musikwirkung in Geschäften, wird dargelegt, wie Musik wirkt. Diese Beispiele sind auf andere Bereiche wie Musik in Werbung, Corporate Medien etc. übertragbar. Die aktuellste Musikstudie Musik und Kaufverhalten von Prof. Dr. Gerhard Gensch und Prof. Dr. Herbert Bruhn von der Donau-Universität Krems (Stand 31.5.2009) kommt zu folgenden fundamentalen Ergebnissen:

Ergebnis 1:
Im Gegensatz zu den 1970er und 1980er Jahren, in denen Musik in Verkaufsräumen oft unter dem Aspekt der »Zwangsbeschallung« gesehen und vor allem auf den manipulativen Aspekt von Hintergrundmusik verwiesen wird, bestätigt die Studie einen Wandel: Die positive emotionale Bewertung der Musik durch Kundinnen und Kunden ist in allen untersuchten Verkaufsstätten erstaunlich hoch. 63,3 % aller in der Studie befragten Personen empfanden die Musik positiv.

Begründung: Einkaufen wird zum Erlebnis mit hohem Unterhaltungswert. Hintergrundmusik spielt dabei eine zentrale Rolle, weil Musik Teil des Lebens und somit auch des Lebensstils eines Menschen ist.

Dies ist nicht verwunderlich, weil Musik auch in der Werbung und in allen Medien positiv und stimmungsaufhellend wahrgenommen wird. Die beim Einkauf verwendeten Musiken sind nicht eintönig, sondern auf die Kunden optimal abgestimmt. Solchen Service nehmen auch auf

Medienmusik spezialisierte Unternehmen wahr und mischen die Musik mit Hits. Der Kunde muss sich in der Musik wiederfinden.

Ergebnis 2:
Nicht nur Kundinnen und Kunden, sondern auch die Mitarbeiterinnen und Mitarbeiter stehen der Musik am Arbeitsplatz positiv gegenüber. Die Zufriedenheit des Personals mit der verwendeten Musik hängt jedoch stark mit deren Qualität sowie Faktoren der Präsentation (Lautstärke, Wechsel der Musikstücke) zusammen.

Das Personal hat früher die Präsentation der Musik nicht stark genug beachtet.Es gab oft kein Gefühl für angemessene Lautstärke, es fühlte sich keiner zuständig, weshalb oft die gleiche Musik als dauerduldende Schleife lief. Die Musik passte oft überhaupt nicht zur Kaufstimulierung und erst recht nicht zu den Verkaufsprodukten und dem Image des Geschäfts. Da ist immer noch Verbesserungspotential verbunden mit zielgerichteter Musikberatung. Corporate Videos am POS wurden noch öfter falsch platziert und der Ton oft sogar abgestellt.

Dies hat sich alles im Laufe der Jahre verbessert, ist aber noch nicht optimal, achten Sie einmal darauf bei Ihrem nächsten Einkauf.

Ergebnis 3:
Hintergrundmusik in Verkaufsräumen wird von den Unternehmen als unverzichtbar eingeschätzt. Dabei variieren die Zielsetzungen des Musikeinsatzes abhängig von Branche und Größe des Unternehmens, neben den Kaufaspekt tritt der Erlebnischarakter des Einkaufs, der Point of Sale wird zum Point of Entertainment. Die finanziellen Aufwendungen für den Einsatz von Musik werden deshalb durchwegs als sinnvoll erachtet.

Die umsatzsteigernde Wirkung der Musik gilt nicht nur für Verkaufssteigerungen im Ladengeschäft, sondern in allen Bereichen der Kreativwirtschaft und darüberhinaus. Das ist der Kern dieses Buches.

Diese Wirkung ist aber noch nicht jedem bewusst. Das Modelabel »New Yorker« wurde am 16.9.2009 mit dem Innovationspreis des Forward2Business-Kongress in Halle ausgezeichnet. »New Yorker« hat Musik perfekt in sein Ladenkonzept eingebunden. Dass neben dem Kaufaspekt auch der Erlebnischarakter eine große Rolle spielt, ist eine gute Basis für Musiksponsoring. Da stehen wir erst am Anfang, weil beim Sponsoring traditionell der Sport führend ist. Es gibt aber immer mehr Synergien zwischen diesen beiden Bereichen und Sponsoring wird immer mehr zur direkten Verkaufsförderung eingesetzt. Als Musikberater hat man es immer schwer, weil die musikalische Verkaufsförderung nicht akribisch in Zahlen belegt werden kann. Da sind solche Studien wie diese hilfreich und jeder potentielle professionelle Musiknutzer kann bei sich selber die positive Wirkung spüren, wenn er bewusst darauf achtet.

Zusammenfassung:
Musik umfasst alle Lebensbereiche. Sie verbindet, erinnert an Personen, Orte und Ereignisse. Musik emotionalisiert und beeinflusst Körperfunktionen. Sie macht offen für Botschaften, fördert soziale Kompetenz, Intelligenz, Konzentration, Leistung und Kreativität.

2. Die kommerzielle Musiknutzung
Wie wird Musik eingesetzt?

Ziel: Wirkung der Musik in Medien erkennen

Als Medienmusik bezeichnen Experten diejenigen Musiken, die gezielt in Medien eingesetzt werden. Dies umfasst das Medienmusik-Dreieck: Hits, Produktionsmusik und Auftragsmusiken.

Emotionen wecken: Werbung, Filmmusik
Im Urlaub gehörte Musiktitel sorgen dafür, dass noch Jahre nach dem Urlaub beim Hören dieser Musik »Urlaubsgefühle« aufkommen. Den gleichen Effekt haben die beliebten TV Chart Shows aus den 70er/80er Jahren. Viele Menschen erinnern sich dadurch an positive Gefühle aus der Jugend. In der Kindheit und in den Jugendjahren wird unser Musikgeschmack am nachhaltigsten geprägt. Musik ist aber mehr als »geweckte Emotionen«. Musik prägt Lifestyle. Musik verkörpert Qualität und Werte.

Musik im Produkt: Gefühle und Botschaften transportieren
Grundsätzlich gibt es zwei Wege, Gefühle und Botschaften zu transportieren:
1. Die Musik verstärkt die Stimmung des Bildes und des Mediums
Beispiel: In einer Liebesszene erklingt romantische Musik.
2. Die Musik ist konträr zur Stimmung
Hier muss die Musik sorgfältig ausgewählt werden. Die Zuschauer dürfen nicht den Eindruck einer »fehlerhaften« Musikauswahl bekommen. Ein gelungenes Bespiel ist die Musikauswahl von der »Himmel kann warten«. In diesem Film erfährt der Held in einer Szene dass er unheilbar krank ist. Er wird sterben. Der Zuschauer erwartet eine tragische Musik. Konträr zur Stimmung erklingt fröhliche Karnevalsmusik. Sie spielt sehr leise im Hintergrund. Fröhlich feiernde Personen verstärken die emotionale Wirkung. Bei dieser Szene haben Zuschauer im Kino geweint. Die leise, konträre Musik im Hintergrund erzeugt die große, emotionale Wirkung im Zusammenspiel von perfekter Klanganpassung und Lautstärke. Emotionale, aber nicht kitschige Bilder wirken verstärkend. An diesem Beispiel sieht man schon wie stark die einzelnen dramaturgischen Elemente professionell vernetzt werden müssen.

Inhalte verdeutlichen: Imagebildung mit Musik
Bei Messefilmen zählen Seriösität und Glaubwürdigkeit mehr als die emotionale Ansprache des Rezipienten. Es muss aber zumindest soviel »Emotionalität« vorhanden sein, dass Interesse an dem Film erzeugt wird. Der Film soll etwas emotional berühren, aber nicht vom Sachthema ablenken.

Produkte verkaufen mit Musik: AIDA-Formel
Schwerpunkt ist die Werbung mit allen Werbesonderformen. Musik verhilft dazu, dass
1. **Attention:** die Aufmerksamkeit des potenziellen Kunden angeregt wird,
2. **Interest:** das Interesse an dem Produkt geweckt wird,
3. **Desire:** der Wunsch nach dem Produkt geweckt wird und
4. **Action:** der Kunde das Produkt kauft.

Die AIDA Formel funktioniert auch ohne Musik. Sinnvoll eingesetzte Musik verstärkt allerdings die Wirkung deutlich.

Die Musiknutzung wird ordnungsgemäß lizenziert und vergütet
Die Basis der Musik im Produktverkauf sind positive Emotionen. Dies zieht sich durch die ganze Produktion. Die Kompositionen, die musikalische Ausführung und die Produktionen müssen dies gewährleisten. Der Kunde stellt zunächst sein Kommunikationsziel dar. Der Musikberater setzt das Kommunikationskonzept um und wählt dann die passende Musik für die individuelle Zielerreichung aus. Es gibt manchmal »gruselige Musiken« in der Werbung. Musiken die »Angst erzeugen« z.B. das die Wäsche nicht sauber wird. Diese Stimmung darf aber musikalisch nicht so heftig wie in Kinofilmen sein. Das beworbene Produkt wird immer insgesamt positiv dargestellt.

Der Musikberater als Partner der professionellen Musiknutzer
Ein guter Musikberater erkennt gute und passende Musik. Er kann sie auch in der Wirkung sachkundig beurteilen. Da eine sehr große Bandbreite an Musik gefragt wird, sind umfassende Stil-Kenntnisse unabdingbar. Der Musikberater muss aber im Interesse des Musiknutzers das Gesamtkonzept in den Vordergrund stellen. Die Musik kann gekürzt, verfremdet oder subtil im Hintergrund genutzt werden um, erfolgreich ihre Aufgabe zu erfüllen. Damit muss ein Musikberater souverän um-

gehen können. Es ist nicht entscheidend, seinem Kunden einen »tollen Basslauf« argumentativ zu verkaufen. Er überzeugt ihn damit, dass er mit dem Einsatz von Musik sein Produkt besser verkaufen kann. Die Musik muss perfekt zu jedem Medium passen. Ein Musikberater muss musikalisch, technisch, dramaturgisch und emotional immer offen für Neues sein. Er schafft im Idealfall eine optimale Verbindung zwischen den Anforderungen an die Musik in Medienproduktionen und einer auch künstlerisch ansprechenden Musikgestaltung.

Zusammenfassung:
Musik transportiert Gefühle, Botschaften und verdeutlicht Inhalte. Musik verstärkt die Wirkung der AIDA-Formel und animiert dadurch zu Kaufhandlungen. Musik wirkt sehr intensiv in Medien, ist imagebildend und ein wesentlicher Faktor der Unternehmenskommunikation. Musikberater und Musik-/Medienprofis können Firmen helfen, diese Ziele zu erreichen.

3. Medienmusik

Ziel: Medienmusik als Kunst- und »Gebrauchsmusik« verstehen

Medienmusik

Unter Medienmusik versteht man Musik, die in Verbindung mit Medien zu einer neuen Kunstform wird.

Beispiele für Medienmusik gemäß der Definition:
John Cage: »Imaginary Landscape No 4 für 12 Radioapparate, 24 Spieler und einen Dirigenten.
Dazu sagt Shintaro Miyazaki vom Forschungszentrum Populäre Musik der Humboldt-Universität zu Berlin: »Eine Geige wurde gebaut, um damit Geige zu spielen, das heißt Töne und Melodien zu erzeugen. Ein Radio wurde gebaut, um Nachrichten und Musik zu empfangen und zu hören. Störgeräusche sind dabei unerwünscht. Das Radio wird im allgemeinen als ein technisches (Massen)-Medium, die Geige, die Bratsche, das Cello hingegen werden als Instrumente bezeichnet. Musikästhetisch wirkt sich dies einerseits auf die vollständige Emanzipation des Geräusches in der Musik um 1950 aus, andererseits kommt gleichzeitig der unerreichte Traum von der vollständigen Kontrolle über alle musikalischen und akustischen Parameter eines Klanges in Zeit und Raum auf.«
Dies sagt alles über die Bedeutung der Medienmusik. Mit Medienmusik haben sich auch Paul Hindemith bereits Mitte der 20er Jahre, Walter Ruttmann (1930), Pierre Schaeffer (ab 1943) und natürlich Karl-Heinz-Stockhausen beschäftigt.
Medienmusik ist also einerseits Kunst, anderseits aber auch professionell angewandte Musik. Medienkunst wird durch Technik immer weiter beschleunigt. Medienmusik wird stark im Filmen eingesetzt. Anders als bei reinen Audio-Produktionen steht die Musik dort nicht alleine. Die Musik wird zusammen mit dem Film wahrgenommen, wodurch die Aufmerksamkeit der Zuhörer nicht ungeteilt sein kann. Die inhaltliche Wahrnehmung des Film überträgt sich auf die Medienmusik. Dies gilt analog auch für Games, Hörbücher und alle anderen Medieninhalte.
Die Medienmusik wird aber auch durch die einzelnen Medien direkt beeinflusst. Dies gilt besonders bei neuen Medien. In den Anfängen des

Internets gab es spezielle Musikmischungen für das Internet, um Speicherplatz zu sparen und die Zugriffsgeschwindigkeit zu erhöhen. Die ersten PC-Lautsprecher konnten die Musik noch nicht optimal wiedergeben, was eine weitere Einschränkung war. Die ersten monophonen und polyphonen Klingeltöne für Mobiltelefone waren akustisch auch eingeschränkt, und erst die Realtones ermöglichten einen authentischen Klang, mit dem auch Orchestermusiken abgespielt werden konnten. Das »akustische Nadelöhr« bildete die Qualität der eingebauten Handy-Lautsprecher.

Die Verbindung von Musik und Medien schafft neue Werke. Musik wirkt in allen Medien etwas unterschiedlich. Ein orchestrales Werk klingt auf einer guten Hi-Fi-Anlage am besten. Im Film eingesetzt ist Dolby Surround (meistens) die akustische Königsklasse. Das Hörerlebnis bei Video oder DVD mit eingebauten TV-Lautsprechern kann schon sehr viel geringer ausfallen. Auch Medienmusik in Games hatte besonders in den Anfängen mit begrenzter Hörqualität zu kämpfen. Da in Games viele Elemente in »Endlosschleifen« gespielt werden, wird die Musik auch endlos gehört, was nerviger wirken kann, als lineares abspielen im Kinofilm.

Gute Medienmusik-Komponisten berücksichtigen dies bei der Komposition. Das gleiche gilt generell für die Klangfarbe. Bei synthetischen Klängen ist besonders darauf zu achten, wie die Musik in den einzelnen Medien wirkt. Bei Games sind es häufiger synthetische Klänge, die dann in der Kombination mit weiteren synthetischen Games-Geräuschen und -Klängen störend wirken können, weil es überfrachtet ist. Da wären akustische Musiken besser.

Bei Medienmusik ist auch wichtig, wie sehr die Musik im Vordergrund stehen soll. Wenn sie im Hintergrund steht und viel Text gesprochen werden soll, kann dies entsprechend bei der Komposition durch die Wahl der Tonart, Instrumentierung und der Melodieführung berücksichtigt werden. Bei der Produktion kann die Abmischung entsprechend optimiert werden. Gute Produzenten achten auch auf ein passendes Klangbild in allen Medien. Es wird dazu die Musik auf diversen Medien abgespielt und entweder auf einige Medien optimiert oder so ausgelegt, dass die Musik in keinem Medium schlecht klingt. Es sind besonders die Bässe, Schlagzeug und die räumliche Tiefe und Breite der Produktion zu beachten.

Medienmusik muss künstlerisch eigenständig wirken. Durch die Verbindung von Musik und Medien sollen die Medien und die darin enthaltenen Inhalte optimal unterstützt werden. Medienmusik verstärkt die emotionale Wirkung der Medien und ihrer Inhalte. Medienmusik darf aber grundsätzlich nicht ablenken. Sie soll Inhalte unterstützen, ohne aufdringlich zu sein, und darf mediale Inhalte nicht verfälschen. Es ist daher eine kompetente Musikauswahl erforderlich.

Medienmusik umfasst alle musikalischen Stile. Dies ist eine Herausforderung, weil einerseits die Musikstile authentisch und überzeugend wahrgenommen werden sollen, anderseits die medialen Anforderungen ausreichend berücksichtigt werden müssen.

Jeder Musikverleger, der sich mit Medienmusik befasst, muss neben seiner musikalischen Kompetenz auch ein gutes Verständnis medialer Zusammenhänge haben. Medienmusik wird gebraucht. Sie wird in Produkten eingesetzt und hat neben erstklassigen musikalischen und produktionstechnischen Anforderungen zusätzlich die Aufgabe, Produkte zu verkaufen oder andere Kunstwerke wie Film oder Games musikalisch zu unterstützen.

Musikverlage wie Auster Medienmusik (www.auster-medienmusik.de) haben sich auf diese Anforderungen spezialisiert und bieten alle Formen der Medienmusik aus einer Hand an, um den Kunden optimale, maßgeschneiderte Musiken zu liefern. Zur Medienmusik gehören primär Produktionsmusik, Auftragskompositionen, in der Art der Nutzung auch Hits und eigentlich auch professionelles Audio Branding. Dies wird in der Regel aber nicht als eigene Kategorie gesehen.

Zusammenfassung:
Medienmusik bietet eine Verbindung zwischen künstlerischer Musik und kommerziellem Medieneinsatz. Medienmusik muss musikalisch gut sein und zusätzlich weitere kommerzielle Zwecke wie Produktverkauf, Imagebildung und Filmwirkung erfüllen. Medienmusik wird speziell auf eine optimale Medienwirkung ausgelegt.

Das Medienmusik-Dreieck

»Medienmusik ist Musik für den professionellen Einsatz in Medien. Dazu gehören Produktionsmusik, Auftragskompositionen und Hits mit entsprechender Wirkung. Zweck der Medienmusik ist, das entsprechende Medium und seine Inhalte musikalisch in ihrer Wirkung optimal zu unterstützen«

Das Medienmusik-Dreieck stellt keine rein wissenschaftliche Klassifizierung dar. Es umfasst die unterschiedlichen Arten von Musikproduktionen. Produktionsmusik wird dabei nicht als eigene Musikgattung betrachtet. Es handelt sich um Musik, die für professionelle Medienproduktionen komponiert und produziert wird. In England wird sie »Library Music« genannt, was an große »staubige« Büchereien erinnert.

Hits sind am bekanntesten, wecken Erinnerungen und sind deshalb sehr gefragt. Hits müssen aber auch zum Produkt oder dem Firmenimage passen. Es gibt Musikberater und Musikvermittler die bei der richtigen Auswahl behilflich sind. (Siehe z. B. www.alg-musikvermittlung.de)

Produktionsmusik ist sehr gut für Medien geeignet. Die Schweizer nennen sie »Mood Music«. Dies drückt treffend musikalische Stimmungen aus. Manchmal wird die Produktionsmusik leider darauf reduziert, nur Stimmungen zu erzeugen. Produktionsmusik ist aber mehr, weil sie kompositorisch genauso ausgereift ist wie Hits. Sie ist auch sehr modern und international.

Auftragskompositionen haben den Vorteil, individuell und exklusiv auf die Wünsche der Kunden eingehen zu können. Der Bedarf nach Auftragskompositionen wird stark steigen, weil sich Firmen immer mehr individualisieren müssen, um sich vom Wettbewerb bei immer gleicher werdender Produktqualität absetzen zu können.

Auftragskompositionen sind gut mit Produktionsmusik kombinierbar, und es empfehlen sich Musikverlage die beides anbieten wie z. B. www.auster-medienmusik.de

Kompetente Musikberatung ist empfehlenswert, um Musik professionell und gewinnbringend einsetzen zu können. In der Produktionsmusik sind alle Musiken gleich günstig, sodass die beste Musik ohne Preisrestriktionen ausgewählt werden kann. Auftragsproduktionen werden individuell angefertigt und kostengünstig auf den Kundenbedarf zugeschnitten. Jeder Musikverleger und Musikberater möchte, dass seine Kunden hundertprozentig zufrieden sind und mit der Musik ihre Erfolgsziele erreichen.

Produktionsmusik

Ziel: Die Möglichkeiten der Produktionsmusik optimal nutzen können.

So könnte der Ablauf bei Produktionsmusik aussehen: Der Kunde sucht sich z. B. von der Homepage www.auster-medienmusik.de seine Wunschmusiken aus. Ein moderner elektronischer Musikführer macht Vorschläge nach Verwendungsart, Musikstilen, Instrumentierung etc. Der Kunde kann die Musik kostenlos downloaden und damit direkt in seiner Medienproduktion arbeiten. Das ist bei Hits und Auftragskompositionen nicht möglich, und darin liegt ein großer Vorteil der Produktionsmusik. Der Kunde meldet dann, welche Musik er endgültig nutzen möchte, erhält dafür eine Lizenzrechnung vom Verlag, und dann muss die GEMA-Meldung durchgeführt werden. Fernsehsender und TV-Produzenten (TV-Auftragsproduktionen) haben es noch einfacher. Sie müssen nur die GEMA-Meldung machen. Es gibt kompetente, musikalisch neutrale Musikberatung für alle Kunden mit wirtschaftlichem Sachverstand und Kenntnis der Werbebranchen.

Eine kurze Geschichte der Produktionsmusik:
Während des 2. Weltkrieges startete der Dirigent Charles Williams in London mit professionellen Tonträgeraufnahmen für Film und Radio auf Schellack Schallplatten. Es gab »patriotische Filmproduktionen«, für die viel orchestrale Musik gebraucht wurde. Aus heutiger Sicht ist erstaunlich, wie aus diesen bescheidenen Anfängen ein weltweiter millionenschwerer Markt entstanden ist. Der Qualitätsunterschied zwischen den Schellackplatten und der direkten Filmaufnahme war sehr groß. Der Vorteil, sofort über Musik zu verfügen, die gut passt und qualitativ hochwertig ist, hat überwogen. Die Orchester »aus der Konserve« waren außerdem sehr berühmt. Eine Live-Einspielung können sich nicht viele leisten, die Musikkonserve schon. Die Stärke liegt im Geschäftsmodel und der Qualität der Musik.

Nach dem Krieg begann das goldene Zeitalter der Filmstudios und der Musikbedarf wuchs stark. Die Produktionsmusik wuchs analog. Sie adaptierte neue Medien wie Schallplatte, CD, DVD, Festplatte und Internet. Mit der Einführung der CD und der guten digitalen Musikqualität kam ein großer Wachstumsschub. Die Einführung des digitalen Filmschnitts vereinfachte die Bearbeitung der Produktionsmusik sehr stark. Es können sogar Filme sehr einfach auf die Produktionsmusik geschnitten werden. Produktionsmusik ist sehr innovativ und durch die einfache Lizenzierung oft musikalischer Vorreiter in neuen Medien wie Internet, Podcast, Games, Mobile etc. Der Internetvertrieb für Produktionsmusik brachte einen weiteren Wachstumsschub. Kunden können rund um die Uhr ihre passende Musik bestellen und sofort in ihren Produktionen einsetzen.

Die Verbindung von Produktionsmusik und individuellen Auftragskompositionen ist ein weiterer Meilenstein in der Entwicklung. Die Kunden bekommen alle benötigte Musik aus einer Hand mit einem optimalen Preis-Leistungsverhältnis. Produktionsmusik ist günstiger als Auftragskompositionen und wird eingesetzt, wo immer es geht. Der Kunde erhält aber so viel individuelle Auftragskompositionen, wie er braucht, um seine Kommunikationsziele und Umsatzziele zu erreichen. Der Auster Medienmusik Verlag z. B. bietet diese Leistungen aus einer Hand. Er kann in einem starken Netzwerk auch Hits vermitteln und bietet kompetente Musikberatung mit starkem kundenorientiertem Wirtschaftsverständnis.

Produktionsmusik hat folgende Merkmale: Musikwerk und Musikaufnahme kommen aus einer Hand.

1. In der Produktionsmusik sind Musikverlag und Tonträgerfirma vereint

Der Musiknutzer erhält Nutzungsrechte an der Komposition und an der Tonaufnahme. Dies ist sehr praktisch, weil der Nutzer sofort das fertige Musikwerk in den Händen hält. Die Lizenzen werden schnell und einfach aus einer Hand erworben.

Beispiel: Für einen TV-Werbespot wird eine sommerliche Latinomusik benötigt. Der Werbetreibende kann sich entsprechende Musiken online anhören, Stimmungen definieren und erhält eine passende Musikauswahl, die er sofort in seinen Werbespot einbinden kann. Die beste Musik kann er dann endgültig auswählen und sofort lizenzieren. Dies ist unschlagbar schnell und günstig. So schnell kann kein Komponist eine Aufnahme herstellen, und der Kunde weiß vor dem Kauf schon, was er zahlen muss. Wird hingegen z. B. ein Hit lizenziert, müssen zuerst die Nutzungsrechte vom Musikverlag erworben werden. Dies kann bei Musikverlagen einige Tage (oder Wochen) dauern. Dann wird der Preis ausgehandelt und anschließend muss dann die entsprechende Tonträgerfirma gefunden und die Lizenz erworben werden.

MEDIENMUSIK

2. Hochwertige Musik zu günstigen Preisen
Die Musiknutzer erhalten qualitativ hochwertige Aufnahmen guter und bekannter Komponisten und Musiker. Die Produktionskosten lasten nicht nur auf einem Auftraggeber. Sie können durch weltweite Nutzung günstig gehalten werden.
Wenn Auftragskompositionen exklusiv für einen Kunden gemacht werden, muss dieser Kunde alle Kosten der Produktion tragen. Viele Kunden machen dies gerne, denn eine exklusive Musik nur für ihre Firma ist schon eine tolle Sache. Es sind aber nur wenige Firmen weltweit so präsent, dass sie wirklich musikalisch ein absolutes Alleinstellungsmerkmal brauchen. Dabei kommt es dann auch noch auf den Einsatz der Musik an. Bei sehr vielen Corporate-Medien spielt es für eine Firma keine Rolle, ob ihre Musik weltweit in anderen Ländern oder Branchen noch einmal verwendet wird oder nicht. Die Musiknutzer berühren sich gar nicht und falls einmal doch, wird kaum jemand erkennen, dass die Musik gleich ist.
Beispiel: Eine mittelständische Firma möchte ein Messevideo vertonen. Sie bekommt passende Musikbeispiele, die stilistisch sehr unterschiedlich sein können, weil das Image der Firma oder des Produkts musikalisch unterschiedlich transportiert werden kann. Da bietet Produktionsmusik eine sofort verfügbare Musikauswahl. Bei Messevideos hat Musik die Aufgabe, eine positive Informationsaufnahme zu unterstützen. Die verwendete Musik wird nicht direkt mit der Firma verbunden wahrgenommen. Beim Audio-Branding ist das anders.

3. Umfassende Musikauswahl und sofortige, schnelle Verfügbarkeit
Bei Medienproduktionen wird oft unter Zeitdruck gearbeitet. Dies erfordert eine ausreichende Musikauswahl, aus der verlässlich Musik gefunden werden muss, um Produktionen zeitgerecht abschließen zu können.
Beispiel: Im Fernsehen wird Musik sehr oft kurzfristig benötigt. Es ist gar keine Zeit mehr, Musik komponieren zu lassen. Hits sind auch nicht für jede Sendung geeignet, weil sie z. B. Dokumentationen, Tierfilme etc. gar nicht musikalisch darstellen können.
Hits sind in der Regel auch emotional aufgeladen. Dies bedeutet, Hörer haben bei Hits oft ein bestimmtes Bild oder eine bestimmte Erinnerung im Kopf. Dies ist schwer zu korrigieren und kann beim Einsatz in Filmen zu einer verzerrten Wahrnehmung führen.
Zum Beispiel ist der Titel »Pretty Woman« von Roy Orbison sehr eng mit dem gleichnamigen Film »Pretty Woman« mit Julia Roberts in der

Hauptrolle verbunden. Die Millionen Zuschauer, die diesen Film gesehen haben, verbinden beim Hören dieser Musik damit die romantische, positive Filmgeschichte. Wenn »Pretty Woman« in anderen Filmen erklingt und diese Assoziationen ablaufen, kann das mit der Filmbotschaft kollidieren.

Produktionsmusik hingegen ist sofort verfügbar und kann direkt online in die TV Sendung eingespielt werden. Der TV-Redakteur hat außerdem die Garantie, dass die Produktionsmusik zur Sendung passt, weil die Auswahl für TV-Sendungen optimiert ist. Daraus resultiert Sicherheit bei der Musikauswahl.

4. Musik für jeden Zweck und ganz besonders kreative Musikproduktionen

Diese Philosophie zieht viele erfolgreiche Komponisten an. Sie gehen neue musikalische Wege – auch außerhalb der Erwartungen ihrer Fans.

Zum Beispiel hat der Autor zusammen mit Uwe Bossert und Sebastian Padotzke, Bandmitglieder der Künstlergruppe »Reamonn«, instrumentale Produktionsmusik-CDs produziert. Der besondere, kreative Charakter der Instrumental-CD entsteht, weil sich mit dem gezielten Verzicht auf Gesang den Instrumenten neue Interpretationsspielräume eröffnen. Die CD enthält attraktive Vertonungen verschiedener Themen, wie z. B. »Berlin« und »Autorennen«.

Sehr viele Filmkomponisten machen gerne Produktionsmusik, weil sie dabei nicht direkt zu Filmbildern komponieren (müssen). Dies schafft neue kreative Räume, da Produktionsmusik mit seinen unzähligen Filmeinsatzmöglichkeiten die Phantasie der Komponisten anregt. Andere Komponisten schätzen an der Produktionsmusik die vielfältigen musikalischen Cross-over-Möglichkeiten. Weihnachtslieder als »Heavy Metal«, Volksmusik mit Techno gemixt, Schlager mit chinesischer Musik uvm. Es können auch alle Musikstile untereinander gemixt werden.

Da bei der Produktionsmusik CD-Verkäufe und der Musikgeschmack der »Massenkonsumenten« keine Rolle spielen, können die Komponisten gut experimentieren. Kreative Musik wird sehr gerne in TV-Trailern und in der Werbung eingesetzt, weil sie bei den Zuschauern Aufmerksamkeit wecken.

5. Musikfachwissen verbindet sich mit Medien und Wirtschaftskompetenz

Die Musik muss die im letzten Kapitel genannten Kommunikationsziele erfüllen. Musikberater in der Produktionsmusik kennen alle Musikstile und besonders ihre Wirkung in Medienproduktionen. Sie haben ein gutes Weltmusik Repertoire, dass Urlaubsgefühle weckt wie z. B. karibische Musik. Profunde Kenntnisse klassischer Musik sind hilfreich, weil Klassik sehr gerne als Produktionsmusik eingesetzt wird, denn Klassik hat eine hohe Wertigkeit. Die Musikberater müssen auch die verschiedenen Musikelemente kennen. Es gibt z. B. Musikbetten, ohne Melodie, bei denen musikalische Stimmungen verbreitet werden: Stingers, Logos, Soundscapes und vieles mehr. Die Anwendungsmöglichkeiten sind sehr vielfältig. Sie werden im Musikteil ausführlich dargestellt.

Ein qualifizierter Produktionsmusikberater muss die Musikwirkung in den Medien kennen. Beispiel: Adidas z. b. möchte Musik für ein Image-Video, dass auf Messen gezeigt werden soll. Dieses Image-Video soll dann im Internet auf der Homepage gezeigt werden. Als besonderer Clou soll sich die Musik auch in einem neuen Online Browser Game wiederfinden. Das Video zeigt die neue Fußballschuhe-Kollektion, die dann im Online Browser Game spielerisch dargestellt werden.

Musikalisch können folgende Überlegungen angestellt werden: Welches Image hat Adidas? *Modern, sportlich, jung*. Prinzipiell kommen zunächst einmal alle sportlichen Musiken infrage. Stilistisch können dies besondere Sportmusiken sein (Fanfaren, Synthesizer), Techno oder Rockmusik. Gewisse Sportmusiken wie Fanfaren entfallen jedoch, da sie zu altmodisch sind und kein junges Image verkörpern können. Es bleiben dann noch Techno und Rockmusik. Techno ginge gut für das Video, aber in dem Browser Games mit vielen Wiederholungen und weiteren synthetischen Klängen kann die Musik »nerven«. Es bleibt folglich die Rockmusik, die sich im Browser Game positiv von der umgebenden »Sound-Kulisse« abhebt. Medienkompetenz und Wirtschaftskompetenz wird so optimal umgesetzt.

6. Zukunftsorientiert und innovativ

Produktionsmusik wird oft in neuen Medien eingesetzt, weil die Musik leicht für alle neuen Medien lizenziert werden kann.

Beispiel: Ein Werbespot für einen Schokoriegel wird im Fernsehen gezeigt und im Radio und Kino ebenfalls. Danach wird der TV-Spot im Internet viral verbreitet und wird Bestandteil einer mobilen Werbekampagne. Es gibt außerdem noch ein »Casual Game«, in dem der Schokoriegel mit verschiedenen Bildern als »Memory-Spiel« gespielt werden kann. Als weitere Besonderheit soll die Werbemusik in einigen Schokoladenautomaten eingebaut werden, um die Verkäufe anzukurbeln.

Welche Musikart kann lizenziert werden?

1. Ein bekannter Hit wäre möglich, wenn er passt und das Budget groß genug ist. Die Werbespots in TV, Radio und Kino können im üblichen zeitlichen Rahmen lizenziert werden. Im Internet kann es bei einigen Hits schon Vorbehalte geben. Beim »Casual Game« können diese Vorbehalte noch größer sein, weil »Casual Games« nicht so aufwendig sind wie große Spielekonsolen, für die Hits gerne lizenziert werden. Spätestens bei der Musik im Schokoladenautomaten werden viele Hit-Komponisten aussteigen, weil sie nicht wissen, ob dies ihrem Hit schaden könnte. Jede einzelne Nutzung muss außerdem beim Musikverlag und der entsprechenden Tonträgerfirma angefragt, lizenziert und bezahlt werden.

2. Auftragskomposition
Die Auftragskomposition kann aus einer Hand lizenziert werden, ist aber teurer als Produktionsmusik.

3. Produktionsmusik
Die Lizenzen für Produktionsmusik hingegen können aus einer Hand für alle Medien erworben werden.
Preisbeispiel:

TV-Werbung national	2.500,–
Radiowerbung national	700,–
Internet-Werbung national	1.250,– (50 % TV-Werbespot national)
Casual Game	z. B. Euro 800,–
Schokoladenautomat	750,–

Dies ergibt insgesamt 6.000 Euro für alle Medien und Verwendungsformen, dazu kommen noch die GEMA-Gebühren.

Produktionsmusik wird insgesamt immer gerne in Neuen Medien eingesetzt. Dies war bereits in den Pioniertagen des Internets der Fall, bei Games, Mobile Content, Podcasts usw.

Die Anforderungen an die Produktionsmusik sind:

Hochwertige Musik:
Produktionsmusik umfasst alle aktuellen und etablierten internationalen Musikstile. Die Produktionsqualität muss gleichwertig mit Hits sein, damit sie akzeptiert wird und sich die Wirkung voll entfaltet. Die Botschaft wird dann aufmerksam und erfolgreich aufgenommen. Die Qualität der Musik wird auf die Qualität der Medienproduktion übertragen.

Produktionsmusik hat ein gutes Preis-Leistungsverhältnis. Sie ist erheblich günstiger als Hits und auch günstiger als individuelle Auftragskompositionen. Bei Produktionsmusik ist es sinnvoll, mehr auf Qualität zu achten als auf den Preis. Der Erwerb der Musiknutzungsrechte macht nur einen Bruchteil der Produktionskosten aus. Schlechte Musik kann dem Image der werbenden Firma schaden, und gute Musik kann richtig angewendet dem Musiknutzer sehr viel Gewinn bringen.

Passende Musik:
Musik spielt eine wesentliche Rolle in der Mediengestaltung. Man kann einen neutralen Sachverhalt wie z. b. »ein Mann geht die Straße entlang« mit Musik in ganz verschiedene Stimmungen versetzen. Fröhliche Musik macht daraus eine heitere Angelegenheit. Witzige Musik gibt seinem Gang Slapstick-Elemente, selbst wenn er ganz normal geht. Mit spannungsgeladener Musik denkt man, er wird gleich bedroht oder etwas »Übersinnliches« passiert. Der Medienproduzent hat mit einer gezielten Musikauswahl ein ganz wesentliches Gestaltungselement in der Hand.

Die Musik transportiert Botschaften:
Dies kann sachlich geschehen durch »neutrale Musiken«, motivierend wie bei vielen Corporate-Filmen oder emotional wie im Kinofilm.

Medial perfekter Einsatz:
Musik wird oft gesprochenen Texte unterlegt. Die Musik darf dabei nicht aufdringlich sein, soll aber noch gut bemerkbar sein, um optimal zu wirken. Bei der Komposition wird durch die Auswahl der Tonarten und der Produktionstechniken darauf geachtet, dass die Musik sich nicht mit dem Text »beißt«

Die Musik muss authentisch sein:
Dies schafft Stimmigkeit und Vertrauen. Beides überträgt sich auf das Medium und das Produkt.

Produktionsmusik-Stile

Musikbetten
»Musikbetten« vermitteln ohne Melodie eine harmonische und rhythmische Grundstimmung. Sie werden oft im Radio eingesetzt. Gewinnspiele, Veranstaltungshinweise etc. können musikalisch verstärkt werden.

Stingers, Trenner, Logos

Diese kurzen Musikelemente werden im Fernsehen und Radio eingesetzt, um Werbeblöcke vom Programm zu trennen. Logos sind eine Erkennung für Radio oder TV-Sender. Die Musikauswahl ist gigantisch. Als Erkennungsmelodie für TV-Sendungen wird gerne Produktionsmusik eingesetzt. Erkennungsmelodien für TV-Sender oder Radiosender werden in der Regel komponiert um absolut exklusiv zu sein. Dies ist besonders wichtig zur Unterscheidung bei Radiosendern, da sich das Musikprogramm der Radiosender häufig sehr ähnlich ist.

Soundscapes

»Sound-Teppiche« haben wie Musikbetten auch keine Melodie und sind sehr sphärische Musiken. Sie sind neutral gehalten und eignen sich für sachliche Unternehmensdarstellungen. Sie werden gerne in Imagefilmen und Dokumentarfilmen eingesetzt.

Sounds, Sound Design, Effekte

Produktionsmusik deckt auch den Grenzbereich zwischen Musik und Geräuschen ab. Sounds werden gerne in Kombination mit anderen Musiken verwendet. Sounddesign spielt eine wichtige Rolle in Kinofilmen, aber auch bei Dokumentationen und in der Werbung, um Authentizität zu schaffen.

Jingles

Produktionsmusik stellt viele Jingles, also kurze, fertige Werbespot Musiken. Sie sind speziell für den Werbeeinsatz produziert, decken musikalisch aber alle Musikstile ab. In der Werbebranche wird Produktionsmusik oft im Radio verwendet, wo es oft attraktive Pauschalverträge gibt. Es werden mit der Produktionsmusik aber auch sehr viele nationale TV-, Radio- und Kino-Werbespots produziert. Dies geschieht viel öfter, als gemeinhin angenommen wird. Die Werbetreibenden schätzen die Musikqualität und das das gute Preis-Leistungsverhältnis.

Soloinstrumente

In der Produktionsmusik gibt es viele Soloinstrumente-Produktionen wie z. B. Gitarre, Klavier, Posaune etc. Es steht nicht die Virtuosität im Vordergrund, sondern das Vermitteln von instrumentenspezifischer Stimmungen und von »Bildern im Kopf«. Soloinstrumente werden häufig im Kino als Source Music eingesetzt, also als Bestandteil der Filmszene, wenn z. B. ein Pianist Piano spielt und dann erschossen wird.

Neutrale Musiken
Es gibt spezielle neutrale Musiken, die sich gut für sachliche Filme eignen, weil sie nicht vom Thema ablenken. Sie werden stark in Corporate Media eingesetzt. Als Branchen eignen sich Pharma und Bankprodukte sehr gut.

Underscores
Es gibt von fast allen Titeln Underscores, die gut mit Text besprochen werden können.

TV-Musiken
Es gibt spezielle TV-Musiken für Games, Shows, Talkshows, Game Shows etc. Die hierfür verwendeten Musiken dürfen nicht zu stereotyp sein, damit sie von den TV-Zuschauern akzeptiert werden.

Kindermusiken
werden in großer Auswahl und in vielen modernen Musikstilen angeboten. Im Medieneinsatz für Werbung oder TV-Trailer kann die Musik moderner und »abgefahrener« sein als im Handel. Sie werden in vielen Kinder-TV-Sendungen eingesetzt und in der Werbung.

Komödie
Produktionsmusik bietet auch witzige Komödienmusiken, die nicht kindisch oder albern sind. Dies ist ein Bereich, der kaum durch Hits abgedeckt ist, weil es dafür keinen großen Käufermarkt gibt. Komödienmusiken müssen für den Einsatz in der Werbung sehr gut und genau ausgesucht werden, damit sie perfekt passen.

Moderne Musiken: Rock, Pop, House, Techno etc.
Hier ist es wichtig, dass die Qualität sich mit Hits aus diesen Musikstilen messen kann, um glaubwürdig zu sein und akzeptiert zu werden. Produktionsmusik hat ja in der Regel keine Hits. Es wird deshalb z. B. in der Werbung keinen Übertrag des Hit-Image auf das Werbeprodukt geben, aber der Lifestyle und die »Klischees« der Musik werden positiv auf das beworbene Produkt übertragen.

Industriemusik
Es gibt viele spezielle Industriemusiken für die Vertonung von Messefilmen und Imagefilmen. Diese Musiken waren früher mit vielen Fanfaren oft sehr heroisch und motivierend. Dieser Stil ist heute nicht mehr

so populär, dafür werden verstärkt House, Techno etc. eingesetzt. Es bleibt aber wichtig, dass die Musiktonalität positiv und motivierend ist und trotzdem noch sachlich wirkt.

Sportmusiken
Bei Sportmusiken gibt es oft cross over von Fanfaren, Sport-Musikelementen und modernen Musikstilen wie Techno, Techno Rock und, Hip Hop. Sportmusiken werden sehr stark im Fernsehen und in der Werbung eingesetzt.

Orchestrale Musiken
Es gibt authentische Orchestermusiken, die keine Klassik spielen, sondern moderne, zeitlose orchestrale Musiken. Sie strahlen eine große Wertigkeit aus und sind für alle Medienproduktionen geeignet.

Jazz
Jazzmusik hat wie Klassik eine hohe Wertigkeit. Jazz kann sehr gut in Corporate Medien eingesetzt werden. Die Verbindung von Jazz und Lounge ist besonders geeignet. In der Werbung verkörpert Jazz gehobenen Lifestyle.

Weltmusik
Weltmusik wir sehr stark cross over eingesetzt, also die Verbindung mit Pop, Rock und der Fusion diverser Weltmusik Stile. Dies ist gut geeignet für Werbung, internationale Corporate Media-Produktionen und Internetauftritte

Zusammenfassung Produktionsmusik:
Die Produktionsmusik ist im Medieneinsatz ein »stiller Bestseller«. Sie erfüllt wichtige künstlerische, wirtschaftliche und kreative Funktionen.

Auftragsmusik

Ziel: Auftragskompositionen zielgerichtet einsetzen.

So könnte der Ablauf bei Auftragskompositionen aussehen:
Der Kunde bespricht mit dem Auftragskomponisten seine Kommunikationsziele und in welchen Medien und für welche Zwecke die Musik benötigt wird. Daraus erwächst ein musikalisches Briefing, wobei der Kom-

ponist seine musikalischen und wirtschaftlichen Kenntnisse konstruktiv einbringt. Der Budgetrahmen wird dann grob festgelegt. Dazu gehört die Vergütung für den Komponisten, die Produktionskosten für die Musik, sowie Lizenz- und GEMA-Gebühren. Die Musiknutzungsrechte können exklusiv für immer dem Kunden übertragen werden. Es kann zeitliche und räumliche Beschränkungen geben. Der Komponist macht in der Regel mehrere Layouts, um die Grundstruktur seiner Musik darzustellen. Es entstehen dann oft mehrere Fassungen, um allen medialen Einsätzen gerecht zu werden. Der Komponist erhält eine individuell frei verhandelbare Vergütung vom Kunden und GEMA-Tantiemen für die Aufführungen und Vervielfältigungen. Manche Komponisten sind auch nicht Mitglied in der GEMA. Ihre Kunden erhalten dies bescheinigt und müssen dann keine GEMA-Gebühren für die Musikverwendung zahlen. Solche Komponisten erhalten somit ein einmaliges Honorar.

Kurze Geschichte der Auftragskomposition:
Man kann nahezu alle großen Klassikkomponisten als Auftragskomponisten bezeichnen. Sie komponierten meist im Auftrag des Adels oder der Kirche. Sie waren praktisch fest angestellt, wenn auch oft nur für einen gewissen Zeitraum. Mozart war Konzertmeister der Salzburger Hofkapelle und komponierte für Hieronymus Franz Josef von Colloredo, dem Fürsterzbischof von Salzburg. Es folgten der Mannheimer Kurfürst Karl Theodor und andere.

In der Filmmusik werden viele Auftragskompositionen verwendet. Ab 1895 entstehen die ersten Stummfilme, die live am Klavier begleitet und vertont werden. Die Pianisten haben sie nach ihrer Auffassung musikalisch begleitet und untermalt. Als erste Originalfilmmusik und Auftragskomposition zählt Camille Saint-Saens Filmmusik für den Film »Die Ermordung des Herzogs von Guise« (1908). 1927 hat der erste Tonfilm »Der Jazzsänger« Premiere. Das Kino wurde zum Massenmedium und es folgten weitere Filmkomponisten wie Berhard Kaun, Erich Wolfgang Korngold, Dimitri Tiomkin usw. Der deutsche Max Steiner komponierte Musik für 300 Hollywood-Filme, von denen die meisten als Klassiker gelten wie z. B. »Vom Winde verweht« und »Casablanca«.

Ab 1950 schufen Auftragskomponisten Titelmelodien für TV-Musiken. Dies ist bis heute ein wichtiger Arbeitsbereich der Auftragskomponisten. Werbemusiken werden auch sehr oft auf Auftrag individuell komponiert. Die Games Industrie, Internet und Mobile Content, Mobile Advertising, individuelle Telefonansagen, Titelsongs für Firmen CD-Kopplungen etc. sind weitere Anwendungsgebiete.

Auftragskompositionen werden von spezialisierten Komponisten individuell für die Medienproduktionen komponiert und produziert. Sie ergänzen sich gut mit Produktionsmusik und Hits. Die Stärke von Auftragsproduktionen liegt darin, dass sie auf die Kundenbedürfnisse »maßgeschneidert« werden. Die Medienproduktion muss eine individuelle Auftragskomposition erfordern. Dies ist in der Regel der Fall, wenn die Musik individuell und nur exklusiv genutzt werden soll wie z. B. in einigen Werbespots. In Filmen machen maßgeschneiderte Auftragskompositionen dann Sinn, wenn z. B. jeder Person ein Musikthema zugeordnet wird. Dieses Thema zieht sich dann durch den ganzen Film. Der Medienproduzent vermittelt den Komponisten seine Vision und sein Kommunikationsziel. Der Komponist kann dann alles musikalisch perfekt umsetzen und damit das Kommunikationsziel erreichen.

Auftragskompositionen ergänzen sich gut mit Sound Design. Gutes Sound Design erhöht den Wiedererkennungswert der Musik und der vermittelten Botschaft. Auftragskompositionen und Produktionsmusik ergänzen sich gut. Viele Werbespots haben Produktionsmusik für Sonderaktionen und spezielle Themen. Die Werbe-Erkennungsmelodie wird oft individuell und exklusiv komponiert. Produktionsmusik wird immer öfter erfolgreich in Auftragskompositionen integriert und lässt neue Stücke entstehen.

Auftragskompositionen lassen sich gut mit Produktionsmusik kombinieren. Dies passiert oft bei Werbespots, wo die Werbemelodie individuell komponiert wird und kurzfristige Sonderthemen mit Produktionsmusik vertont werden. Beispiel: Mac Donalds Werbemelodie »I'm lovin it« wird immer genommen. Die einzelnen Aktionen wie »Westernwochen«, »Fischwochen«, »WM« werden dann oft mit Produktionsmusik vertont.

Produktionsmusik wird auch oft in Kompositionen eingesetzt, besonders orchestrale Musikteile. Dies muss ordnungsgemäß als Sample lizenziert werden. Auftragskomponisten mit Werbekenntnissen und gutem Verständnis für Corporate Sound-Gestaltung können den Kunden einen wichtigen Mehrwert bieten. Das gilt besonders für Audio-Branding. Eine gute Kunden-Komponisten-Partnerschaft entsteht, wenn der Komponist sehr stark auf die Bedürfnisse und die kommunikative Zielsetzung seines Kunden eingeht. Kunden, die sich offen für Musikvorschläge zeigen, werden von kreativen Lösungen profitieren.

Zusammenfassung:
Auftragskompositionen sind traditionell Schwerpunkt in der Filmmusik,

werden aber auch in allen anderen Medienbereichen gerne eingesetzt. Sie sind gut kombinierbar mit Produktionsmusik und erfordern vom Komponisten ein gutes Verständnis der Kommunikationsziele des Kunden.

Hits

Ziel: Die Wirkung von Hits in Medien verstehen.

Ein Hit ist ein erfolgreiches Produkt, ein Bestseller. In der Musikbranche haben Hits, besonders ein Nr.1-Hit eine besondere Bedeutung. Es gibt diverse Hitparaden, Charts genannt:
Verkaufscharts berücksichtigen ausschließlich die Verkäufe des Handels an Endverbraucher. Diese Zahlen werden von der Firma Media Control für die Musikindustrie erhoben.

Man kann Nr.1-Hits nur schwer miteinander vergleichen. Nr.1-Hits sind unterschiedlich lange auf dieser Spitzenposition. Verglichen mit den 1960er und 1970erJahren ist heute die Verweildauer auf der Spitzenposition kürzer. Es gibt heute mehr Musiktitel, die in die Charts drängen, und der Musikgeschmack der Hörer ändert sich häufiger. Die Musikgruppen werden auch nicht mehr so nachhaltig aufgebaut wie früher. Insgesamt sind die Tonträgerverkäufe gesunken, sodass ein Nr.1-Hit weniger CD-Verkäufe benötigt als früher. Das bedeutet aber nicht, dass ein Nr. 1-Hit heute einfacher zu erzielen ist, schließlich hat die Konkurrenz ja eher noch zugenommen.

Es gibt *Hörer- und Lesercharts* von Radiosendern und Zeitschriften. Die sind sehr beliebt, aber nicht so objektiv wie die offiziellen Verkaufscharts. Es finden sich dort auch häufig »Überraschungstitel« auf Platz 1. Diese Charts bilden sehr stark den Musikgeschmack der Radiohörer oder Leser ab. Es kauft ja nicht jeder Musik CDs und von daher sind solche Charts ein interessanter Indikator des »Publikumgeschmacks«. Bei solchen Charts können auch Newcomer nach vorne kommen, sofern sie im Radio gespielt werden oder in den Printmedien erwähnt werden.

Airplay Charts geben die Rangfolge der im Rundfunk gespielten Titel nach Anzahl der Einsätze pro Woche und Reichweite wieder. Dies geschieht in der Regel elektronisch. Da sich viele Senderformate der Radiosender recht ähnlich sind, spiegelt sich dies auch in den Charts wieder.

Genre Charts sind Wertungen bestimmter Musikrichtungen. Es gibt Klassik, Jazz, Country, Volksmusik etc. Sie haben den großen Vorteil, dass die Musiken vergleichbarer sind und ökonomische Aspekte keine herausragende Rolle spielen. Bei den normalen, allgemeinen Verkaufscharts hat z. B. Jazz, Volksmusik, Schlager kaum eine Chance auf hohe Platzierungen, da diese Musikrichtungen weniger verkauft werden als Pop. In den Genre Charts haben alle Titel einer Musikrichtung die gleichen Chancen.

Trendcharts wie z. B. für Dance werden in der Bedeutung wachsen. Die Segmentierung der Charts ist vorteilhaft für Künstler, weil sie innerhalb ihrer Musikstilrichtung bessere Chancen auf einen Nr. 1-Hit haben als in den allgemeinen Verkaufscharts. Die Segmentierung der Musikstile wird weiter zunehmen.

Charts und somit Hits gibt es seit 1946 mit Country Musik (Billboard Charts U.S.A.) In Deutschland gibt es Charts sei 1953. Media Control Charts starteten 1977 und umfassen heute viel mehr als Musikcharts: Games Charts, DVD-Charts, Ringtone-Charts etc.

Hits als Medienmusik

Hits erfüllen eine wichtige Mission. Große Medienunternehmen verbinden oft Stars aus TV-Serien mit maßgeschneiderten Hits und Produktwerbung. Wo Hits unbedingt erforderlich sind, sollte nicht aus Kostengründen darauf verzichtet werden. Manchmal werden Hits in der Medienmusik benutzt, weil der Kreativchef einer Werbeagentur bestimmte Musikvorlieben hat. Im Idealfall wird das Image des Hits auf das zu bewerbende Produkt übertragen. Eine neutrale Musikberatung hilft dabei, diesen Transfer zu optimieren.

Wenn Hits aber nicht zwingend erforderlich sind, sollten Produktionsmusiken oder Auftragskompositionen der Vorzug gegeben werden. Sie können die Kommunikationsinhalte dann möglicherweise besser, auf jeden Fall aber günstiger transportieren. Das Dreieck der Medienmusik ergänzt sich optimal und bietet für jeden Anlass und jedes Budget ein maßgeschneidertes Musikangebot.

Ablauf der Lizenzierung eines Hits:
Der Lizenzierung sollte eine professionelle Musikanalyse vorausge-

hen, die die Frage beantwortet, wie ein Hit wirkt. Hits transportieren Lebensgefühl und Image, was gut auf ein Produkt übertragen werden kann, wenn beides zueinander passt. Hits werden auch mit Künstlern verbunden, deren Image kann das Image eines Hits überlagern. Hier ist gute, neutrale Musikberatung wichtig. Als nächstes wird dann der Musikverlag des Hits angefragt, ob der Hit für Werbung freigegeben wird. Es muss oft der Komponist um sein Einverständnis gebeten werden, weil sein Musikwerk in einem völlig anderen Kontext erscheint und mit einem völlig anderen Produkt verbunden wird. Manchmal untersagen Komponisten die Verwendung ihres Werkes in der Werbung aus ganz unterschiedlichen Gründen.

In den meisten Fällen werden lukrative Werbespots sehr gerne angenommen. Wenn der Musikverlag die Nutzungsrechte erteilt und man sich auf einen Preis geeinigt hat, folgt die Musikaufnahme. Der Werbetreibende kann den Hit neu und professionell einspielen lassen. Er wird aber meistens den berühmten Original-Hit-Interpreten wählen, damit sich dieses Image auch auf sein Produkt überträgt. Er erwirbt deshalb von der Tonträgerfirma die Nutzungsrechte an der Aufnahme. Der Lizenzablauf ist analog zum Musikverlag.

Hits werden meistens exklusiv, aber zeitlich, oft auch räumlich begrenzt lizenziert. Dies bedeutet eine enge Verbindung zwischen beworbenem Produkt und dem Hit während der Lizenzzeit. Diese Verbindung hat wechselseitige Auswirkungen auf den Hit. Wenn ein Hit oft im Radio gespielt wird und auf einmal erklingt er noch zusätzlich pausenlos in der Werbung, kann dies übertrieben wirken und der Hit wird eventuell als störend oder nervig empfunden. Da ist auf eine gesunde Balance zu achten.

Es gibt aber auch positive Auswirkungen, wenn ein »schon fast vergessener Hit« durch eine Produkt-Werbekampagne wieder ins Gedächnis gerufen wird. Dies kann Tonträgerverkäufe sogar steigern und vorteilhaft für den beteiligten Künstler sein.

Zusammenfassung:
Hits sind sehr beliebt, und im Idealfall wird das Image des Hits auf das beworbene Produkt, die werbetreibende Firma oder einen Film übertragen. Hits müssen aber professionell und wirkungsoptimiert ausgesucht werden. Sie sind teurer als Produktionsmusik und Auftragsmusik. Hits lassen sich gut mit anderen Musiken kombinieren.

Audio-Branding

Ziel: Die Bedeutung von Audio-Branding für die Unternehmenskommunikation praxisnah erfahren.

Audio-Branding spielt in der professionellen Musiknutzung eine wichtige Rolle. Es verbindet Werbung und Corporate Medieneinsätze. Als Audio-Branding bezeichnet man den »Markenaufbau durch den Einsatz von akustischen Elementen im Rahmen der Markenkommunikation.« Die »Corporate Sound Identity« bildet die Grundlage für den akustischen Markenauftritt. Sie kommt im »Corporate Sound« zum Ausdruck und bildet die akustische Identität eines Unternehmens. Der »Corporate Sound« wird durch »Audio Logo«, »Corporate Song« und »Corporate Voice« hörbar. Diese Elemente werden auch für einzelne Marken, Brands, verwendet und dann entsprechend benannt.

Man unterscheidet drei Strategien: die »logo-fokussierte« Strategie, wobei das Audio-Logo in allen Bereichen eingesetzt wird. Es kann aber auch eine »kampagnenorientierte« Strategie gefahren werden. Diese Strategie ist nicht so umfassend, und weil sie auf eine Kampagne beschränkt ist, auch nicht so nachhaltig und weniger wirksam. Am besten ist eine »integrierte Strategie«, bei der alle akustischen Berührungspunkte auf das Unternehmen (Corporate Strategy) oder die Marke abgestimmt sind. Last but not least ist zu beachten, dass »Audio-Branding« gegebenenfalls auch in allen Kulturen zu verstehen ist.

Audio-Branding wird in folgenden Bereichen verwendet: User Interfaces, Mobilfunk (Klingeltöne, SMS-Signale), Corporate Filme, Verkaufsförderungen am Point of Sales, Messen, Mobile Marketing und Sponsoring.

Corporate Sound Elemente können als Hörmarke eingetragen werden und sind dadurch markenrechtlich besonders geschützt. Audio-Branding wirkt am besten, wenn es kontinuierlich angewendet wird und das gleiche Audio-Branding auch langfristig verwendet wird, um eine hohe Wiedererkennung zu schaffen. Gutes Audio-Branding wird von den Hörern gut erinnert.

Zusammenfassung:
Audio-Branding ist die Visitenkarte eines Unternehmens. Es ist noch anspruchsvoller als sonstige Auftragskompositionen, weil es meistens ein ganzes Unternehmen nachhaltig prägt.

4. Vergütung für die Musik

Ziel: Die wesentlichen Akteure im Musikbusiness kennen lernen und den wirtschaftlichen Wert der Musik erkennen.

Der Musikverlag

Ein Musikverlag vermarktet die Nutzungsrechte an den Musikwerken seiner Komponisten. Vertragliche Grundlage ist ein Verlagsvertrag zwischen jedem einzelnen Komponisten und dem Musikverlag. Der Musikverlag registriert die Musikwerke der Komponisten bei der GEMA und schließt mit ihr einen Berechtigungsvertrag, damit die GEMA die Vervielfältigungsrechte und Aufführungsrechte wahrnehmen kann.

Der Musikverleger besorgt auch die passende Tonträgerfirma, um die Musikaufnahme zu vermarkten. Er vermarktet auch aktiv die Kompositionen seiner Komponisten. Die Musik kann in Filmen eingesetzt werden, in Werbung und mehrfach erfolgreich von diversen Interpreten gesungen werden.

Musikverleger sind auch die Entdecker neuer Talente. Sie können neue Musikrichtungen promoten und aktiv Musik in neuen Medien vermarkten. Der Musikverlag kann die Kompositionen auch gut im Ausland über Subverleger vermarkten und sollte sich die Rechte daran sichern. Früher bestanden die Haupteinnahmen in Drucktantiemen für Noten, heute geht es es sehr stark um Synchronisationsrechte, wenn also die Musik in Medienproduktionen wie Film, Fernsehen, Internet etc. verwendet wird.

So wird man Musikverleger:
- Musikverlag bei Gewerbeamt, Handelsregister und Finanzamt anmelden.
- Musikverlagsverträge mit seinen Komponisten machen.
- Aufnahmeantrag bei der GEMA stellen. Voraussetzung für die Aufnahme ist die musikverlegerische Tätigkeit, die in der Regel durch 50 handelsübliche Noten-Druckausgaben nachgewiesen werden muss.

Die Tonträgerfirma

Die Tonträgerfirma ist der Vermarktungspartner der Interpreten und der Tonaufnahmen des Musikwerkes. Der Ablauf ist analog zum Musikverlag, nur statt der GEMA übernimmt und rechnet die GVL (Gesellschaft zur Verwertung von Leistungsschutzrechten) die Aufführungen und Vervielfältigungen der Tonträger ab. Die GVL greift dabei auf die Daten der GEMA zu.

Verwertungsgesellschaften

Verwertungsgesellschaften schließen einen Berechtigungsvertrag mit den Inhabern der Urheberrechte. Sie überwachen die Nutzung der übertragenen Rechte und rechnen mit den Rechteinhabern ab. Die GEMA (für Komponisten, Texter und Musikverleger) ist die bekannteste Verwertungsgesellschaft. Danach folgt die GVL (für Sänger, Interpreten, Tonträgerfirmen). Es gib darüberhinaus noch die VG Wort für »Wort Autoren«, die VG Musikedition für Musikeditionen, die VG Bild-Kunst für Bilder, Fotografien und Filmproduzenten, die VFF (Verwertungsgesellschaft der Funk und Fernsehproduzenten, die GÜFA (Gesellschaft zur Übernahme und Wahrnehmung von Filmaufführungsrechten, »Porno Filme«) und die VGF (Verwertungsgesellschaft für Nutzungsrechte an Filmwerken; Verband der Filmverleiher).

GEMA

Die GEMA, die Gesellschaft für musikalische Aufführungs- und mechanische Vervielfältigungsrechte, vertritt die Rechte der Komponisten(und Textdichter) sowie der Musikverlage. Eine Mitgliedschaft in der GEMA ist nicht zwingend notwendig, die oben genannten Rechte können auch direkt von den Rechteinhabern wahrgenommen werden. Urheberrechte entstehen auch ohne formelle Anmeldung und ohne GEMA-Mitgliedschaft. Es ist aber sinnvoll, mit der GEMA einen Berechtigungsvertrag zu schließen, weil die GEMA die Überwachung der Musiknutzung und das Inkasso in den oben genannten Bereichen besser wahrnehmen kann. Der GEMA gehören ca. 60.000 Komponisten und Textdichter an, dazu ungefähr 8.000 Musikverlage. Die GEMA ist weltweit mit ausländischen Verwertungsgesellschaften und Inkassoorganisationen verbunden und pflegt in ihrer Werkedokumentation mehr als neun Millionen Mu-

sikwerke. Die GEMA erzielte 2008 Einnahmen in Höhe von 823.007 Euro.
Der größte Einnahmeposten ist Rundfunk und Fernsehen mit ca. 30 % Umsatzanteil, dann alle Tonträger und Bildtonträger zusammen mit ca. 28 %. Aufführungen, also »Lebende Musik« machen ca. 10 % und Ausland ebenfalls ca. 10 %. aus

Die Vorteile einer GEMA-Mitgliedschaft liegen in der oben genannten Überwachung der Musiknutzung und Anwendung der GEMA-Tarife, die den Komponisten einen Anteil an den Einnahmen der Musikverwender zusichern. Die Komponisten und Musikverlage könnten dies nur schwer alleine durchführen (Aufführungsrechte und Vervielfältigungsrechte). Die GEMA-Mitglieder sind an die Tarife gebunden.

Nicht alle Tarife finden immer die Zustimmung aller Mitglieder. Dies ist verständlich, weil die Mitglieder große Unterschiede aufweisen hinsichtlich Umsatz, Erfolg, Vergütungserwartung und Kundenportfolio. Der Autor hat bei einigen Tarifgestaltungen für die Produktionsmusik mitgewirkt und weiß, wie leicht ein guter und fairer Tarif in manchen Konstellationen »etwas unpassend« werden kann. Es besteht aber immer das Bemühen, passende Tarife zu finden. Die Musikverwendung der GEMA-Kunden ist auch sehr unterschiedlich. Wenn z. B. viele Kunden nur Fünf-Minuten-Musik im Internet nutzen, andere aber 300 Stunden, wird schnell deutlich, wie schwer es ist, eine faire und für alle passende Vergütung zu finden. Bei neuen Nutzungsarten wird es manchmal schwierig, weil die GEMA noch keinen Tarif hat. Sie macht dann einen Tarif, sobald es einen Markt, sprich Musiknutzung, gibt. Dies wird aber schwierig, wenn die Musiknutzer noch keinen Tarif haben, also nicht genau wissen, wie viel für die Aufführungsrechte und Vervielfältigungsrechte zu zahlen ist. In solchen Fällen schließt man Pilotvereinbarungen ab oder individuelle Gestaltungen.

GVL (Gesellschaft zur Verwertung von Leistungsschutzrechten):
Die GVL ist die urheberrechtliche Vertretung der ausübenden Künstler und der Tonträgerhersteller. Sie ist die Verwertungsgesellschaft für die sogenannten Zweitverwertungsrechte der Künstler und Hersteller. Sie sind für diese Gruppe das, was die GEMA für die Komponisten und Musikverlage ist.

Es handelt sich dabei um die gesetzlichen Vergütungsansprüche gegen:
- Hörfunk und TV-Sender für die Verwendung von Tonträgern in ihren Programmen,

- Kabelbetreiber für die Einspeisung von TV- und Radio-Programmen,
- Diskotheken, Gaststätten, Hotel für die öffentliche Wiedergabe von Tonträgern,
- Bibliotheken für den Verleih von Tonträgern und Bild-Tonträgern,
- Schulbuchverleger für die Aufnahme von Titeln für den Unterricht,
- Hersteller von Aufnahmegeräten und Leermedien.

Die Aufgaben sind also analog zur GEMA, nur für ausübende Künstler und Tonträgerfirmen, anstatt für Komponisten und Musikverlage. Die GEMA führt bei der öffentlichen Wiedergabe das Inkasso für die GVL durch. Die Leercassetten-Abgabe, also Vergütung für Leermedien, wird über die ZPÜ abgewickelt.

Die ZPÜ, Zentralstelle für private Überspielrechte, ist ein Zusammenschluss von deutschen Verwertungsgesellschaften. Sie verlangt von den Geräte- und Speichermedienherstellern eine Pauschalabgabe pro Gerät, bzw. Medium. Dies ist finanzieller Ausgleich für die durch Privatkopien verursachten Einnahmeausfälle für die Musikverlage und Tonträgerfirmen. GEMA und GVL, sind neben anderen Verwertungsgesellschaften, Gesellschafter der ZPÜ. Kabelrechte, Vermietung und Verleih werden von der GVL im Verbund mit anderen Verwertungsgesellschaften wahrgenommen.

Zusammenfassung:
Musikverlage, Tonträgerfirmen, GEMA und GVL sind die wesentlichen Akteure der Musikindustrie. Die Komposition eines Komponisten ist der Kern, der Musikverlag sein Vermarkter. Er kann Musiknutzungsrechte gegen Entgelt vergeben für Werbung, Film und andere Medien, also immer wenn Musik in ein Produkt eingebunden wird und veröffentlicht wird, also nicht nur gehört wird. Der ausübende Künstler wird von seiner Tonträgerfirma vertreten. Nutzungsrechte können erst vergeben werden, nachdem der Musikverlag dies getan hat. Die ausübenden Künstler und Tonträgerfirmen haben die GVL als Verwertungsgesellschaft und die GVL-Abläufe sind denen der GEMA ähnlich.

Nachdem die Einnahmequellen der Musikindustrie erläutert wurden, folgt ein tieferer Einblick in die Musik und faire Vergütung:
1. Musik ist ein immaterielles Gut und damit schwer zu (be)greifen. Es gibt fundamentale Unterschiede im Rechtsempfinden. Dazu ein Praxisbeispiel:

Unter den Teilnehmern unserer Musik-Lizenzierungsseminare sind manchmal Personen, die illegal Musik tauschen. Wird zu Demonstrationszwecken einem Teilnehmern z. b. das Mobiltelefon weggenommen, um den immateriellen Wert der Musik zu demonstrieren, gibt es Protest. Die gleichen Leute, die zugegeben haben, Musik illegal zu verwenden, waren äußerst empört, wie ich es wage, ihr Eigentum anzutasten. In den sich daran anschließenden Diskussionen wurde dann verdeutlicht, dass auch immaterielle Güter einen Wert haben. Diese Personen finden jede Vergütung für Musik zu hoch.

2. Der Wert der Musik wird nicht von jedem vollumfänglich anerkannt.

Durch die heutige Digitaltechnik und Sampling hat theoretisch jeder die Möglichkeit, große Orchesterwerke zu produzieren. Auch hierzu ein Praxisbeispiel:

Manche Kunden machen ihre Musik selbst. In meiner Praxis haben viele Kunden gesagt, »wir machen unsere Musik selber«. Angesichts der Gegenfrage »Komponieren Sie dann wie Ennio Morricone?«, wird vielen bewusst, dass gute Kompositionen sehr viele handwerkliche Fähigkeiten und enorme Kreativität erfordern und nicht alleine technisch entstehen. Durch die Reduzierung der Musik auf Handwerk und Technik kann auch leicht der Wert der Musik zu gering bemessen werden.

Zusammenfassung:
Musik hat einen großen wirtschaftlichen Nutzwert für professionelle Musiknutzer. Je mehr professionelle Musiknutzer dies erkennen, umso verständnisvoller können faire Musikvergütungen partnerschaftlich gefunden werden. Musikkomponisten und Musikverlage werden davon profitieren, sich auch einmal in die Situation und die wirtschaftlichen Gegebenheiten der Musiknutzer hineinzuversetzen.

5. Musik im Produkt

Ziel: Musikwirkung im Produkt erfahren und gewinnbringend einsetzen.

Musik wird in Produkten und Medien erfolgreich eingesetzt. Am Beispiel des *Films* werden diese Mechanismen kurz erläutert. Grundsätzlich gelten die Aussagen für das Medienmusik-Dreieck: Produktionsmusik, Auftragskompositionen und Hits. Es gibt aber auch Schwerpunkte und Besonderheiten der genutzten Arten.

Über Filmmusik wurde schon sehr viel geschrieben. Es ist unmöglich, diesem wichtigen Themen im Rahmen dieses Buches auch nur annähernd gerecht zu werden. Im Wissen um die »Unvollkommenheit« werden die wesentlichen Aspekte erläutert.

Für Filmmusik gilt das in Kapital 2 gesagte: Es werden »Gefühle und Botschaften transportiert«. Ein »gewisses Image« wird in jedem Film musikalisch erzielt.

Jeder Film ist ein Produkt, das verkauft werden soll. Filmmusik hat eine eigene, neue Dimension. Sie verknüpft das Medienmusik – Dreieck mit Geräuschen, Atmosphären und technische Innovationen.

Dies gilt im besonderen Masse für den Kinofilm. Kino verschafft ein intensiveres Erlebnis als TV. Als Dolby Surround eingeführt wurde, waren viel Kinobesucher begeistert. Mancher drehte sich instinktiv um, als der Sound von hinten kam. Auch dies sind im weiteren Sinne musikalische Bestandteile. Musik weckt und verstärkt Emotionen. Dies sind die wesentlichen Merkmale guter und erfolgreicher Filmmusik.

Es gibt folgende Arten des Musikeinsatzes im Film:

Score Music

»And the Oscar goes to ...« Score Music. Davon träumen viele Komponisten.

Score Musik ist das, was allgemein als Filmmusik bezeichnet wird. Score Musik führt musikalisch durch den ganzen Film Sie erzeugt die Stimmungen, berücksichtigt die historische Einfärbung und den Spannungsaufbau des Film in optimaler Weise. Score Music erscheint als Soundtrack. Über Score Music wird geredet und sie trägt manchmal weite Strecken des Films. Man erinnert sich an Filmszenen, wenn man bestimmte Score Musiken wieder hört. Score Music wird meistens individuell im Auftrag komponiert, aber auch teilweise mit Produktionsmusik verbunden. Es gibt ganze Filmvertonungen mit Produktionsmusik. Das geht gut, wenn musikalisch und dramaturgisch keine Themenzuordnung zu einzelnen Personen nötig ist.

Source Music

Diese Musik ist Bestandteil einer Filmszene.
Beispiele: Der Held fährt im offenen Cabrio und aus dem Autoradio klingt Musik. In einer Jazz Bar spielt eine Jazz Band und ist im Film zu sehen. In einer Kneipe singt eine Dame »La Paloma« und ist im Film zu sehen.
Source Music muss gewissenhaft ausgewählt werden. Musikberater brauchen ein exaktes Wissen, welche Musik zu welcher Zeit an welchen Orten populär war, besonders wenn sie Hits einsetzen. Die Zuschauer bemerken Fehler und wissen, welche Hits wann populär waren. Eine Fehlauswahl untergräbt die Glaubwürdigkeit des Films. Source Musik muss perfekt auf die im Film agierenden Personen abgestimmt sein. Wenn ein Jazz-Trio im Film zu sehen ist, muss die Musik analog sein und darf keinen Big Band Sound bieten. Der Zuschauer wäre irritiert. Dies ist besonders wichtig, weil die Source Music in der Regel erst nachträglich auf den Film geschnitten wird. Source Music muss die atmosphärische Dichte eines Films perfekt vermitteln. Dies bedeutet auch, dass der Klang der Filmszene perfekt angepasst werden muss. In der Source Music wird oft Produktionsmusik verwendet, weil diese eine große musikalische Bandbreite bietet, die alle Epochen, Länder und Situationen musikalisch wiedergeben kann.

Sound Design

Sound Design ist mehr als ausgeklügelte Laser Effekte wie z.B. bei »Starwars«. Sound Design unterstützt den ganzen Film optimal. Ganz oft wird Sound Design so subtil eingesetzt, dass der Zuschauer es gar nicht bemerkt. Sound Design ist ein weiteres wichtiges Element, um Emotionen zu transportieren und Erinnerungen auch innerhalb des Films abzurufen.
Im Film werden Emotionen durch Musik im besonderen Masse

transportiert. Die musikalischen Funktionen sind vielfältig. Score Music wird sehr stark vom Zuschauer wahrgenommen. Source Music schafft Atmosphäre und muss stimmen. Sound Design unterstützt die Musik perfekt.

Zusammenfassung Musiknutzungen im Film:
Score Music trägt einen Film musikalisch und unterstützt die emotionale Wirkung des Films sehr stark. *Source Music* schafft authentische Atmosphäre im Film. *Sound Design* wirkt subtil und unterstützt die Wirkung der Musik optimal.

Nach den unterschiedlichen Musiknutzungen im Produkt Film, werden jetzt weitere Nutzungen in weiteren Produkten betrachtet.

Musik im Produkt erfüllt noch weitere Funktionen:
Wie es schon Elvis Presley vorgemacht hat, spielt besonders die Popmusik im Film eine große Rolle. Dies ermöglicht viele Verwertungsketten. Die populärste Vermarktung ist der dazugehörige Soundtrack auf CD.

Die Filmmusik wirkt aus dem Zusammenhang gerissen oft anders als im Film selbst. Die Musik kann aber die im Film erzeugten Emotionen wieder abrufen. Oft werden dem Soundtrack auch noch Titel zugefügt, die mit dem Film direkt gar nichts zu tun haben. Sie passen in die Zeit oder den Lifestyle. Es gibt auch immer häufiger Hörbücher von bekannten Filmen. PC-Games zu bekannten Filmen nehmen auch zu. Hier ist es immer gut, wenn die Verwertungskette von Anfang an durchgeplant wird, um perfekt aufeinander abgestimmte Produkte zu haben. PC-Games haben dramaturgisch ganz andere Voraussetzungen als Filme. Es ist sinnvoll, eine etwaige Nutzung als PC Game schon bei konzeptioneller Entwicklung des Films zu berücksichtigen. Das gleich gilt für Hörbücher, wenn auch nicht so stark, weil Hörbücher einfacher an einen Film und eine Handlung anzupassen sind als PC-Games. Es ist gut, die Musikauswahl und Musikgestaltung mit crossmedialen Überlegungen zu treffen.

6. Corporate Media

Ziel: Musik in Corporate Media-Kampagnen perfekt einsetzen.

Corporate Media-Produktionen sind glaubwürdige, vertrauenswürdige Imageträger. Sie sind sachlicher gehalten als Werbespots. Als Bestandteil von PR-Kampagnen verkörpern sie Erfolg.

Zu den Herausforderungen von Corporate Media zählen:

1. Zielgruppenvielfalt
Corporate Media spricht verschiedene Zielgruppen an. Intern: die eigenen und zukünftigen Mitarbeiter. Extern: existierende und potentielle Kunden. Sie erreicht auch Mitbewerber, Presse, Verbände, Politiker. Zielgruppengerechte Informationen sind wichtig, Optimales Content Management mit allen gesammelten relevanten Informationen über die eigene Firma erleichtert die zielgerichtete Aufbereitung. Zielgruppenorientierte Musik fördert die Aufnahme von Informationen.

2. Medienvielfalt
In den Audiovisuellen Medien ist die Medienvielfalt am größten. Sie erweitert sich ständig in immer größerem Tempo. Eine klare Strategie setzt Kommunikationsmittel optimal um. Basis ist das Content Management. Videosequenzen, Grafiken, Text werden in interaktiven Kommunikationslösungen wie dem Internet optimal eingebunden. Didaktische Besonderheiten der einzelnen Medien werden konsequent umgesetzt. Produktionsmusik kann sehr einfach für diverse Medien lizenziert werden. Sie trägt damit zu einer einheitlichen crossmedialen Corporate Identity bei.

3. Der allgemeine »Pegel« der Kommunikation ist gestiegen
In unserer Informationsgesellschaft wird es immer schwieriger, »Gehör zu finden«, »erinnert zu werden« und sich medial durchzusetzen. Ungewöhnliche und einprägsame Musik sorgt für Aufmerksamkeit und Emotionalisierung. Dies ist die Grundlage für die Informationsaufnahme.

*Corporate Media-Produktionen sollen folgende
Grundlagen erfüllen*

1. Genaue Zielgruppendefinition, die konsequent eingehalten wird, damit die Firmenbotschaften bei der Zielgruppe ankommen und positiv aufgenommen werden. Zur optimalen Zielgruppendefinition gehört auch die richtige Medienauswahl. Viele Firmen haften noch an alten Gewohnheiten und öffnen sich nur schwer neuen Medien. Andere sind versucht, jedes neue Medium auszuprobieren. Das ist gut, wenn es zur Zielgruppe passt. Ist das nicht der Fall ist, braucht man allerdings auch kein neues Medium.

Beispiel: Ein Automobilhersteller möchte einen familien- und kinderfreundlichen Van in einem Corporate Medium auf einer öffentlichen Automesse präsentieren. Das Unternehmen ist mit einer interaktiven Terminallösung sicher gut bedient. Familien mit Kindern haben kaum Zeit, sich ganze Filme anzusehen. Durch eine interaktive Lösung kann der Familienvater kurz die technischen Daten ansehen, die Frau die Ausstattung und die Kinder drücken gerne Knöpfe, da finden sich dann die kinderfreundlichen Verkaufsargumente und Image-Darstellungen.

2. Das passende Medium
Die Botschaft kann in einem interaktiven Format vermittelt werden: Dies sind Internet, Touchscreen, Info-Terminals. Eine lineare Form ist der Film. Dabei kommt es mehr auf den zu vermittelnden Inhalt an als auf die Zielgruppe.

Beispiel: Ein nicht-lineares Medium wie ein Terminal kann die Variationsmöglichkeiten eines Autos zeigen. Die Firmenhistorie kann linear als Film gut dargestellt werden. Gute Musik klingt in interaktiven Medien auch nach vielen Wiederholungen noch interessant.

3. Corporate Media muss informativ und unterhaltend sein
Die 1970er Jahre hatten technisch orientierten und sachlich geprägten Corporate Media-Stil. In den 1990er Jahren wurden die Medienproduktionen immer unterhaltsamer. Der neueste Trend ist, die unterhaltenden Elemente in Geschichten und in eine größere Dramaturgie zu verpacken.

4. Corporate Media muss in der Firmenorganisation optimal vernetzt und transparent sein.

Dies beginnt bei der Qualität der Informationen und endet bei der zuverlässigen Aktualisierung. Dies setzt eine transparente und partnerschaftliche Firmenstruktur voraus. Corporate Medien können nur authentisch vermitteln, was authentisch existiert. Kunden bemerken Diskrepanzen zwischen Sagen und Tun. Gelebte Corporate Identity zahlt sich für das Unternehmen aus.
Beispiel: Exemplarisch sei die Kommunikationsstrategie von BMW genannt. In diversen Medien wie Corporate-Filme, Internet, BMW TV, BMW Shop, Direktvertrieb etc.) wird BMW als markenweit konsequent imagefördernd gut dargestellt.

Corporate Filme

Die Filmmusik ist mehr als nur ein nettes Souvenir nach dem Kinobesuch. Auch abseits davon empfiehlt sie sich zum Träumen und Genießen für manche ruhige Stunde«. Das sagt das Publikum über den Film: »Großartige Einzelaufnahmen zum »Süchtig werden«! Ich würde den Film am liebsten so oft sehen, bis ich jede Szene malen kann!! Bitte bald ein Video herausbringen« berichtet Gabriela Koperschmidt auf www.filmszene.de

Die Rede ist von »Nomaden der Wüste« (Orig. Le Peuple Migrateur«), einem Film von Jacques Perrin (Kinostart 4.4.2002). Der Film zeigt im Lauf der Jahreszeiten Zugvögel auf ihrer Reise von einem Breitengrad zum nächsten. Die Vögel müssen vielen Gefahren trotzen. Gewaltige Bergmassive, heiße Wüsten, endlose Ozeane, Raubtiere und immer wieder das Wetter. Auf bewegende Art zeigt dieser Film auch die Schönheit unserer Welt, die es wegen der Folgen der Klimaerwärmung zu schützen gilt. Es gibt zu dem Film den Soundtrack und Bildbände. Es handelt sich insgesamt um eine gute Cross-Media-Vermarktung. Ein schöner Film von Umweltaktivisten? Nein, es ist ein Imagefilm mit folgender Aufgabenstellung:

Aufgabe: Profilierung des Umweltengagements
Profilierung der Marke:
Strategie: Nutzung des aufsehenerregenden Filmprojekts »Nomaden der Lüfte«
Maßnahmen: Konzept zur Sponsoringkommunikation, Kooperation mit der Filmproduktion; Strategische Beratung, Projektmanagement und Durchführung aller PR Maßnahmen, Interne Kommunikation,

Internetseite: www.nomadenderluefte.de, Medienkooperationen und Events z. B. »Tigerentenclub«

Ergebnis: 3.200 Presseartikel mit über 168 Millionen Exemplare Auflage, 180 Online Artikel, Breite Berichterstattung in TV und Hörfunk
Gewinn: PR Preis »Goldene Brücke in Silber«
Der Film »Nomaden der Lüfte« hat das Image der Lufthansa AG sehr positiv und nachhaltig geprägt. Dieser Film zeigt das Umweltengagement der Lufthansa AG, welches 2008 eine Fortführung in der Klimaschutz-Spendenaktion fand.

Musik in Corporate Medien

Imagefilme sind der Schwerpunkt bei Corporate Medien. Es gibt spezielle Industriemusiken, die so produziert sind, dass Textbeiträge gut verständlich sind. Die Musik ist in der Grundstimmung sehr positiv und dies überträgt sich auf den Imagefilm. Imagefilme werden oft international gezeigt und die Musik muss entsprechend zeitlos modern sein. Corporate Medien waren früher sehr sachlich, heute wird immer häufiger eine interessante Geschichte erzählt. Die Musikverwendung wird dadurch vielseitiger und bekommt eine große Schnittmenge mit Filmmusik. Da Corporate Media immer auch ein gutes Firmenimage transportieren soll, darf die Musik aber generell nicht düster, nicht zu dissonant und zu exotisch sein. In Corporate Medien wird häufig Produktionsmusik verwendet. Es gibt bei Produktionsmusik die meisten speziellen Industriemusiken. Hits sind wenig geeignet. Sie passen meist thematisch nicht.

Imagefilme haben eine weitaus weniger werbende Funktion wie Werbespots. Sie sollen eine positive Grundstimmung schaffen. Imagefilme werden daher auch viel länger gezeigt als reine Werbefilme. Es gibt Auftragskompositionen für Imagefilme, für die sehr viel mehr Musik gebraucht wird als bei einem Werbespot, und die auch nicht durchgängig sehr kreativ und außergewöhnlich sein muss. Auftragskompositionen sind sinnvoll, wenn Imagefilme dramaturgisch wie ein Spielfilm dies erfordern. Auch gibt es häufig Mischformen, bei denen eine Titelmelodie exklusiv als Auftragskomposition gemacht und dann im Film mit Produktionsmusik kombiniert wird. Der Auftragskomponist kann z. B. das Firmenthema einbauen und variieren, wenn die Firma herausgestellt wird. Viele andere Teile können kostengünstig und schnell mit Produktionsmusik vertont werden. Es wird in solchen Filmen auch gerne Klassik eingesetzt. Klassische Musik ist zeitlos, wertig und hat ein sehr gutes Image. Dies wird sehr gut auf die Produkte und Firmen in den Corporate Filmen übertragen. Sehr viele klassische Musikwerke sind einer breiten Öffentlichkeit bekannt und die Werke haben deshalb »Hit Charakter«. Produktionsmusikverlage bieten gute Qualität zu sehr günstigen Preisen. Sie sind in der Regel günstiger, als wenn die Musik von einem großen Klassiklabel mit bekannten Solisten erworben wird.

Musik im Hintergrund und doch so wichtig

Musik emotionalisiert, macht offen für Botschaften und transportiert wichtige Sachverhalte. Musik im Hintergrund wirkt leise. Die Musik darf nicht von der zu vermittelnden Botschaft ablenken. Dies gilt für alle Medien und auch für Kaufhaus-Musik, die sehr leise im Hintergrund läuft, um eine positive Kaufstimmung zu erzeugen. Wäre sie so laut wie in einer Diskothek, wäre die Wirkung negativ.

Musik im Hintergrund spielt also eine sehr wichtige Rolle für den Erfolg von Medienproduktionen, Werbekampagnen und Veranstaltungen.

Fazit

Musik ist ein wesentlicher Bestandteil unseres Lebens. Die Musik ist darüber hinaus auch ein wesentlicher Bestandteil in den Medien und der Wirtschaft.

Musik hat als wesentliche Merkmale die Förderung sozialer Kompetenz, Intelligenz, Leistung und Kreativität. Im kommerziellen Kontext sind außerdem noch relevant: Das Wecken von Emotionen, die Verdeutlichung von Inhalten und das Transportieren von Gefühlen und Botschaften. Musikberatung ist sehr wichtig und verbindet im Idealfall Kenntnisse der Musikwirkung, der Kommunikationskanäle und der Abwicklung der Lizenzierungen.

Zusammenfassung

Das Medienmusik-Dreieck ist exemplarisch dargestellt und zieht sich durch das ganze Buch.

Musik als immaterielles Gut zu begreifen und den Nutzen und Wert zu erkennen stellt die wichtige Frage nach angemessener Musikvergütung.

CORPORATE MEDIA

Als Musik im Produkt wurden Score Music, Source Music und Sound Design dargestellt. Musik ist in Corporate Media sehr wichtig und muss zielgruppengerecht, mediengerecht und zielführend eingesetzt werden.

7. Werbung und Sponsoring

Ziel: Die Musiknutzung in Werbung und Sponsoring praxisnah darstellen.

Werbung und Sponsoring gehören zur Markenkommunikation. Sponsoring wird noch ausführlich beschrieben und lässt sich sehr gut in Werbekampagnen integrieren. Gutes Sponsoring ist langfristig und wirkt nachhaltig.

Philip Kotler definiert Werbung wie folgt:
»Die Werbung ist eines der Instrumente der absatzfördernden Kommunikation. Durch Werbung versuchen die Unternehmen, ihre Zielkunden und andere Gruppen wirkungsvoll anzusprechen und zu beeinflussen.« Aus dieser Definition erkennt man, dass Werbung dynamisch ist und ständig neue Werbeformen und Werbekanäle nötig sind, um die Zielkunden zu erreichen.

Werbemusik wird oft als Werbemittel der Markenkommunikation verstanden. Sie soll den Kunden emotional und positiv für das beworbene Produkt beeinflussen. Gute Werbemusik erregt Aufmerksamkeit. »Schräge« und außergewöhnliche Musiken prägen sich gut ein. Die Konsumenten können sich besser an das beworbene Produkt erinnern.

Werbemusiken sollen eine positive Stimmung erzeugen. Es kann zwar auch Spannung erzeugt werden, die darf aber nicht »negativ« werden, weil alle musikalischen Wirkungen auf das Produkt übertragen werden.

Es gibt Musik-Betten, die ohne Melodie im Hintergrund Atmosphäre erzeugen. Jingles sind eine Werbebotschaft verkündende, gesungene Werbeslogans. Es gibt aber auch instrumentale Sound-Logos, die für die Wiederkennung der beworbenen Marke sorgen. Es gibt auch noch Hintergrund-Musiken im Supermarkt oder in Kaufhäusern, die unaufdringlich die Kauflust aktivieren. Beim häufigen Einsatz von Werbespots ist es wichtig, dass die Musik auch im »Dauereinsatz« interessant klingt. Beratung und spezielles Fachwissen für Werbung sind sehr wichtig, und dies kann nur von speziellen Medienmusik Verlagen geleistet werden wie z. B. www.auster-medienmusik.de , wo Medienmusik, Audio Branding, und Musik für Sponsoring und Werbesonderformen aus einer Hand geboten wird.

Musikeinsatz im Sponsoring

Sponsoring emotionalisiert Marken und ist mehr als die Summe der einzelnen Elemente. »Ich brauche einen Sponsor« ist ein geflügeltes Wort wenn Menschen Geld brauchen oder einen Unterstützer für ihre Sache suchen. Das aber wäre ein Mäzen, der ohne Gegenleistung unterstützt. Sponsoring hingegen ist die Zuwendung von Finanzmitteln oder Dienstleistungen durch Sponsoren an gesponserte Unternehmen oder Personen. Dabei herrscht das Prinzip der Gegenseitigkeit. Der Gesponserte erbringt als Gegenleistung für das erhaltene Geld oder Sachleistungen ganz klar definierte Leistungen und Nutzungsrechte. Dies ist in der Regel vertraglich sehr genau geregelt und beinhaltet Sponsoring-Erfolgskontrolle. Es gibt eine zahlen- und wertmäßige Erfassung der Gegenleistung. Sponsoren und gesponserte Unternehmen/Personen müssen ferner zusammenpassen.

Beispiel: Ein Sponsor sponsert einen Ski-Event. Die Zuschauerkontakte müssen im Idealfall größer sein als eine Zeitungsanzeige oder lokale Radiowerbung. Sponsoring ist im Idealfall immer langfristig angelegt. Es ist ein wichtiger Bestandteil der Integrierten Kommunikation.

»Die Integrierte Kommunikation ist ein Prozess der Analyse, Planung, Organisation, Durchführung und Kontrolle. Sie ist darauf ausgerichtet, aus den differenzierten Quellen der internen und externen Kommunikation von Unternehmen eine Einheit herzustellen. Sie vermittelt für die Zielgruppen der Unternehmenskommunikation ein konsistentes Erscheinungsbild.« Professor Dr. Mike Friedrichsen sieht die Ziele der Integrierten Kommunikation in sieben Bereichen:

1. Ausbau der strategischen Positionierung gegenüber dem Wettbewerb.
2. Die Umsetzung der Integrierten Kommunikation umfasst die Analyse, Planung, Organisation, Durchführung und Kontrolle.
3. Die spezifischen Funktionen, Aufgaben und Beziehungsstrukturen werden mittels der Integrierten Kommunikation erfasst und analysiert.
4. Die Einheit der Kommunikation soll in allen Kommunikationsinstrumenten umgesetzt werden.
5. Eines der Hauptziele der Integrierten Kommunikation ist die Erhöhung der Wirksamkeit der Kommunikationsinstrumente. Dies wird durch Synergien erreicht.
6. Das einheitliche Erscheinungsbild wird durch durchgängige Gestal-

tung in allen Medien erzeugt. Es hebt sich von der Konkurrenz ab und prägt sich langfristig und positiv bei der Zielgruppe ein.
7. Integrierte Kommunikation ist die Basis einer erfolgreichen Markenstrategie. Sie wird durch das strategische Marketing, durch die Kommunikationsplanung umgesetzt.

Sponsoring bietet folgende Vorteile:
1. Die Zielgruppe wird in nicht-kommerziellen Situationen angesprochen. Dies ist wichtig, weil die Empfänglichkeit für die Sponsoringbotschaft erheblich höher und gleichzeitig jede etwaige »Abwehrhaltung« geringer ist.
Beispiel: Schleswig Holstein Musikfestival (12.7.-31.8.2008) AUDI ist einer der Sponsoren. Die AUDI-Automobile erregen in diesem »nicht kommerziellen Umfeld« mehr Aufmerksamkeit als auf einer Automesse, auf der nahezu alle Automobilhersteller vertreten sind. Gleichzeitig wird AUDI als Kulturförderer positiv wahrgenommen.

2. Der gute Ruf des Gesponserten wird auf das Sponsoren-Image übertragen.
Das Schleswig Holstein Musikfestival steht für hohe Qualität, Seriosität und hohes künstlerisches Niveau. Diese Attribute werden auf AUDI übertragen. Die Konzertgänger sind in hohem Masse mit der potentiellen AUDI-Käufer-Zielgruppe identisch.

3. Sponsoring bietet eine höhere Kontaktqualität als die klassische Kommunikation.
Dies ist ein ganz wesentlicher Faktor. Bei jeder Werbeaktion und Kommunikationsmaßnahme des Schleswig Holstein Musikfestival ist AUDI vertreten. Diese Werbeleistungen müsste AUDI sonst ganz alleine zahlen. Die Werbewirkung ist sogar größer, wenn AUDI als Sponsor genannt wird.
Der Inhalt »Klassische Konzerte« ist für die Werbeempfänger interessanter, als ständig technische Autodetails präsentiert zu bekommen. Sponsoring ersetzt aber nicht eigenen Werbemaßnahmen, sondern ergänzt, verzahnt und optimiert sie. Zusätzlich gibt es für das »Schleswig Holstein Musikfestival« sehr viel gute PR. AUDI profitiert auch von den positiven redaktionellen Zeitungsbeiträgen. AUDI kann vor Ort mit Ausstellungsfahrzeugen präsent sein. Das AUDI-Logo ist auf der Musikfestival Eintrittskarte wirkungsvoller als ein verteilter AUDI-Sticker auf der Automesse.

4. Es lassen sich Zielgruppen erreichen, die sonst mit klassischen Kommunikationsmaßnahmen nicht erreicht würden. AUDI erreicht beim Schleswig Holstein Musikfestival auch diejenigen, die lieber andere Aktivitäten vorziehen als Radio- und TV-Werbung zu konsumieren.

5. Der Bekanntheitsgrad des Unternehmens wird gesteigert. Sponsoring gibt gerade auch weniger bekannten Unternehmen, wie z. B. »Hyundai« bei der Fußball WM 2006, die Chance, ihre Bekanntheit zu erhöhen. Dies lässt sich auch in der Musikbranche gut nutzen.

6. Die Motivation der Mitarbeiter wird verbessert. Die Mitarbeiter sind in der Regel stolz, bei einem Unternehmen mit positivem Sponsoring zu arbeiten. Sie erhalten häufig Lob von Außenstehenden und profitieren nicht selten von Freikarten für Veranstaltungen.

Warum passen Sponsoring und Musik gut zusammen?

»Sponsoring emotionalisiert Marken« – Dies ist der absolut treffende und offizielle Sponsoring-Slogan.

Wie stark Musik emotionalisiert, wurde schon grundlegend dargelegt. Emotionen wirken mehr als nüchterne Fakten. Sie sind ein starker Mehrwert und erhöhen die Kundenbindung langfristig. Effektives Sponsoring ist immer langfristig angelegt und verstärkt diesen emotionalen Effekt noch.

1. Musikerlebnisse werden sehr lange positiv erinnert, was gut für den langfristigen Erfolg der Marke des Sponsors ist. Man spricht lange über Musik-Events. Der Sponsor bleibt da im Idealfall genauso lange positiv im Gespräch.

2. Musik ist ein Gemeinschaftserlebnis, dass sich auch positiv auf das Produkt des Sponsors auswirkt. Gemeinschaftserlebnisse sind sehr verkaufsfördernd, wie man z. B. von den bekannten »Tupper-Parties« weiß, wo der liebe Freundes- und Nachbarschaftskreis oft mehr Plastikboxen kauft als benötigt werden.

3. Die Qualität der Musik wird auf den Sponsor übertragen. Dies ist positiv und schließt oft auch noch eine Übertragung des Lifestyle mit ein, wenn die Sponsoring-Partner optimal und fachkundig ausgewählt werden: Die sehr erfolgreichen »Red Bull«-Events sind ein gute Beispiel.

Musik und Sponsoring sind deshalb eine ideale Ergänzung. Obwohl Konzerte eine sehr geeignete Sponsoring-Plattform sind, gibt es auch Einschränkungen. Es gibt Musikstilrichtungen, die nicht oder nur bedingt für Sponsoring geeignet sind, wie z. B. konsumkritische Protest-Songs, die aber möglicherweise für Umweltschutzorganisationen in Frage kommen könnten. Sogar Hip Hop, Rap und Subkulturen sind für bestimmte Sponsoren interessant. Sie verkörpern einen entsprechenden Lifestyle. Die Konzerte müssen eine entsprechende Größe haben, um für Sponsoren interessant zu sein. Der Schwerpunkt liegt bei Mainstream-Musiken. Kleine exklusive Konzerte verkörpern ein elitäres Image. Musik-Talentwettbewerbe werden ebenfalls gesponsert

Robin Beck wirkte als Background-Sängerin für Chaka Khan, Leo Sayer und andere. 1988 hatte sie mit dem Song »First Time« einen weltweiten Nr. 1-Hit. Es war der Werbesong für Coca Cola. Seit dieser Zeit ist Coca Cola erfolgreich mit Musik verbunden. Ein aktuelles gutes Beispiel ist die Coca Cola Soundwave Tour 2008. (www.cokesideoflife.de) Die Gewinner des Talentwettbewerbes treten bei dem großen Festival »Rock am Ring« vor 160.000 Zuschauern auf. (www.rock-am-ring.de) Hier werden »Nachwuchsbands« zu Stars. Die Band stammen aus der Zielgruppe. Es werden alle Register des »Community Building« gezogen. Es fallen keine großen Sponsoring-Gagen an und Coca Cola erhält wirkungsvolle Promotion. Die Musikkompetenz von »Rock am Ring« wird auf Coca Cola übertragen. Coca Cola ist thematisch mit allen Musikzeitschriften, Musik TV-Sendern, Radiosendern verbunden. Die Firma gewinnt dadurch Kompetenz. Coca Cola wird als Produkt gestärkt. Die positiven Emotionen der Musik werden auf Coca Cola übertragen. Coca Cola wird außerdem positiv als Kulturförderer wahrgenommen. Es hat sich als »Musik Brand« positioniert und wird auch durch Kooperation mit iTunes über den Musikverkauf Geschäfte generieren.

Musik ist ebenfalls Bestandteil von Filmwettbewerben und anderen Wettbewerben Was in der Musik funktioniert, ist auch auf Film und andere Künste übertragbar. So ist z. B. der »Siemens Micromovie Award« ein gutes Sponsoring Beispiel, bei dem Musik eingebunden ist. Die besten Handy Videos werden prämiert.

Sponsoringarten

1. Sport-Sponsoring

Sport-Sponsoring ist der Treiber der Sponsoring-Wirtschaft. Es ist besonders präsent durch sportliche Großveranstaltungen wie die Fußball WM 2006, EM 2008 oder der Olympiade 2008. Es gibt eine ständige Sponsoring-Dominanz in den Sportarten Fußball, Leichtathletik, Automobilrennsport, Handball, Boxen. Neue Sportarten wie z.B. Segeln holen allerdings auf. Musik spielt eine Rolle in der Verbindung mit TV- und Radio-Werbespots und allen begleitenden Maßnahmen.

Beispiel: Die Hugo Boss AG als etablierte Marke für Premium Kleidung unterstützt die Segel Crew von Alex Thomson. Diese boomende Premium-Sportart passt gut zum Produkt Premium-Kleidung und zu den bisherigen Sponsoring-Engagements des Unternehmens in den Sportarten Golf und Tennis. Dieses Beispiel zeigt sehr gut den Imagetransfer einer Sportart auf das Produkt des Sponsors.

2. Kultur-Sponsoring

»Per Handy zum kostenlosen Live-Konzert«, die O2 Music Flash Konzertreihe ist ein gutes Beispiel des Mobilfunkanbieters O2 für eine zentrale Strategie der »Zielgruppenorientierung und eine Hinwendung zum Kommunikationsgesamtangebot« für die jeweiligen Kunden. Dies wird erreicht durch kostenlose, gesponserte Konzerte etablierter Künstler wie das Konzert Bela B. von am 13.12.2006 in Berlin Dieses Konzert ist Teil einer ganzen Reihe von »geheimen, spontanen, exklusiven O2-Konzerten wie z.B. »Die Fantastischen Vier«, »The Cardigans«, die Kaiser »Chiefs« und andere.

O2 verzichtet ganz bewusst auf lange Konzertankündigungen und bietet unter www.O2music.de allen Musikfans, also auch den Nicht-O2-Kunden ein kostenloses Abo des Music-Flash-Alert. Damit werden sie exklusiv über kommende Konzerte informiert. Wer früh genug antwortet, kann sich ein Mobile Ticket sichern mit bevorzugtem früheren Konzerteinlass. Das Handy spielt so eine tragende Rolle als Eintrittskarte für zukünftige Geschäfte und als Kommunikationsmittel. O2 kooperiert mit allen klassischen Medien. Alles weitere funktioniert wie eine erfolgreiche Internet-Community nach dem Schneeballsystem. Dies wird durch das Konzert-Gruppenerlebnis verstärkt. Die Zielgruppe entspricht genau der O2-Markenpositionierung. Die für das Sponsoring wichtige Kontinuität hat sich für O2 schon ausgezahlt.

O2 hat neue Kunden gewonnen. O2 ist als Musikanbieter mit eigener Musik-Downloadplattform etabliert. Dafür erhielt das Unternehmen den *Internationalen Sponsoring Award*.

3. Bildungs-Sponsoring

Bildungs-Sponsoring gehört zum Public Sponsoring. Deutschland investiert als »rohstoffarmes Land« bekanntlich viel in ein sehr gutes Bildungsniveau zur Sicherung des künftigen Wohlstand. Es kann dabei nicht nur auf den Staat gesetzt werden.

Ein gutes Beispiel ist das Sponsoring-Projekt »Focus macht Schule« Auf www.focus.de/schule finden Lehrer im Projektzeitraum jede Woche aktuelles Unterrichtsmaterial mit methodischen Anregungen. Es gibt vertiefende Informationen zu einem ausgewählten Thema der aktuellen Focus-Ausgabe. Focus bietet auch Fortbildungsseminare für Lehrer an. Im Schülerwettbewerb »Schule macht Zukunft«, befassen sich Schüler mit konkreten und praxisorientierten Zukunftsthemen.

Das Projekt »Focus macht Schule« stellt eine gute Verbindung zum Produkt »Focus« her. Da Focus das Image »Fakten, Fakten, Fakten« hat, wird die Zeitschrift gut angenommen. Es profitieren alle: Die Schüler bekommen bessere und zusätzliche Unterrichtsmaterialien, Die Lehrer erhalten »Weiterbildungshilfe«. Focus ist nah am Kunden und tut gleichzeitig Gutes.

4. Medien-Sponsoring

»Medien-Sponsoring ist mit einer Milliarde Euro Investitionsvolumen nach dem Sport ein bedeutendes Sponsoringfeld. Marketingexperten gehen davon aus, dass besonders Internet, Handy und PDA für Sponsoringmaßnahmen an Bedeutung gewinnen werden«, sagt Bernd Reichstein, der Präsident des FASPO (Fachverband für Sponsoring).

Die Online-Medien und Online-Werbeträger haben Sponsoring gleich als Kommunikationsform integriert. Dies hatte auch sehr positive Auswirkungen auf die Musiknutzung und lässt sich als »One-to-One«-Marketing auch auf andere Medien übertragen.

Sonderwerbeformen: Musik emotionalisiert und ist ein hochwertiges Geschenk. Spezielle Anbieter wie z. B. www.medientraeger.de stellen für Markenartikler und Unternehmen individuelle Musik-CDs zusammen. Diese werden dann an ihre Kunden verschenkt. Dies ist ein sehr zukunftsträchtiger Markt. CDs werden viele Jahre behalten. Die Erinnerung an das werbende Unternehmen bleibt. Die CDs enthalten Hits, Produktionsmusik und Auftragsproduktionen. Diese Sonderwerbeform lässt sich auch erfolgreich in Sponsoring-Pakete und Events einbauen. Alternativ können statt CDs auch die Titel zum Download als Geschenk bereit gestellt werden.

5. Buch-Sponsoring

Buch-Sponsoring hat Zukunft – es wurde bisher nur noch nicht sehr oft gemacht. In erster Linie wird dabei an Bibliotheken-Sponsoring gedacht. Das sind »Buchspenden« in Form von Sachleistungen oder Geld. Alle Vorteile des Sponsoring gelten auch für Bücher. Mit Sponsoring ist »Leistung gegen Gegenleistung« gemeint.

Da ein Buch in der Hand gehalten wird, ermöglicht Buch-Sponsoring den Sponsoren eine große Nähe zu den Empfängern und künftigen Kunden. In diesem Fall gibt es dezente Aufkleber der Sponsoren, was sympathisch und effizient ist. Besonders hervorzuheben ist der direkte Nutzwert, den der Sponsor schafft. Sponsoring für Bibliotheken hat noch großes Potential, zumal das Sponsoring-Engagement crossmedial optimal vermarktet werden kann. Da die gesponserten Bücher sehr langlebig sind und auch lange in der Bibliothek gehalten werden, hat der Sponsor größere Nachhaltigkeit als bei manchen Events.

Beispiel: Beute(l)züge durch die Literatur. Melitta übernimmt die Partnerschaft für eine literarische Geschichte des Müllbeutels und seiner Kultur. Keineswegs Abfälliges von Menschen und Müllbeuteln. Der Band ist erhältlich als Hardcover mit Lesebändchen zusammen mit der Melitta-Marke Swirl. (Quelle: www.dielmann-verlag.de) Das ist ein sehr gutes Sponsoring Beispiel. Das Buch und die Marke sind optimal aufeinander abgestimmt. Literarisch hochwertige Texte übertragen sich auf die Melitta-Müllbeutel.

Es sind Parallelen zum Premium-CD-Geschäft erkennbar, wo für Firmen exklusive CD-Compilations erstellt werden. Der Dielmann Verlag hat schon viele erfolgreiche Buch-Sponsoring-Projekte realisiert.

In diesem Bereich ist eine Kombination von Buch und Musik besonders erfolgsversprechend. Die ALG-Sponsoringberatung arbeitet an Sponsoring-Konzepten sowohl mit als auch ohne Musik. Ein weiterer Vorteil liegt in der guten crossmedialen Vermarktung solcher Sponsoring-Projekte. Dem Sponsor wird durch das Buch ein hoher direkter Gegenwert gegeben. Das ist ein Unterschied zu Events, die zwar meistens beeindrucken und erfolgreich sind, aber keinen so persönlichen und nachhaltigen Nutzwert haben wie Bücher. Bücher werden außerdem meistens repräsentativ ins Regal gestellt, was den Wert und den Nutzen des Sponsors noch erhöht, weil darüber auch oft mit Hausbesuchern gesprochen wird. Der Erinnerungswert ist hoch, weil Bücher kaum weggeworfen werden. Individuelle Bücher werden auch selten getauscht. Literarische Text in Verbindung mit einem Sponsor wirken auch neutraler als Sachbücher einer Firma, die dann als Sponsor auftritt.

Werbung im Kinofilm

Für den Werbetreibenden hat Kinowerbung den scheinbaren Vorteil, dass die Kinobesucher bei Desinteresse nicht das Programm wechseln können und auch andere Formen der Werbeflucht kaum möglich sind. Kein Werbetreibender möchte jedoch das Kinopublikum durch Werbung verärgern, weil sich das negativ auf das beworbene Produkt auswirkt. Die Kinobesucher sind sogar besonders anspruchsvoll weil sie

1. für das Kinoticket bezahlt haben und nicht wie beim werbefinanzierten Free TV die Werbung als Geschäftsmodell für kostenlosen TV Empfang sehen.
2. Der großen Erwartungshaltung des Kinofilms muss die Kinowerbung auch qualitativ entsprechen.

Es gibt drei Werbearten:
1. Vorschau Werbung für andere Kinofilme, sogenannte Kino-Trailer. Diese haben das Ziel, die Kinobesucher zum Besuch des beworbenen Films zu animieren. Der Trailer enthält eine kurze Zusammenfassung der Inhalts und die spannendsten Szenen. Die Musikanforderungen sind analog zum TV-Trailer. Die Musik ist entweder aus dem Film direkt oder aber extra für den Trailer speziell ausgesucht worden, also Auftragskomposition oder Produktionsmusik.

2. Lokale Kinowerbung. Hier gibt es oft Kinodias, weil die Produktion von Kinospots auf 35mm Kinofilm im Verhältnis zum lokal erwarteten Geschäft sehr teuer ist. In der Schweiz wird z.B. in diesen Fällen gar keine Musik eingesetzt. In Deutschland gibt es günstige und einfache Vertonungen. Der Zweck der regionalen Umsatzsteigerung wird so erreicht und die lokale Kinowerbung darf als sehr wichtig für die Kundenbindung betrachtet werden.

3. Nationale oder internationale Werbespots der großen Markenartikler. Diese Werbespots sind in der Regel qualitativ sehr gut. Die Musik ist entweder identisch mit den internationalen TV-Spots oder sie wird für

die Kinowerbung ausgetauscht. Hier findet auch Dolby Surround 5.1 Anwendung.

Kinowerbung wird über denselben Kinoprojektor wie der Hauptfilm abgespielt. Das ist ein Unterschied zur TV-Werbung, die heute schon digital angeliefert wird.

Die Anzahl der Kinos, die in mindestens einem Kinosaal 3-D bieten können, ist rasant gewachsen. Gab es im Juni 2009 erst eine Handvoll Kinos, als 3-D unter anderem auf dem Forward2Business Kongress vorgestellt wurde, so sind es am 30.09.2009 schon 212 Kinos deutschlandweit. Es werden über 20 neue 3-D Filme in allen Film Genres in den nächsten Monaten gezeigt. Die Kinofilm-Auswertungszeiten werden immer kürzer. Kinos in der Provinz müssen die großen Blockbuster zeitgleich zu den Aufführungen in den Ballungszentren zeigen. Werbekampagnen mit 3-D Werbung sind deutschlandweit angelegt und umfassen sowohl Großstädte, als auch Kleinstädte. Die flächendeckende 3-D Kinofilmversorgung wird daher weiter rasant zunehmen.

Harald Grabner hat in seinem Vortrag »Kino 2008« folgende Szenarien aufgrund der Digitalisierung des Kinos geliefert: »Tools wie Kinomarketing, eigenen Promotion zu Filmen, eigene Strategien der jeweiligen Kinomarke, Preisaktionen, Kundenkarten werden verstärkt ins Leben gerufen. Sie haben das Ziel, aus eigener Kraft, Besucher ins Kino zu holen, unabhängig(er) vom Filmverleih.« Es wird auch neue Erlösmodelle geben, weil auf einmal auch ältere Filme wieder profitabel aufgeführt werden können. Dazu kommen Filme, die sonst nicht ins Kino kommen würden.

Harald Grabner resümiert: »Zusammenfassend hat sich das Kino vom eindimensionalen zum mehrdimensionalen Medium entwickelt. Zum Kino 3.0. 1. Neue Dimension der Zielgruppe 2. Neue Dimension des Internets. 3. Neue Dimension des Digitalen Contents. Drei Bereiche, die in nächster Zeit an Bedeutung gewinnen und mit denen Kinos – neben der Entscheidung Discount oder Luxuskino – arbeiten müssen«.

Virales Marketing wird zunehmen, weil es kostengünstig, effizient und ungewöhnlich ist. Virales Marketing lässt sich sehr gut mit unterstützendem Marketing in Lifestyle Communites verbinden. Die Konsumentenmacht der Lifestyle Communities wird noch sehr stark zunehmen.

Beispiele: In dem Film »28 Weeks Later« setzt Twentieht Centruy Fox auf eine virale Kampagne. Sie enthält verschieden POS-Aktivitäten in Kinos und Fußgängerzonen. Die Herrentoiletten in den Kinos werden

WERBUNG UND SPONSORING

mit Plakaten und Spiegelklebern bestückt. Eine kostenfreie »Infektionshotline« wird beworben.

Durch SMS Weitergabe an Freunde kann man eine kostenlose Privatvorstellung im Kino mit Freunden gewinnen. Solches Virales Marketing ist die Zukunft. Die Marketingkampagnen sind immer sehr eng an der Filmhandlung orientiert. Dies bewirkt einen hohen Beschäftigungsgrad mit dem Produkt und eine »Mund zu Mund«-Weiterempfehlung, die hohes Vertrauen in die Werbebotschaft schafft.
»Verwackelte Handycam – Aufnahmen zeigen eine Party in Manhattan. Junge Leute feiern ausgelassen. Plötzlich greift irgendetwas die Stadt an. Explosionen, Stromausfall, Schreie, Feuer. Die Videocam hält mit zittriger Hand drauf. Dann knallt der Kopf der Freiheitsstatue mitten auf die Straße. Verwirrte Zuschauer im Kino. Was war das? Keine Erklärungen, kein Filmtitel, keine Stars. Nur eine Zahl: 01-18-08. Der US-Filmstart? Die größte virale Marketingkampagne in den U.S.A. Die Youtube-isierung Hollywoods«. Der Film wurde ein großer Erfolg, Teil 2 ist in Planung. Er erinnert etwas an das Radiohörspiel »Krieg der Welten« (»War of the Worlds«) von H.G. Wells, 1898 erschienen und vom Angriff der Marsmenschen auf die Erde handelnd. Am 30.10.1938, einen Abend vor Halloween, produzierte Orson Welles daraus ein Hörspiel. Diese fiktive Reportage strahlte der amerikanische Radiosender CBS aus.Das Hörspiel führte zu heftigen Irritationen bei der Bevölkerung von New York. Sie rechneten tatsächlich mit einem Angriff »Außerirdischer«. Der Erfolg kam laut Orson Wells zufällig zustande, machte ihn aber weltberühmt.

Duftmarketing: Man erinnert sich besser an Dinge, die gut riechen. »Sonnenanbeter ruhen in Strandkörben. Sie strecken die Füße in den Sand und lauschen dem Meer. Mit eintönigem Geschrei ziehen Seemöwen ihre Kreise am Himmel. Kein Cut. Das Bild auf der Leinwand scheint still zu stehen. Fast eine Minute lang. Der Zuschauer schmiegt sich in den Kinosessel und genießt. Er denkt an Sommer: er sieht ihn, hört ihn und dann – riecht er ihn«: »and the Eurobest Award goes to... »the smell of summer – Nivea«.

Düfte wecken Erinnerungen wie Musik, Sie sind damit wesentlicher Bestandteil von emotionalem Marketing. Dieses Beispiel ist besonders gelungen. Das Produkt passt und die wissenschaftlich gestützten Erinnerungswerte sind fünfmal so hoch wie sonst. Dies wird zu Umsatzsteigerungen von Nivea führen.
Die Duftwerbung ist kein Selbstzweck. Sie wird aus einem Guss im

Verbund mit Film und Musik perfekt umgesetzt. Der Duft muss positiv sein und thematisch zu den Filmbildern passen. Der Filmschnitt muss ruhig sein, damit der Duft auch sinnlich aufgenommen wird. Die Musikberatung spielt hier wieder eine große Rolle. Zum Duft passende Musik verstärkt die Wirkung. Hektische oder unpassende Musik macht alles zunichte. Das Duftkino ist mehr als ein netter »Gimmick«, also mehr als ein Spiel. Es ist ein sinnvoller »Sinnesverstärker«. Es müssen aber alle Akteure gut kooperieren und gemeinsam planen. Dies ist ein weiteres Beispiel, wo es für die Musikgestaltung und Musikberatung neue Einsatzfelder gibt. Die Musik verbindet sich immer mehr mit allen Sinnesorganen.

3D-Film

Eine weitere Erlebnis Dimension bietet der 3D-Film. Bei einem 3D-Film wird durch ein stereokopisches Verfahren ein bewegtes Bild mit echter räumlicher Tiefe geboten, bei dem man erkennt, was näher und weiter entfernt ist. Jedes unserer beiden Augen sieht die Welt aus einem anderen Blickwinkel. 3D-Filme werden mit zwei parallel laufenden Kameras gedreht. Sie liegen einige Zentimeter auseinander, genau wie unsere Augen. Jede Kamera nimmt damit eine andere Perspektive auf.

Unser Gehirn erzeugt aus diesen beiden Bildeindrücken ein gemeinsames Bild. Bei der Projektion werden die Bilder für das rechte und linke Auge getrennt übertragen. Dies geschieht entweder gleichzeitig oder in rascher Folge hintereinander. Spezielle 3D-Brillen sorgen dafür, dass das rechte Auge jedes Zuschauers nur das rechte Bild sieht. Das linke Auge sieht nur das linke Bild. Das Gehirn interpretiert diese beiden leicht voneinander abweichenden, getrennten Bilder als räumliche Darstellung. Der 3D-Effekt ist perfekt und die Gegenstände im Film sind greifbar nah.

Es gab bereits im Jahr 1953 einige 3D-Filme, um Kinobesucher gegen die Konkurrenz des aufkommenden Fernsehens zu gewinnen. Die deutschen Kinos müssen zunehmend auf digitale Filmprojektion umstellen, um langfristig wettbewerbsfähig zu sein. Die Bildqualität wird so besser, Kopierkosten sinken und die digitale (DCI) Technik ist eine gute Grundlage für die neue Generation von 3D-Filmen wie der Blockbuster »Ice Age 3«. 3-D-Zeichentrickfilme kosten in der Produktion kaum mehr als konventionelle Zeichentrickfilme. Es eignen sich fast Filmgenres für 3-D

Filme, nur bei sehr wortlastigen, statischen Filmen kommt 3-D nicht so sehr zur Geltung.

Es ist sinnvoll, schon beim Schreiben des Drehbuchs an die 3D-Produktion zu denken. Die Gestaltung der Charaktere, die emotionalen Ausdrucksmöglichkeiten und der Bildaufbau müssen berücksichtigt werden. Viele Objekte sehen in 3D auch anders aus. Es darf zu keinen perspektivischen Verzerrungen kommen. Man kann in 3D viele Objekte besonders effektvoll einsetzen wie z. B. Regen, aufspritzende Kieselsteine, fliegende Vögel, Schwerter etc. Es ist bei der 3D-Filmproduktion immer darauf zu achten, dass die Zuschauer sich wohl fühlen, da die »3D-Technologie« stark auf alle Sinnesnerven wirkt. 2009 werden in Deutschland 40 Kinos 3D-Filme zeigen können. Der große Boom mit weiteren Kinos soll 2010 einsetzen. Eine gute Auswahl an Spielfilmen ist für die Kinobesucher erheblich attraktiver als die bisher gezeigten kürzeren Filme und Dokumentarfilme.

Ein weiteres 3D-Einsatzgebiet sind Live-Übertragungen von berühmten Opernaufführungen wie z. B. Verdi, La Traviata, im Royal Opera House London (30.6.2009). Mit solchen Live Events können neue Zuschauer in die Kinos gelockt werden und es kann ein neuer Markt entstehen. Beim Forward2 Business Kongress in Halle (www.forward2business.de) gab es am 16.6.2009 eine eindrucksvolle Demonstration einer live 3D-Übertragung.

Thomas Friedl, Geschäftsführer der neue gegründeten Ufa Cinema möchte alleine zehn neue 3D-Filme in 2010 produzieren. Die Cinestar Kinokette setzt auch voll auf 3D-Filme.

3D-Filme werden im Kino auch in der Werbung eingesetzt werden können sowie in Corporate Medien. Es gibt auch Bestrebungen 3D-Filme auf DVD ins heimische Wohnzimmer zu holen. Hier muss die Technologie etwas abgewandelt werden, damit die Zuschauer 3D ohne Brille sehen können.

Panasonic möchte 3D-TV auf der Internationalen Funkausstellung im September 2009 vorstellen, 2010 soll es dann flächendeckend den Markt erobern. (Quelle: Wirtschaftswoche 22.6.2009)

Die Filmförderungsanstalt hat einen Beschluss zur »flächendeckenden Digitalisierung der deutschen Kinolandschaft gefasst« und sieht eine Strukturhilfe für die Kinobetreiber vor, damit die digitale Umrüstung in den Kinos unterstützt werden kann. Dies ist die Basis für 3D.

Es haben schon oft technologische Innovationen für Umsatzschübe gesorgt, gleichzeitig gab es auch häufig Vorbehalte gegen neue Technologien. Als der Tonfilm erfunden wurde, gab es Bedenken, das Publikum kann sich wegen des Tons nicht 90 Minuten auf den Film konzentrieren. Diese Bedenken waren natürlich unbegründet, aber es haben viele Schauspieler ihren Job verloren, deren stimmliche Qualitäten nicht das Niveau ihrer schauspielerischen Stummfilm-Darstellungskraft erreichten. Der Farbfilm hat dann zuerst im Kino und später im Fernsehen eine realistischere Darstellung ermöglicht. In der Musikbranche gab es mit der Einführung der CD einen starken wirtschaftlichen Aufschwung. Astra plant den Start eines 3D-TV-Demokanals, um die neue dreidimensionale TV-Technologie zu demonstrieren. Im Kino ist sogar 5D möglich, wobei sich die Sitze bewegen können und Düfte eingesetzt werden können. Sinn all dieser Maßnahmen ist es, die Kinofilme noch realistischer darzustellen und den Kinozuschauern ein noch intensiveres Erlebnis zu bieten. Das hat Zukunft.

Musik in der Kinowerbung

Musik in der Werbung muss qualitativ hochwertig sein. Sie ist die Visitenkarte des werbetreibenden Unternehmens. Oft wird an die Musik als letztes gedacht und vornehmlich auf die Kosten geachtet. Kein Werbetreibender tut sich einen Gefallen, vielleicht 500,- Euro zu sparen, aber seine Werbebotschaft mit schlechter Musik zu ruinieren. Damit ist in erster Linie die handwerkliche Produktionsqualität und Musikqualität gemeint. Werbung im Kino wird mit dem Kinofilm verglichen und muss daher besonders gut sein. Kreative Werbemusik ist gefragt, weil sich die Kreativität auf das beworbene Produkt übertragen lässt. Werbemusik soll den Kunden emotional positiv für das beworbene Produkt begeistern, Aufmerksamkeit erregen und sich gut einprägen.

Musik in 3D-Filmen muss räumlich sehr gut wirken. Surround 5.1 ist Standard. Filmmusikkomponisten werden neue musikalische Gestaltungsmöglichkeiten für 3D-Filme finden, bei der die dreidimensional hervorgehobenen Gegenstände musikalisch gut akzentuiert werden können.

Zusammenfassung

Filmmusik erfüllt wichtige dramaturgische, künstlerische und praktische Funktionen. Die Musik prägt wesentlich den Gesamteindruck. Neue Technologien und neue Sounds erweitern das Ausdrucksspektrum. Sie kommen aber immer nur mit guter und passender Musik richtig zur Geltung. Crossmediale Vermarktung von Medienprodukten nimmt sehr stark zu, z.B. Film – Soundtrack – Hörbuch – Game. Hier sind stark aufeinander abgestimmte und optimierte Musikkonzepte gefragt.

Im dargestellten Best Case Beispiel »Nomaden der Lüfte« hat der Corporate Film seine Möglichkeiten voll ausgeschöpft. Die Bedeutung von Corporate Filmen und imagebildenden Maßnahmen wird in der von starkem Wettbewerb geprägten Wirtschaft noch zunehmen. Elemente wie Social Communities werden noch mehr eingebunden. Gute Qualität und Service bieten viele Firmen. Kunden werden aber durch emotionale Bindungen am besten gehalten. Diese Aufgabe erfüllt die Musik im besonderen Masse. Die professionelle Musiknutzung in B2B-Medienanwendungen wird stark zunehmen.

Kinowerbung wird in einer großen Bandbreite betrieben. Der Fahrradladen »um die Ecke« wirbt genauso wie der weltweit erfolgreiche Getränkekonzern. Die Herausforderung ist, einen Qualitätsstandard zu schaffen, der diesen unterschiedlichen Herausforderungen gerecht wird. Dies wird noch einmal dadurch erschwert, dass der Kinobesucher, anders als der »Free TV«-Seher direkt für das Kinoerlebnis zahlt und sich jede Werbung mit dem Kinofilm messen lassen muss.

Die Zukunft gehört auch im Kino den digitalen Medien. Diese schaffen neue Umsatzmöglichkeiten und Werbeformen. Virales Marketing mit Kinoeinbindung zeigt, wie stark Marketing und Vermarktung in der heutigen vernetzten Medienwelt sein können. Dieser Bereich wird langfristig am stärksten wachsen. Es werden besondere Anforderungen an Innovationsfreude, Technologien, Kreativität und Musik gestellt, um diese neuen Werbeformen erfolgreich umzusetzen. Duftwerbung als krönende Abschlussnote zeigt, wie gut integrierte Werbekonzepte wirken und dass guter, durchdachter Musikeinsatz das Optimum herausholt.

Werbung und Sponsoring als Bestandteile der integrierten Kommunikation wollen langfristige Marken- und Produktloyalität beim Kunden erzeugen.

Dies ist für langfristigen Erfolg wichtig, da der Wettbewerb in allen Branchen zugenommen hat. Die Produktqualität alleine macht keinen Wettbewerbsvorteil aus. Die Emotionen der Musik und des Sponsoring werden auf die Produkte übertragen. Die Kunden wünschen Erlebniswelten und können sich dann besser an die beworbenen Produkte erinnern. Sponsoring sorgt für langfristige Einbindung der potentiellen Kunden. Dies verschafft dem Sponsor Wettbewerbsvorteile. Fast jeder Sponsor hat das Ziel, im Markt als der führende Anbieter wahrgenommen zu werden.

Zusammenfassung Teil A

Die drei Hauptnutzungsbereiche der Musik

1. Die Musiknutzung im Produkt
Es gibt kaum ein Produkt, bei dem keine Musik genutzt wird. Durch die Entwicklung neuer Produkte und Medien steigen die Nutzungsmöglichkeiten der Musik. Vielen Menschen ist diese Art der Musiknutzung selbstverständlich geworden. Es ist wichtig, die Aufmerksamkeit auf die Musik zu lenken.

2. Musik zur Imageunterstützung
Das Firmenimage ist in der Kommunikation wichtig. Dies zieht sich durch alle Medien. Die Wirkung der Musik ist enorm und wurde in Teil A dargestellt. Es ist interessant, die Mediennutzung unter diesem Aspekt zu vergleichen. Eine erfolgreiche positive Imagepositionierung beim Kunden ist wichtig. Die Medienauswahl muss zielgruppengerecht erfolgen.

3. Musik für Werbung und Sponsoring
Eine erfolgreiche Firma muss Produkte oder Dienstleistungen verkaufen. Werbung und Sponsoring sind dafür hilfreich. Es ist gut, die Unterschiede zum Corporate Image und zur PR herauszustellen, aber auch Synergien aufzuzeigen. Diese Verkaufsorientierung zieht sich durch alle Medien. Auf dieser Grundlage kann man gut die einzelnen Medienwirkungen vergleichen.

Musik erzielt durch seine emotionalisierende Wirkung Aufmerksamkeit für Medienbotschaften. Darauf aufbauend werden positive Emotionen auf die beworbenen oder vorgestellten Produkte übertragen. Musik trägt dadurch wesentlich zum Kommunikationserfolg bei. Dieser Erfolg kann sich durch Umsatzsteigerungen und positive Imagewahrnehmungen einstellen. Musik trägt auch dazu bei, dass Kommunikationsinhalte besser erinnert werden.

B
Die Musiknutzung in den Medien

1. Einleitung

Es gibt Musikpuristen, die Musik als das »Maß aller Dinge« sehen und bei »Gebrauch von Musik« in Werbung, Film und Medien einen »Kulturschock« bekommen. Gute Musik hat aber auch einen guten Gebrauchswert. In einem klassischen Klavierkonzert bedeutet dies sicherlich, dass die Konzertbesucher konzentriert der Musik lauschen. Bei einem mitreißenden Technostück wäre dieses Verhalten nicht adäquat, sondern es soll getanzt und geklatscht werden. Gute Filme werden oft mit Hilfe guter Musik geschaffen, auch dies ist eine Form des Musikgebrauchs. Musik als künstlerisch *und* nützlich zu sehen kann ein moderner Ansatz sein. Offenheit für fremde Kulturen und für den Musikgeschmack anderer Personen ist wichtig und sinnvoll. Einfache Musik kann gut interpretiert und produziert werden. Eine Annäherung von U- und E-Musik ist auch wünschenswert. Musik kann viel bewirken. Sie kann emotionalisieren, berühren, mit Virtuosität glänzen. Sie kann aber auch in den Medien gute Filme, Games, Werbung bereichern und noch besser machen. Beides ist sinnvoll.

2. TV

Ziel: Nutzungsformen der Musik im TV kennen lernen.

Im Fernsehen wird generell viel Musik verwendet, auch wenn es außer bei den Musiksendern nur einen kleinen Anteil an Musikshows gibt. Jedoch wird Musik z. B. bei den meisten Trailern, also Programmhinweisen benötigt. Es gibt Erkennungsmelodien der Sendungen und musikalische Begleitung der Shows. Talk Shows, Nachrichten, Lottoziehung, Teletext verwenden Musik. Musik ist in den meisten Werbespots zu hören. Und dazu kommen natürlich noch die zahlreichen Filme mit Musik. Musik im TV macht tatsächlich fast 40 % der GEMA-Einnahmen aus, das ist mehr als die gesamte Bild- und Tonträgerindustrie mit einem Anteil von ca. 30 %.

Musik im Produkt
Die Musik in den oben beschriebene Nutzungsarten soll neben der Funktionalität für das TV-Produkt auch noch den Anforderungen der Zielgruppe des TV-Senders genügen. Ein TV-Sender wie z. B. RTL mit positivem, fröhlichem Image benötigt ein entsprechendes Musik Gesamtpaket.

Musik im TV Film
Die musikalischen Anforderungen sind analog zum Kinofilm. Die Filmbudgets sind beim Fernsehen allerdings kleiner als bei Kinofilmen. Die grundsätzlichen dramaturgischen musikalischen Elemente sind weitgehend gleich. Musik und Film müssen miteinander harmonieren. Eine große orchestrale Hollywood-Filmmusik passt nicht, wenn der gesamte Film nicht aufwendig, dramatisch und actiongeladen ist.

Musik in TV-Trailern
Die Hauptrolle bei Programmhinweisen spielen nach wie vor Programm-Trailer. Sie sind meist schnell geschnitten und enthalten spektakuläre Szenen aus dem beworbenen Film. Sie sorgen dafür, dass die Zuschauer nicht den TV-Sender wechseln. Sie vermeiden also »Audience Flow«.

Es gibt viele Trailer-Arten. Meistens wird der direkt folgende Film auf dem gleichen TV-Sender beworben. Es gibt aber auch Ankündigungen für künftige Sendungen. Daneben gibt es Programm-Trailer-Hinweise für andere Sender aus der gleichen TV-Sendergruppe. Es gibt Mischformen mit Werbung wie »Gleich kommt der Film mit Buchverkauf« oder mit DVD-Verkaufshinweisen. Typisch ist auch das Sponsoring: »Der nachfolgende Film wird Ihnen präsentiert von ...« Bei TV-Trailern wird sehr häufig Produktionsmusik eingesetzt. Insgesamt werden viele verschiedene Musiken benötigt.

Erkennungsmusiken von großen Shows
spielen eine sehr wichtige Rolle für die Wiedererkennung und emotionale Bindung. Erkennungsmusiken werden meistens speziell komponiert wie etwa Mike Batt für »Wetten Dass«.

Erkennungsmusiken von Magazinen, Dokumentarfilmserien etc.
werden auch oft speziell komponiert um sich exklusiv von anderen ähnlichen Formaten abzusetzen. Mit sehr außergewöhnlicher Produktionsmusik kann aber der gleiche Effekt erreicht werden, und dies wird auch gemacht.

Casting Shows
Casting Shows spielen eine wichtige Rolle aufgrund ihres Live Charakters. Sie schaffen ein soziales Gemeinschaftserlebnis. Dies wird aber immer schwieriger, weil es immer mehr und immer kleinere Sender gibt und daher die Zuschaueranteile pro Sender und Sendung tendenziell zurückgehen.

Die aktiven Teilnahmemöglichkeiten der Fernsehzuschauer und die enge Einbindung des Internets hat starke Community-Elemente. Bekannte Hits werden von den neuen Interpreten vorgetragen, um sich mit den großen Stars zu messen. Da diese Hits beim TV-Publikum populär sind, treten die schon dargestellten Effekte wie etwa die positive Erinnerungen an die 1970er Jahre ein. Im Rahmen crossmedialer Vermarktung folgen dann Tonträger mit neuen Titeln als Basis für den weiteren Erfolg der Casting Show-Gewinner.

Corporate-Filme
Corporate-Filme haben ihren Ursprung in der Unternehmensdarstellung auf Messen. Corporate-Filme werden auch im TV gezeigt, sofern sie nicht werbend und neutral sind. Die Firmen erhalten so ein positives Image. Die TV-Sender erhalten gutes Filmmaterial zu günstigen Konditionen. Musikalisch sind die Anforderungen analog zur Messeverwendung.

TV-Werbespots

Das Werbegeschäft ist international. Bei großen Werbekampagnen wie z. B. von »Coca Cola« und anderen Markenprodukten wird die Werbung weltweit von einem Land lizenziert. In diesem Zusammenhang ist es besonders bei weltweiten Werbespots wichtig, dass die Musik weltweit »funktioniert«. Die internationale Werbemusik vermittelt weltweit die gleiche Werbebotschaft. Wenn das nicht möglich ist, müssen unterschiedliche Werbemusiken in den einzelnen Ländern verwendet werden. Die Erkennungsmelodie ist in der Regel weltweit gleich. Die Musiken für bestimmte Kampagnen können variieren.

Musikverwendung im TV

Produktionsmusik ist der »heimliche Bestseller« im Fernsehen. Es wird sehr viel Musik im Fernsehen benötigt. Alle Filme, Dokus, Talk-Shows, Programmtrailer, aber auch Hintergrundmusik für Nachtschleifen, Teletexte etc. werden in der Regel mit Produktionsmusik bedient. Die Handhabung ist einfach, weil die Nutzung im normalen TV-Programm nur der GEMA gemeldet werden muss. Hits werden als Highlights z. B. für Trailer. Gewinnspiele etc. eingesetzt und immer häufiger in Kooperation mit den TV-Sendern vermarktet. Auftragskomponisten haben ein großes Betätigungsfeld für exklusive Erkennungsmelodien und Show Opener wie z. B. bei »Wetten Dass« uvm.

Zusammenfassung:
Das Fernsehen ist eine wichtige Einnahmequelle für Musikverlage. Musik wird sehr vielfältig verwendet. Das Fernsehen steht vor großen Veränderungen und wird immer mehr crossmedial vernetzt.

3. Radio

Ziel: Musikverwendungsformen außerhalb des normalen Radioprogramms kennen lernen und das Wesen des Radios darstellen.

Radio spielt im Medienreigen eine wichtige Rolle. Es ist ein »Bauchmedium«. Sie kennen dieses Gefühlt, wenn man sich in einer fremden Stadt verlaufen hat. Manchmal geht man einfach in eine Richtung, weil man ein Bauchgefühl hat, dass dies der richtige Weg ist. Als Bauchmedium hat Radio sehr viel mit Gefühl zu tun. Musik transportiert Emotionen. Sie spielt im Radio eine wesentliche Rolle weit über das reine Musikhören hinaus. Das Bauchgefühl schafft Loyalität zum Lieblings-Radiosender. Dies ist besonders in der heutigen Zeit sehr wichtig, in der es mit Musikdownloads und Podcast genügend Möglichkeiten gibt, nur Musik abzuspielen.

Musik im Radioprogramm
Jeder Radiosender legt Wert auf Hörerbindung. Programm und Hörerbindungsmaßnahmen, wie z. B. Gewinnspiele, gewinnen an Bedeutung. Eine immer stärkere Rolle spielen auch Radiosender-Events, Hörerreisen, Merchandising und eigene Musikkompilationen. Musik kann auch von Tonträgern, im Internet, Diskotheken und in Konzerten gehört werden. Diese Musikquellen stehen im Wettbewerb zum Radio. Es ist für Radiosender deshalb wichtig, gutes Programm über die Musik hinaus zu bieten. Dies sind Nachrichten, Serviceangebote wie Wetter, Verkehrsfunk, Haushaltstipps uvm. Es gibt auch eine starke Einbindung des Internets, durch Podcasts und Radio Communities.

Im Radio werden am meisten Hits gespielt. Auftragskomponisten machen exklusiv die »Station ID«, also die Erkennungsmelodie des Radiosender. Produktionsmusik wird gerne verwendet für Werbetrenner, Programmhinweise, Nachrichten und zur Untermalung der Wortbeiträge. Im Fernsehen wird aber deutlich mehr Produktionsmusik verwendet. Für Werbespots wird im Radio überproportional Produktionsmusik verwendet. Radio hat ja sehr starke lokale Wurzeln und das Budget lässt meistens keine Auftragskompositionen für Werbespots zu, von Hits ganz zu schweigen. Ausnahmen bilden da die großen nationalen Radiowerbespots, die dann auf diversen Radiosendern geschaltet werden.

DIE MUSIKNUTZUNG IN DEN MEDIEN

Die Radioexperten Haas/Frigge/Zimmer bezeichnen »Radio als Theater im Kopf«:
»Wenn 1000 Kinder ›Schneewittchen‹ im Theater anschauen, sehen alle Kinder dasselbe Schneewittchen. Hören diese 1000 Kinder jedoch die Geschichte von Schneewittchen im Radio, so setzt jedes Kind die aufgenommenen Informationen in bildliche Vorstellungen um und entwickelt so sein eigenes Bild von Schneewittchen, 1000 unterschiedliche Bilder von Schneewittchen sind entstanden.«

Diese Beschreibung zeigt sehr anschaulich, dass das gesamte Radioprogramm mehr bedeutet, als nur Musik zu hören, weil viele weitere Sinneseindrücke, Beiträge vom Moderator, Nachrichten, Statements anderer Radiohörer, Serviceleistungen wie »Blitzerwarnungen«, Staumeldungen und vieles mehr eine wichtige Rolle spielen. Dies lässt sich nicht so leicht ersetzen.

Viele Radiomoderatoren benutzen den Ausdruck »Bilder im Kopf«. In Filmen spielt die Musik zwar auch eine wichtige Rolle, weil sie die Bilder unterstützt, doch Bilder im Kopf kann Musik ausschließlich im Radio erzeugen.

Radiosender haben verschiedene Musikformate, wobei das Format »Adult Contemporary« dominiert. So spielen fast alle Radiosender ziemlich identische Musik. Es werden selten mehr als 3000 verschiedene Musiktitel gespielt. Dies entspricht ca. 150 Musik-CDs. Viele Privatpersonen besitzen mehr CDs.

Tim Renner, der Geschäftsführer des Radiosenders Motor FM erzählt folgende Anekdote: »Oliver Bennet, der Moderator der Morning Show des Senders Mix 95.0 verschanzte sich in seinem Studio. Er spielte aus Protest gegen das musikalische Einerlei vier Stunden lang nur noch zwei Songs. Der eine war »No Milk Today« von Herman's Hermits, der andere Abbas »Dancing Queen«.

Sonstige Formate wie Ethnische-/Multikulti-, Weltmusik und Religiöse Musik etc. sind noch speziellere Nischenprodukte. Eine größere musikalische Vielfalt im Radio ist wünschenswert. Der zunehmende Erfolgsdruck der Radiosender wird zu noch mehr Sicherheitsdenken und damit Konformität führen. In den Abschnitten »Podcast« und »Internet-Radio« werden Wege aufgezeigt, wie musikalische Nischen erfolgreich vermarktet werden können.

Musik wird oft eingesetzt, um Aufmerksamkeit zu erregen. Es werden Erwartungen geweckt. Es wird angekündigt, was kommt. Die Wortbeiträge und Programmansagen werden so bewusster und deutlicher wahrgenommen. Die Musik muss natürlich perfekt zum Thema und zum

Radiosenderformat passen. Bei Radio-Trailern und Musikuntermalung von Wortbeiträgen kommt es noch mehr auf die Musik an als beim TV, weil beim Radio das Bild als Verstärker der Botschaft fehlt. Die Wirkung von Produktionselementen innerhalb eines Programms hat erheblichen Einfluss auf den gesamten »Klangkörper« Radio. Das Radioprogramm insgesamt ist ein hochwertiges Produkt, indem Musik über das reine abspielen von Hits hinaus eine wichtige Rolle spielt. Sehr wichtig ist auch der Einsatz von Sound Design, welches Klangfarben, Effekte und Geräusche einbindet. Einzeln gehört gibt es einem nichts, im Zusammenhang mit Musik und als Verpackung schafft es starke emotionale Bindungen und Atmosphären, eben weil im Radio Bilder fehlen.

Die Erkennungsmelodie eines Radiosenders ist noch wichtige als bei Fernsehsendern, weil es für die Erkennung keine grafischen Elemente gibt und die Radioprogramme inhaltlich austauschbarer sind als Fernsehsender. Sie haben sich in ihren Programmformaten sehr stark angepasst und sind sehr an Hits orientiert sind, um massenkompatibel für die Werbung zu sein.

Coporate-Inhalte im Radio
Corporate Music ist sehr harmonisch. Sie darf nicht vom gesprochenen Text ablenken. Die gewählten Tonarten und Klangfrequenzen dürfen nicht mit der Stimme des Sprechers kollidieren. Da im Radio die Bilder fehlen, wird die Musik von den Hörern noch intensiver wahrgenommen und die empfundenen Stimmungen beim Hörer noch mehr verstärkt. Als Sonderdarstellungsformen gibt es im Radio für Unternehmen Firmenporträts. Jobangebote und von Firmenmitarbeitern gestaltet Radiosendungen, bei denen in der Regel aber bekannte Hits ausgewählt werden.

Werbung im Radio
Das Radio ist ein »Nebenbeimedium«. Es wird regelmäßig auf dem Weg zur Arbeit gehört. Das Radio wird während der Arbeit konsumiert oder zu relativ festen Zeiten zuhause. Wie wird Radiowerbung wahrgenommen? Die TV-Sender kennen den »Pinkelpauseneffekt«, wenn der Werbeblock folgt. Durch die Möglichkeiten mit Festplattenrekordern Werbung zeitversetzt zu überspringen ist die Werbeindustrie stark gefordert, Werbung zu machen, die angenommen wird, oder auf neue Werbeformen bzw. Sponsoring zu setzen. Das Radio hat erstens den Vorteil, dass die Bindung an ein bestimmtes Radioprogramm größer ist als an ein bestimmtes Fernsehprogramm. Zweitens ist es z.B. beim Autofahren ja

nicht so einfach, den Sender bei jedem Werbeblock zu wechseln. Radiowerbung muss sich der Herausforderung stellen, 1. ohne Bilder Bedürfnisse zu wecken und 2. in einem »Meer aus Musik« nicht unterzugehen. Radiowerbemusiken schaffen dies mit sehr prägnanten, manchmal sogar klischeehaften Musiken, die »Bilder im Kopf« zu erzeugen und dadurch Kaufbedürfnisse zu schaffen. Manchmal wird auch auf die Bekanntheit des gleichlautenden TV-Werbespots gesetzt, sodass viele Radiohörer die Erinnerung an den TV-Werbespot abrufen. Dies funktioniert aber nicht immer. Es ist davor zu warnen, einen TV-Werbespot ungeprüft 1:1 im Radio zu übernehmen. Es können wesentliche Inhalte verloren gehen, wenn die Bilder fehlten. Selbst bekannte TV-Spots hat nicht jeder gesehen. Es ist hilfreich, im Radiowerbespot eine spannende Geschichte mit Humor zu erzählen. So macht Werbung Spaß und prägt sich ein. Die Musik muss sich auch soweit vom Senderprogramm absetzen, dass der Werbespot intensiv aufgenommen werden kann. Dies geschieht durch Werbetrenner. Diese entsprechenden Musiken zeigen akustisch an, dass jetzt Werbung folgt.

Musik im Radio
Im Radio werden am meisten Hits gespielt. Auftragskomponisten machen exklusiv die »Station ID«, also die Erkennungsmelodie des Radiosender. Produktionsmusik wird gerne verwendet für Werbetrenner, Programmhinweise, Nachrichten und zur Untermalung der Wortbeiträge. Im Fernsehen wird aber deutlich mehr Produktionsmusik verwendet. Für Werbespots wird im Radio überproportional Produktionsmusik verwendet. Radio hat ja sehr starke lokale Wurzeln und das Budget lässt meistens keine Auftragskompositionen für Werbespots zu, von Hits ganz zu schweigen. Ausnahmen bilden da die großen nationalen Radiowerbespots, die dann auf

Zusammenfassung:
Im Radio gibt es neben dem Abspielen von Hitrepertoire viele Funktionen, die trotz aller Download-Möglichkeiten von Musik den Radios die Zukunft sichern. Es sind Servicefunktionen wie Nachrichten, Veranstaltungen, Jobangebote, nützliche Tipps und Gewinnspiele. Besonders im Verbund mit dem Internet wird sich das Radio behaupten können. Radio als »Nebenbeimedium« stellt besondere Anforderungen an Radiowerbespots, Trailer und Informationen untermalende Musiken, um Aufmerksamkeit zu erregen. Im Idealfall erzeugt die Musik im Radio »Bilder im Kopf«. Besonders bei Werbespots muss dieser Besonderheit

Rechnung getragen werden. Radio ist aber auch ein Medium mit stärkerer Kundenbindung im Vergleich zu anderen Medien. Die Radiomoderatoren sorgen zusätzlich für eine gute Hörerbindung.

4. Kino/Film

Ziel: Musikwirkung in Filmen praxisnah im Kontext erfahren.

Filmmusik wurde schon sehr früh kurz nach Erfindung des Films eingesetzt. Schon ab 1903, als die ersten Kinos entstanden, wurden die Stummfilme hauptsächlich von Pianisten begleitet. Dies war dramaturgisch sehr wichtig. Neben den dramaturgischen und emotionalen Aspekten für die Verwendung von Filmmusik gab es auch ganz praktische Gründe. So wurde durch die Musik in den Anfangstagen des Films das Rattern des Projektors übertönt. Der fehlende Ton und die Filmschnitte wurden vom Publikum als störend empfunden, gerade im direkten Vergleich mit dem Theater.

Das Publikum war außerdem vom Theater an Bühnenmusik gewöhnt. Bühnenmusik ist die diejenige Musik, die für ein Bühnenwerk, wie z. B. Schauspiel, Oper, Operette, selbst einen Teil der Handlung bildet oder in enger Beziehung zu ihm steht. Sie findet sich z. B. in Richard Strauss' Rosenkavalier und wird bisweilen zu klassischen Theaterstücken neu komponiert wie etwa zu Carl Orffs »Sommernachtstraum«.

Die Frage ob absolute Musik oder funktionale Musik mehr wert ist, beantwortet Simon Stockhausen, der Sohn von Karl Heinz-Stockhausen (22.8.1928-5.12.2007), so: »Gerade die Verbindung verschiedener Medien zu einem neuen Ganzen, unerforschten ist für mich mindestens genauso faszinierend wie absolute Musik zu schreiben, wo man dann sagt:»Das ist jetzt so ein Werk für sich«. Das kann man eben auch alleine hören. Viele Passagen aus Theatermusik, die ich gemacht habe, kann man durchaus alleine hören. Und vielleicht stellt man sich dann auch entsprechende Dinge vor, die mit dem Stück oder mit dem Sujet, in dem man arbeitet, zu tun haben.«

Allgemeines zu Filmmusik

Prof. Norbert Jürgen Schneider charakterisiert die folgenden 20 wesentlichen Eigenschaften von Filmmusik. »Filmmusik kann:

1. Atmosphären herstellen
Hier ist besonders die Source Music zu nennen. Es klingt Hip Hop-Musik aus dem Autoradio und der Held fährt durch L.A. Die Musik

unterstützt hier die atmosphärische Dichte der Filmbilder. Hits eignen sich gut, weil sie für die Zuschauer noch eine weitere starke emotionale Verbindung haben. Erinnerungen an den Hit werden zusätzlich auf den Film übertragen. Produktionsmusik erfüllt stilistisch alle Anforderungen, wobei hier die zusätzlichen Erinnerungen in der Regel wegfallen. Auftragskompositionen können ebenfalls Atmosphären herstellen.

2. Ausrufezeichen setzen
Findet durch die Score Music statt. Ein musikalisches Thema kann statt von einer Band orchestral und symphonisch gespielt werden. Diese Szene wird dann durch die stärkere Musikpräsenz auch stärker wahrgenommen. Punktuell kann man so Ausrufezeichen setzen. Hier sind Auftragskompositionen, exakt auf die Bilder komponiert, sehr gut. Produktionsmusiken enthalten oft Score Music Tools, mit denen man auch starke musikalische Effekte erreichen kann. Hits sind auch geeignet, wenn die Musik wirklich prägnant ist und Ausrufezeichen setzen kann.

3. Bewegungen illustrieren
Das Tempo der Musik beeinflusst die Wahrnehmung der Bewegungen. Langsame Musik steigert die Schnelligkeit. Schnelle Musik verlangsamt die Bewegungen. Hier funktioniert das komplette Dreieck der Medienmusik.

4. Musik integriert Bilder
Wenn ein musikalisches Thema einem Bild oder einer Situation zugeordnet wurde, erscheint dieses Bild vor dem »geistigen Auge« des Zuschauers, sobald die Musik erklingt. Bildgenaue Auftragskompositionen sind hier am besten geeignet. Es gibt aber auch viele Beispiele, bei denen die Produktionsmusik die gleichen Funktionen erfüllt. Hits werden nur genommen, wenn der Hit eine überragende Rolle spielt. Beispiel der Titel »Pretty Woman« aus dem gleichnamigen Film.

5. Emotionen abbilden
Ein musikalisches Thema kann durch die Form des Arrangements und der Darbietung unterschiedliche Emotionen auslösen. Bei Fröhlichkeit kann das Thema in Dur erklingen, bei Trauer in Moll. Auf einem Soloinstrument gespielt, kann Einsamkeit ausgedrückt werden. Orchesterbesetzung drückt Gemeinschaft aus. Auftragskompositionen sind am besten geeignet. Mit Production Tools funktioniert auch Produktionsmusik. Dies sind kurze musikalische Einheiten, die wie Bausteine

zusammen gesetzt werden. Hits sind schwieriger einzusetzen, weil die Musik ja individuell sehr stark verändert werden muss, um die Emotionen abzubilden.

6. Epische Bezüge herstellen
Epische Musik ist sehr facettenreich. Einzelne Themen oder Teile können epische Bezüge herstellen. Hier eignen sich Auftragskompositionen, bildgenau komponiert, wieder am besten. Orchestrale Produktionsmusik ist sehr kostengünstig und variabel. Aus diesen Gründen kann sie hier auch häufig und gerne verwendet werden. Hits sind hier weniger geeignet, weil wieder in die Musik stark eingegriffen werden muss. Dies ist zwar musikalisch möglich, ändert aber dann den wesentlichen Charakter der Hits.

7. Formbildend wirken
Marschmusik drückt eine gewisse Ordnung aus. Musikalische Improvisationen können als starker Individualismus gedeutet werden und Freiheit ausdrücken. Hier funktioniert das gesamte Dreieck der Medienmusik.

8. Geräusche stilisieren
Geräusche und Sound Design werden oft mit Musik verbunden. Hier funktioniert ebenfalls das Dreieck der Medienmusik.

9. Gesellschaftlichen Kontext vermitteln
Dies geschieht durch die gesellschaftliche Zuordnung thematischer Elemente. Ein Schlager könnte z. B. für einen konservativen Menschen stehen, ein Blues- oder Rockthema für einen Arbeiter, klassische Musik für einen gebildeten Professor. Hier ist die Produktionsmusik sehr stark, weil sie sehr authentisch ist. Da sie in der Regel keine oder kaum Hits enthält, gibt es noch keine weitverbreiteten Assoziationen zu den Musiken. Dies wäre bei Hits schwieriger, weil da nicht nur das Musikstück gesehen wird, sondern auch der bekannte Komponist oder der Lebensstil des Interpreten. Es gibt aber auch Fälle, in denen Hits genau deswegen ganz bewusst eingesetzt werden.

10. Gruppengefühl erzeugen
Dies hat Ähnlichkeit mit dem gesellschaftlichen Kontext. Hip Hop-Musik etwa wird mit der dazugehörigen Jugendkultur verbunden.

11. Historische Zeit evozieren
Musik unterstreicht historische Bezüge. Mittelalterliche Musik wird einen Film, der im Mittelalter spielt, stärker emotionalisieren als neutrale oder moderne Musik. Bei der Source Music, also Musik die in der Filmszene real zu sehen ist, spielt die exakte historische Musikauswahl eine wichtige Rolle. Es ist aber darauf zu achten, dass die Musik nicht kitschig wirkt. Bei historischer Musik ist die Produktionsmusik sehr stark. Es gibt viele gute Musikarchive, in denen die Musik tatsächlich authentisch in dem historischen Jahr produziert wurde. Dies ist besser und glaubwürdiger als neue, moderne Aufnahmen, die künstlich gealtert werden. Wenn es zu historisch wird, wie im Mittelalter, geht es nur mit neuen Aufnahmen, dann sind authentische Instrumente wichtig. Auftragskompositionen gehen auch, Hits nur dann, wenn genau der Zeitgeist getroffen wird. Die 50er Jahre im Film »Dirty Dancing« sind ein gutes Beispiel.

12. Irreal machen
Ungewöhnliche, schräge und dissonante, also etwas falsch klingende Musiken können normale Filmszenen irreal machen. Die Musik wirkt da besonders stark. Das ganze Dreieck der Medienmusik ist einsetzbar.

13. Karikieren und parodieren
Lustige Musik macht aus einem normalen Spaziergang Slapstick. Normale, ernste Gespräch können durch übertriebene lustige Musik parodiert und karikiert werden. Das Dreieck der Medienmusik passt gut.

14. Kommentieren
Dies geschieht durch sachliche Musiken. Das filmische Geschehen kann aber auch durch entsprechende Arrangements und Musikauswahl stark bewertet werden. Das ganze Dreieck der Medienmusik passt.

15. Nebensächlichkeiten hervorheben
Durch große orchestrale Musik, Spannungsmusik oder Abenteuermusik können Nebensächlichkeiten stark betont werden. Der Zuschauer kann sogar auf eine falsche Fährte gelockt werden, weil er annimmt, die Nebensächlichkeit wäre wichtig. Auftragskompositionen gehen gut. Dramaturgisch kann hier das Optimum herausgeholt werden. Produktionsmusiken funktionieren auch gut. Bei Hits besteht die Gefahr, dass sie beim Zuschauer mit Assoziationen besetzt sind, die das gewünschte Ergebnis verfälschen.

16. Personen dimensionieren
Durch die musikalische Besetzung, Soloinstrument oder großes Orchester, kann die Bedeutung von Personen dargestellt werden. Die Variationen der Instrumentierung können veränderte Dimensionen der Personen darstellen. Auftragskompositionen funktionieren hier gut. Produktionsmusik nur bei starker Verwendung von Production Tools und guten Kompositionskenntnissen des Anwenders. Hits sind eher ungeeignet. Es müsste zu stark in die Struktur der Musik eingegriffen werden. Es ist aber nicht unmöglich.

17. Physiologisch konditionieren
Dies geschieht durch personenbezogene musikalische Themen.

18. Rezeption kollektivieren
Wenn bei verschiedenen Personen im Film das gleiche musikalische Thema erklingt, merkt der Zuschauer, dass alle Personen das gleiche Empfinden oder sehen. Hier funktioniert das gesamte Dreieck der Medienmusik.

19. Raumgefühl herstellen
Es gibt sehr räumliche, weite orchestrale Sounds. Durch Sound Design und Halleffekte können diese musikalischen Effekte noch weiter ausgebaut werden. Auftragskompositionen und Produktionsmusik sind gut geeignet. Hits erfüllen in der Regel andere Funktionen, als Räume darzustellen.

20. Zeitempfinden relativieren
Es gibt so verträumte Musikstücke, dass der Zuschauer die Zeit vergisst. Ein Moment kann so musikalisch zur Ewigkeit werden. Das gesamte Dreieck der Medienmusik wird funktionieren.«

Musik im Film

Auftragskompositionen sind stark bei
Punkt 2: Ausrufezeichen setzen. Die können exakt auf das Bild komponiert werden.
Punkt 5: Emotionen abbilden. Die Emotionen können kompositorisch gesteigert und arrangiert werden.

Punkt 16: Personen dimensionieren geht am besten mit individuellen Kompositionen. Es ist ein sehr wichtiges dramaturgisches Stilmittel.

Hits sind stark bei
Punkt 1: Atmosphären herstellen. Hits wirken sehr atmosphärisch und der Bekanntheitsgrad der Hits überträgt sich auf den Film. Hits lassen sich auch einer jeweiligen Dekade zuordnen.
Punkt 9: Gesellschaftlichen Kontext vermitteln. Hits haben oft auch eine Botschaft, welche wiederum die Botschaft des Films stark unterstützen kann.

Produktionsmusik ist stark bei:
Punkt 1: Atmosphären herstellen. Dies geschieht sehr stark durch Source Music, also wo Musik Bestandteil der Filmszene ist.
Punkt 9: Gesellschaftlicher Kontext kann auch sehr gut mit Produktionsmusik hergestellt werden. Hits sind zwar bekannter mit Botschaft. Produktionsmusik hat aber Musik aus allen Epochen, Ländern, Musikstilen, woraus gut gesellschaftlicher Kontext erzeugt werden kann.

Produktionsmusik ist die günstige Filmmusikvariante und wird sehr erfolgreich auch in größten Kinofilmen eingesetzt. Auftragskompositionen schwanken preislich extrem stark, weil die Komponisten eine große Gagenbandbreite haben und die Musik unterschiedlich aufwendig zu produzieren ist. Eine große Orchesteraufnahme ist teurer als elektronische Musik. Hits sind unterschiedlich teuer. Es kommt auf die Bedeutung des Hits und die Bedeutung des Films an.
10.000 Euro sind eine gängige Mindestgröße. Es gibt aber oft Abschläge für Low Budget-Filme und -Festivals. Das ganze Vermarktungskonzept spielt eine große Rolle. Wenn es einen Soundtrack gibt, der Hit durch den Film vielleicht sogar stark gefördert werden kann, sind viele Vergütungsmodelle möglich. Das gilt auch bei Auftragskompositionen. Wenn der Komponist große GEMA-Einnahmen erwarten kann, weil der Film auf DVD veröffentlicht wird, die sich wahrscheinlich gut verkaufen lässt, weil er oft im Fernsehen gezeigt werden wird, kann dies auch die Preise reduzieren. Es ist aber eminent wichtig, die Musikauswahl engagiert und professionell zu betreiben. Die Musik spielt für den Erfolg eine viel größere Rolle, als gemeinhin angenommen wird, und sie kann viel zum Erfolg des Films beitragen, egal ob Auftragskomposition, Hits oder Produktionsmusik verwendet wird.

Insgesamt deckt das Dreieck der Medienmusik alle 20 Bereiche gut ab. Filme können auch sehr gut komplett mit Produktionsmusik vertont werden. Dies passiert auch sehr häufig bei TV-Serien, die ins Ausland exportiert werden und bei denen die Musik oft aus lizenzrechtlichen Gründen ausgetauscht werden muss. Filme können auch sehr gut auf Produktionsmusik geschnitten werden. Grundsätzlich sind Hits und Produktionsmusik von den Einsatzfähigkeiten gleich. Wo Produktionsmusik Auftragskompositionen ersetzen soll, ist es sinnvoll, alle Möglichkeiten der Produktionsmusik auszuschöpfen. Dazu gehören Production Tools, Filmmusik-Elemente, »Scores«, verschiedene Versionen, Underscores und einzelne Instrumentierungen der Musikwerke. Ein guter Musikberater wird optimale Lösungen für den Film finden und das Dreieck der Medienmusik optimal nutzen.

Zusammenfassung

Filmmusik lässt sich grob in folgende fünf Kategorien einteilen:
1. Die Bilder im Film werden musikalisch verstärkt.
Dies wird erzeugt durch:
1. Atmosphären herstellen.
7. Form bildend wirken
8. Epische Bezüge herstelllen
11. Historische Zeit evokieren
19. Raumgefühl herstellen

2. Die handelnden Personen im Film bekommen durch die Musik eine zweite Darstellungsebene:
2. Ausrufezeichen setzen
4. Mit Musik Bilder integrieren
5. Emotionen abbilden
9. Gesellschaftlichen Kontext vermitteln
10. Gruppengefühl erzeugen
12. Irreal machen
13. Karikieren und parodieren
16. Personen dimensionieren
17. Physiologisch konditionieren
18. Rezeption kollektivieren

3. Die Tätigkeiten und Handlungen der Personen im Film werden verstärkt.
3. Bewegungen illustrieren
4. Filmmusik verbindet unterschiedliche Ebenen. Dies kann eine Verbindung von Film, Bildern und Personen sein. Es können Personen und Handlungen verbunden werden. Filmbilder und Tätigkeiten sind eine weitere Kombinationsmöglichkeit.
5. Epische Bezüge herstellen

Es gibt Musikfunktionalitäten, die in alle Kategorien wirken.
14. Kommentieren
15. Nebensächlichkeiten herausstellen
20. Zeitempfinden relativieren

Das Dreieck der Medienmusik ist gut einsetzbar. Die fünf Hauptfunktionen der Filmmusik unterstreichen die enorme Wichtigkeit der Musik in Filmen. Es sind 1. Bilder im Film musikalisch verstärken 2. Personen im Film eine zweite Darstellungsebene geben 3. Tätigkeiten und Handlungen der Personen im Film verstärken. 4. Unterschiedliche Ebenen verbinden. 5. Epische Bezüge herstellen. Die Zuschauer merken, wenn die Musik nicht gut und passend ausgesucht wird. Der Film verliert an Substanz und Wirkung, auch wenn die Zuschauer nicht genau definieren können, was genau fehlt. Musik verstärkt Emotionen die aus der bildlichen Filmebene entstehen.

5. Video/DVD

Ziel: Die Bedeutung der DVD als Leitmedium der Zweitverwertung erkennen.

Die DVD ist ein sehr wichtiges Medium für Spielfilme, Special Interest-Filme und Corporate Filme. Im Vergleich zu dem Medium Video ist eine DVD erheblich robuster, hat eine bessere Bildqualität und erheblich mehr Speicher. Special Interest-Filme wie Kinderfilme, Reisefilme, Lehrfilme über Hobbys wie Angeln, Sport etc. und TV-Serien sind auf DVD besonders beliebt. Die Qualitätsorientierung nimmt nachhaltig zu. Der kommerzielle Filmdownload hat sich von 2006 auf 2007 um 83 % gesteigert. Der Video/DVD-Vertrieb ist um 2 % gestiegen. 2007 wurden für 1,605 Mrd Euro Videos und DVDs verkauft. Dies ist mehr als das doppelte der Kinoeinnahmen. Kaufvideos und DVDs werden überproportional von der Zielgruppe 30 Plus gekauft (62 %). Der zukunftsträchtige Markt der Zielgruppe 50 Plus nahm um 67 % zu.

Die DVD-Marktsegmentierung ist wie folgt: (Anteil in Prozent vom Gesamtumsatz DVD) Neue Kinofilme auf DVD: 35 % + ältere 9 % = 44 % Kinofilme gesamt Hier werden die absoluten Blockbuster zuhause auf DVD mehrfach angeschaut. Dazu gehören auch große Kino-Kinderfilme. Die Musiken sind identisch mit den Kinofilmen. Manchmal werden aber auch Kinofilme für das Ausland neu vertont. Dies wird gemacht, wenn die Musiknutzungsrechte nicht international vergeben werden. Man kann mit Produktionsmusik sehr gute internationale Filmvertonungen machen. Dies eröffnet sogar gute Möglichkeiten, die ausgewählte Musik einem internationalen Geschmack anzupassen. Der Erhalt der Identität und der Wirkung des Films ist wichtig. TV-Filme und TV-Serien machen 22 % aus. Wie bei den großen Kino-Blockbustern steht hier das selbstbestimmte wiederholte Anschauen der Filme im Vordergrund. Hier sind auch Kinderfilm-Serien überproportional vertreten. Gerade bei den TV-Serien ist auch der »besitzen wollen« und Repräsentationseffekt sehr groß. Es gibt daher elegante und attraktive Verpackungsboxen. Die Musik ist in der Regel identisch mit der TV-Ausstrahlung. Es ist aber immer zu beachten, dass die Musiknutzung für die Videos entsprechend lizenziert wird. Gute Musikberater werden aber auf eine qualitativ gute und langlebige Musikauswahl achten, weil die Serien durch die starke Videoauswertung noch nachhaltiger vermarktet werden können. (Anteil der DVD-Produktionen 15 % und Special Interest 6 % = gesamt 21 %.)

Dieses reine DVD Marktsegment ist insgesamt fast so groß wie der DVD-Vertrieb der TV-Serien. Dazu gehören Reisevideos, Sport und Hobby. Dazu kommen Filme, die nicht den Sprung ins Kino geschafft haben oder schaffen wollten. Leihvideos fallen nicht darunter. Qualitativ müssen sich diese Produktionen mit den TV-Produkten messen können. Es gibt einen »Mitnahmemarkt«, wo Spontankäufer die DVDs mitnehmen, weil sie so günstig sind und nahe an der Kasse liegen. Hier ist die Qualität nicht durchgehend gut und es wird leider auch manchmal an qualitativ hochwertiger Musik gespart. Für diese Produkte wird es aber immer einen gewissen Markt geben. Daneben gibt es sehr viele kostenlose (kurze, 5 bis 15 Minuten lange Reisefilme auf den diversen Community- und Filmportalen wie z. B. www.votello.de mit Hotelbewertungen, www.youtube.de, www.freenet.de, www.myvideo.de Neben den Mitnahmeprodukten gibt es ferner hochwertigen Reise-DVDs, die sich gut als Urlaubsvorbereitung eignen und die Vorfreude steigern. Besonders Kombinationen mit Reiseführern, Reisebildbänden sind zukunftsträchtig. Man kann dann auch noch die Musik als entsprechenden Soundtrack liefern. Musikvideos machen 11 % der gesamten Umsätze aus.

Der Bundesverband Video (BVV) sieht als Grund der DVD-Verkaufssteigerungen eine wachsende Anzahl an Produkten. Dies ist gut nachzuvollziehen, da es immer neue Fachgebiete und Hobbys gibt, für die DVDs produziert werden. Dies wird den Musikbedarf insgesamt steigern. Der Buchhandel hat als DVD-Vertriebskanal 25 prozentige Steigerungen zu verzeichnen. Der BVV sieht hier noch enormes Wachstumspotential. Es gibt viele Möglichkeiten von »cross selling«, wie z. B. Bücher und DVDs im Paket zu verkaufen.

Psychologisch funktioniert »cross selling«, weil Käufer eher bereit sind, von einem bereits bekannten Anbieter ein weiteres Produkt abzunehmen. Dieser Effekt wird noch durch die Medienvielfalt verstärkt. Der »Multitasking«-Medienkonsum, also mehr als ein Medium zur gleichen Zeit zu nutzen, begünstigt diesen Trend. So werden z. B. Reisehörbücher gehört, während der Nutzer im Internet surft. Die neuen High Definition DVD-Käufer sind sehr intensive Videokäufer mit mindestens 15 DVD-Käufen pro Jahr und sie geben mit rund 280,– Euro jährlich viermal soviel aus wie der Durchschnittskäufer.

Die BVV-Prognose geht von einer Vervierfachung des Verkaufsvolumens der neuen Formate aus. Dies ist günstig für den DVD-Markt.

Imagefilme werden nicht nur auf Messen eingesetzt. In Shops und

Baumärkten, überall dort, wo Produkte erklärt werden, generieren diese Videos Verkäufe. Ein gutes Beispiel ist die Konzeption von SERAMIS, dem Pflanzenpflege-System. Es wurden begleitend zur TV-, Funk- und Printkampagne 1.000 POS-Geräte eingesetzt. Aufbauend auf dem Bekanntheitsgrad wird die Handhabung im Geschäft per Video demonstriert. Nach Abschluss der Aktion konnten über 90 % aller befragten Kunden das Produktkonzept und den Benefit nennen. Es wurden außerdem noch eine hundertprozentige Abverkaufsteigerung erreicht.

In Zukunft werden die Medien im Imagefilmbereich und der Produktpräsentation immer mehr verbunden. Der Imagefilm hat große Wandlungen durchgemacht. Aus »trocken« und sachlich berichtenden Filmen wurden unterhaltsam lehrenden Filme. Sie lasse sich crossmedial sehr gut einsetzen. Auch kann am POS das Internet noch stärker genutzt werden. Informationen und Gewinnspiele können mit mobile content kombiniert werden. Die Ziele bleiben die gleichen: für Abverkauf sorgen und das Produkt verständlich und kostengünstig erklären.

Schulungsfilme erfüllen kostengünstig die Aufgabe, erfolgreich und effizient Produktwissen zu vermitteln. Praxisbeispiel: Friseur-Weiterbildungs-Videos von Wella (www.wella.de). Das Unternehmen hat ein sehr schönes Konzept bestehend aus Seminaren, Schulungsvideos und Internet. Dieses *Blended Learning* ist sehr erfolgreich und sichert hohe Standards im Friseurhandwerk. Es werden immer die neuesten Frisurentrends und Produkte gezeigt. Für Wella ist es außerdem ein gutes B2B-Kundenbindungstool. Die Wella-Produkte werden auch direkt an die Kunden der Friseure verkauft.

Musik in Video/DVD

Musikalisch hat sich im Laufe der Jahre bei den Imagefilmen, POS-Videos und Schulungsfilmen viel geändert. Früher gab es noch viele spezielle Industriemusiken mit viel Fanfaren, eher synthetischen Klängen und generell traditionelleren Musiken. Heute ist die Musik sehr modern geworden. Sie hat sehr rhythmische, elektronische Elemente, moderne Beats und modernes Sounddesign. Die musikalische Hauptaufgabe bleibt jedoch, positive Stimmung zu erzeugen. Die Zuschauer werden musikalisch für die Inhalte des Videos empfänglich gemacht. Die Industrievideos sind außerdem dramaturgisch ausgefeilter geworden. Immer mehr TV-Filmproduzenten sind in diesem Bereich tätig. Sie übertragen ihr dramaturgisches Handwerk. Die reinen Corporate Video-Produzenten stehen dem aber nicht nach, weil auch der Markt unterhaltsame und spannende Filme einfordert.

Fazit: Die DVD ist das *offline* Leitmedium und wird weiter an Bedeutung gewinnen. Der Special Interest Video-Bereich wächst bei nachhaltiger Qualitätsorientierung. Trotz der Zunahme kommerzieller Filmdownloads ist der DVD-Verkauf gestiegen. Spezial Interest-DVDs erschließen neue und auch ältere Käuferschichten.

Zusammenfassung:
Die DVD ist das Leitmedium für die Zweitverwertung. Neben allen Arten von Filmen für Privatpersonen werden DVDs auch erfolgreich für Imagevideos und in der Produktschulung eingesetzt.

6. Internet

Ziel: Die besonderen Anforderungen des Internets darstellen, um daraus resultierend die speziellen Anforderungen der Musik im Internet zu sehen.

Internet allgemein

Das Internet (interconnected networks), also »Verbundnetz«, besteht aus vielen Rechnernetzwerken, mit denen weltweit Daten ausgetauscht werden. Zu Internetdiensten gehört das »World Wide Web«, umgangssprachlich Internet genannt, E-Mail, Telephonie, Radio und TV.

Die Besonderheiten des Internets

Am Anfang stand der schleichende Aufbau der Internetseiten: »Wie sollte da noch Platz sein für Musik? Nimmt doch nur Speicherplatz weg!« Nachdem sich das verbessert hatte, sagten viele Kunden, gute Musik lohne ja doch nicht, weil der Lautsprecherklang so schlecht sei. Das ist noch nicht einmal zehn Jahre her, und heute haben viele Musikfans gar keine Stereoanlage mehr. Sie hören alle Musik über den PC.

Musik im Internet im B2B Bereich zählt zu Corporate Media und hat im Wesentlichen die gleichen Anforderungen wie bei Corporate Filmen. Es gibt aber folgende Unterschiede:
1. Das Internet ist nicht linear. Der Besucher möchte frei nach seinen Interessen und Informationsbedarf suchen können. Die Musik muss deshalb auch modular sein.
2. Die große Bandbreite der aktuellen PCs ist bei der Musikgestaltung zu berücksichtigen. Da in der Regel im Internet Informationen schnell gefunden werden sollen, muss Musik, z.B. ein Intro, auch abschaltbar sein, und vor allem Flash-Intros, die oft Musik verwenden, müssen übersprungen werden können.
3. Die Musikauswahl muss dem Medium Internet angepasst sein. Die Musik sollte nicht extrem heavy oder rockig sein, weil das leicht als nervend empfunden werden kann. Chillige, ruhige und neutrale Musiken sind da sinnvoll.

Corporate Media

Eine Homepage ist nicht linear. Das Internet ist ein Pull-Medium. Was den Nutzer nicht sofort interessiert, wird er nicht anklicken. Dies muss bei der Didaktik und Strukturierung einer Website beachtet werden. Es muss einen Mehrwert geben, sonst bleibt man lieber bei scheinbar »altmodischen Medien«. Wichtig sind auch Barrierefreiheit, Einfachheit und Nutzbarkeit für den Adressaten.

Die Musikanforderungen für Corporate Media im Internet sind:

1. Die Musik im Intro muss auch abschaltbar sein, sie darf nicht aufdringlich sein.
2. Die Musik muss auf möglichst allen Firmen-PCs akzeptabel klingen. Zuhause haben viele Leute bessere PCs als am Arbeitsplatz.
3. Die Musik muss zur Corporate Media-Botschaft und zur Zielgruppe passen. Zielgruppe klingt banal, wird aber oft nicht so genau durchdacht wie beim Messefilm, weil über das Internet ja »jeder« Zugang hat.
4. Die Musik muss dem Medium Internet angemessen sein. Zu gewaltige orchestrale Sounds zu einem kleinen Bild passen nicht.
5. Die Musik muss pfiffig sein, ohne vom Sachthema abzulenken.

Corporate Blogs Web 2.0 tragen aktiv zur Meinungsbildung bei. Blog, die Abkürzung von Weblog ist eine Wortkreuzung aus World Wide Web und Log(buch), also Tagebuch. Er dient dem Austausch von Informationen, Gedanke und Erfahrungen. Es gibt in Deutschland 210.600 Blogs die regelmäßig, mindestens alle sechs Monate aktualisiert werden.

Zusammengefasst haben Corporate Blogs folgende Funktionen: Interne Kommunikation zur Mitarbeitereinbindung und Mitarbeitermotivation. Marktkommunikation, die authentisch und glaubhaft die Produktbewertungen an potentielle Kunden kommuniziert. Public Relations auf breiter Basis mit folgenden Informationszielen: Wissen vermitteln, Themen besetzen, Image bilden. Beziehungen pflegen ist sehr wichtig und bindet Kunden. Selbst im »worst case«, wenn Blogbeiträge nicht sehr positiv sind, kann man frühzeitig Konflikte lösen.

Fazit: Corporate Blogs haben eine große Zukunft und vieles ist noch am Anfang.

Experten wie z. B. Klaus Eck (www.pr-blogger.de) werden dem Markt sicherlich noch weitere wertvolle Impulse geben, und immer mehr Firmen werden dieses Kommunikationstool im Kommunikationsmix nutzen. Eine Studie von Dominik Schneider und Mathias Tanner belegt außerdem, dass überdurchschnittlich gebildete Personen bloggen. Dies hat bei positiven Beiträgen einen sehr guten Multiplikatoreffekt. 70 % aller Blogger sind täglich aktiv. Die Motive sind: »Neues und Unbekanntes« erfahren (60 %), Hintergründe (50 %), Branchenempfehlungen (30 %), Austausch mit anderen (30 %) und um Kritik und Ärger los zu werden (4,4 %). Die letzte Zahl ist wichtig für alle Corporate Blog-Bedenkenträger. Diese erstaunlich geringe Anzahl kann man bei berechtigter Kritik durch Verbesserungen wieder gut an das Unternehmen binden. Allein, weil es die Möglichkeit gibt, sich beschweren zu können, werden von den 4 % Kritikern über die Hälfte das Produkt trotzdem kaufen. Früher sind die einfach nicht mehr wieder gekommen.

Es gibt noch ein großes Potential für Musik in Corporate Blogs. Die Corporate Media Anforderungen sind gleich. Das direkte Kundenfeedback ist neu. Darüber hinaus gibt es Möglichkeiten, mit Musikeinbindung zusätzlich Besucher auf die Blogseiten zu bekommen. Auf der Blogseite kann Empfehlungsmarketing und virales Marketing betrieben werden.

Die Kunden werden zum Mitmacher, helfen praktisch bei der Produktentwicklung, im Servicedesign, machen bei Gefallen überzeugt kostenlose Werbung und Vertrieb. Sie tragen damit sehr stark zur Meinungsbildung und einer guten Verkäufer-Kunden-Beziehung bei. Es »meckern« nur ganz wenige, und Kunden die gar nichts sagen, sondern einfach zur Konkurrenz gehen, sind weitaus nachteiliger für jedes Unternehmen.

Internetwerbung

Internetwerbung ist Werbung, die in unterschiedlichsten Formen über das Internet verbreitet wird. Der große Vorteil der Internetwerbung ist die gezielte Zielgruppenansprache. Sie verursacht erheblich weniger Streuverlust. Dies spart Kosten. Die Akzeptanz der Werbung ist höher, weil das Interesse der Zielgruppe am Produkt größer ist. Internetwerbung wird durch die Klickrate, also wie oft ein Werbemittel angeklickt wurde, gemessen. Noch besser ist die Conversion Rate. Sie sagt aus, wie oft die Firmen-Homepage aufgrund der Werbeschaltung besucht wurde. Solche Informationen sorgen für gezielte Kundenansprache, die im Behavioural Targetting optimiert ist. Dies setzt z.B Amazon ein. Wenn Sie dort ein Buch gekauft haben, bekommen Sie Kaufvorschläge von anderen Kunden für ähnliche Büchern, weil deren Kaufverhalten gespeichert ist.

Die Internet Werbeformen sind vielfältig: Werbebanner in allen möglichen Formen, Animationen, Interaktivitäten mit ständig neuen interessanten Formaten. Hier wird ein sehr großer Musikbedarf entstehen. Aus den Bannern sind inzwischen gute kleine Filme geworden. Sie sind wie frühere TV-Werbespots, nur einfacher, aber mit der gleichen Wirkung. Daneben gibt es auch sehr viele Animationen, die mit Musik noch besser emotionalisieren können. Die Verwendung von TV-Spots im Internet hat auch stark zugenommen. Man kann auch kreativ kleine Filme in einem Werbebanner starten, die dann auf der Firmenhomepage fortgeführt werden. Trotz aller Vorteile gegenüber Massenwerbung im TV gibt es auch kritische Stimmen, die Internetwerbung als störend empfinden. Diese Personen setzen Content-Filter ein, um Werbung zu unterbinden. Das Internet ist ein Pull-Medium. Die Nutzer werden nicht passiv mit Botschaften berieselt. Sie finden selber aktiv die sie interessierenden Homepages und Informationen. Die Internet- und Onlinewerbung hat die große Chance, mit neuen Konzepten diesen Sachverhalt optimal zu nutzen.

Zur Werbewirkung von Web-Spots (Internetwerbung) einige Zahlen: Popup & Layerwerbung stört 60 % der »Beworbenen« im Internet. Bannerwerbung nur 15 % und Videowerbung nur 12 %. Diese Werbearten sind daher zu empfehlen. Sie erzielen bessere Aktzeptanzwerte als TV (stört 23 %). Werbung im Kino hat die größte Akzeptanz. In der Online Werbung punktet Humor, kürzerer Werbeclip als im TV, Kreation besser als im TV und direkt abrufbare Produktinformationen. Es ist darauf zu achten, dass Onlinewerbung nicht störend wirkt, also zu ungünstigen Zeiten, an ungünstigen Stellen, und dass die Clips nicht zu oft wiederholt werden. (Quelle: Zahlen aus Forschungsgruppe Zukunft Digital Web-Spot-Studie, Stand 30.9.2009)

Online-Community

Eine Online-Community besteht aus einer Gemeinschaft von Menschen, die sich auf extra eingerichteten Plattformen zu bestimmten Themen austauscht. Der Mensch ist ein soziales Wesen. Er hat ein Grundbedürfnis an Anerkennung und Orientierung. Dies gilt im besonderen Maße für Jugendliche, schließt aber letztlich alle Altersgruppen ein. Die heutige Arbeitswelt, Wohnumgebung und veränderte Familienstrukturen entwurzeln. Die Informationsgesellschaft bietet aber durch das Internet eine gute Basis, zu jedem Thema Gleichgesinnte zu finden. Dies sind die Wurzeln der Online Communities.

Es gibt Themen bezogene Online Communities. Angler z. B. finden sich bei Fisher's Friend (www.fishers-friend.de) und können sich dort über alle Anglerthemen austauschen. Es gibt tausende Communities. Eine Online Community muss Vertrauen schaffen und attraktiv genug sein, damit die Mitglieder regelmäßig wieder kommen. Es gilt hier die 90-9-1 Regel. 90 % aller Community Mitglieder sind passiv. 9 % machen aktiv mit, wenn einer aktiv vorangeht. Communities müssen daher im Schnitt mindestens 1.000 Mitglieder haben, weil dann 10 Aktive dabei sind, die 90 andere mitreißen, also 100 aktive Macher. Bei extrem engagierten Mitgliedern kann schon bei geringeren Mitgliederzahlen die Community lebendig sein, andere brauchen ein paar tausend. Werbung wird nur akzeptiert, solange alle Mitglieder das Gefühl haben, dass die Community nicht ihre Interessen verkauft. Die besten Zukunftsaussichten haben Social Commerce Communities. Ausgewählte, elitäre Communities sind auch langfristig sehr erfolgreich.

Online Communities werden auch als Medium für Brands genutzt: Hier wird eine TV-Marke ins Medium Internet verlängert. Die Kunden werden durch Community-Funktionalitäten gebunden. Die Mitglieder sind z. B. in der PRO 7-Welt. Diese Community (www.prosieben.de/club_community) ist sehr erfolgreich, wohl auch, weil die Themen sehr auf das TV-Programm fixiert sind.

Social Commerce

Social Commerce verbindet die Vorteile einer authentischen Community mit den vielen Einkaufsmöglichkeiten eines guten Shops. Bei Social Commerce sind die Community-Mitglieder aktiv eingebunden. Aus passiven Konsumenten werden Prosumenten. Sie bewerten Produkte, äußern Wünsche und Verbesserungsvorschläge.

Social Commerce hat viele Ausprägungen. Kunden können Einkaufslisten mit Lieblingsangeboten in ihren Weblogs veröffentlichen. Es gibt Produkt-Bewertungsportale, private Verkaufsportale, Online-Verabredungen zum gemeinsamen Einkaufen. Social Commerce bedeutet mehr Verbrauchermacht.

»Viele Unternehmen haben die Meinungshoheit über (ihre) Produkte längst verloren.« Die Social Commerce-Experten Frank Mühlenbeck und Prof. Klemens Skibicki sehen in Social Commerce die Zukunft. Social Commerce lässt sich gut mit Social Network verbinden. Die exklusive Internet-Plattform EADEO (www.eadeo.com) verbindet vorbildlich die Elemente Social Commerce mit tiefgehenden, relevantem Social Networking und wurde vom Münchener Business Plan-Wettbewerb dafür ausgezeichnet. Verkaufsportale wie www.amazon.de werden nur dann genutzt, wenn ein Kunde etwas kaufen möchte. Bei EADEO wird über ein Thema neutral redaktionell berichtet, die Community greift das Thema auf und macht es zum Hype. Dann gibt es direkte Bestellmöglichkeiten für die passenden Produkte. Das ist eine perfekte Verbindung von *Social* und *Commerce*. EADEO bietet viele Gruppen und Lounges, in denen sich die Mitglieder austauschen können.

Musik im Internet

Gibt man »Wegfahrsperre« in Google News ein, erhält man alle Automarken mit Werfahrsperre und gute Tipps, welche Wegfahrsperre die beste ist und wie man Autodiebstahl verhindert. In der entsprechenden »Google Blog Suche« werden weitere gute Ratschläge gegeben, Wegfahrsperren aufzurüsten. Wenn man jedoch »Kopierschutz« eingibt, erhält man häufig Resultate wie Musik, Film ... »ohne Kopierschutz« und in den Blogs viele Problemdarstellungen und Kritik.

Eine Wegfahrsperre soll Autodiebstahl verhindern, ein Kopierschutz Diebstahl von Medieninhalten wie Musik, Film und Games. In beiden Fällen werden die Inhaber bestohlen, was eine eindeutige Straftat ist. Es verwundern die unterschiedlichen Reaktionen: Autofahrersolidarität bei der Wegfahrsperre und weitaus weniger Verständnis beim Kopierschutz. Es gibt sicherlich noch Verbesserungspotential bei Kopierschutz und Kundenfreundlichkeit, aber keinen Grund ihn so unterschiedlich im Vergleich zur Wegfahrsperre zu bewerten. So sieht es auch der Gesetzgeber. Das deutsche Urheberrecht sagt (Stand 13.9.2003): »Es ist verboten wirksame technische Maßnahmen zum Schutz eines nach dem Gesetz geschützten Werkes oder eines anderen nach diesem Gesetz geschützten Schutzgegenstand zu umgehen« (§95a Abs.1 UrhG) Dieses Verbot gilt für Bild- und Tonträger gemäß §69a Abs5 UrhG nicht für Computerprogramme. Nach §69d UrhG ist nur eine »Sicherheitskopie« erlaubt. Der Download von »geknackten« Spielen oder Software ist ebenfalls untersagt.

Es gibt zwei Lager von Kopierschutzgegnern: Die einen sehen darin konkrete Behinderungen, weil die Handhabung nicht immer einfach ist. Andere sind mit der Ausgestaltung des Kopierschutzes oder Rechtemanagements nicht einverstanden. Einige fühlen sich durch den Kopierschutz als »potentielle Diebe« betrachtet Dieses Lager akzeptiert aber generell das Schutzbedürfnis der Rechteinhaber.

Das andere Lager propagiert einen kostenlosen Nutzungsanspruch der medialen Inhalte. Daran finden Leute gefallen wie am »Freibier«. Die (scheinbare) Gratismentalität des Internets fördert solche Wünsche noch. Ist das Internet denn wirklich gratis? Nein, denn im Internet gibt es Werbung, die Angebote finanziert. Es kommt ja auch niemand auf die Idee, die privaten TV-Sender-Angebote als gratis zu bezeichnen. Im Internet gibt es z. B. Affiliate-Programme, in deren Rahmen Provisionen für Kundenakquise bezahlt werden. Selbst wenn im Internet Informationen und Leistungen ohne obige Verknüpfungen gegeben werden, sind sie nicht gratis. Der Homepage-Betreiber möchte über die scheinbare kostenlose Publikation Kunden z. B. für seine Dienstleistungen gewinnen, seinen Bekanntheitsgrad steigern oder seine Botschaft verbreiten, die ihm dann später Nutzen bringt.

Das beliebte Wikipedia wird aus Spenden finanziert. Informationen der Bundesregierung, Studien etc. sind aus Steuergeldern finanziert. Sie stehen allen Interessierten offen.

Computerentwicklungen und Software sind nicht Musik: Es gibt freie Software/Open Source/GPL. Diese freie Software darf von jedem genutzt, beliebig verändert und weiterverbreitet werden. Oft unterliegt dieses Recht gewissen Einschränkungen, wie z. B. den Autor zu nennen und veränderte Versionen unter die gleiche Lizenz zu stellen.

Die GNU General Public License (GPL) besagt:
1. Das Programm darf ohne jede Einschränkung für jeden Zweck genutzt werden. Kommerzielle Nutzung ist hierbei ausdrücklich erlaubt.
2. Kopien des Programms dürfen kostenlos verteilt werden, wobei der Quellcode mit verteilt oder dem Empfänger des Programms auf Anfrage zum Selbstkostenpreis zur Verfügung gestellt werden muss.
3. Die Arbeitsweise eines Programms darf studiert und den eigenen Bedürfnissen angepasst werden.
4. Es dürfen auch die gemäß Punkt 2 veränderten Versionen vertrieben werden, wobei dem Empfänger des Programms der Quellcode der veränderten Version verfügbar gemacht werden muss.

Dafür wurde am 22.3.2002 im Urheberrecht der §32 »Angemessene Vergütung« angepasst durch »Der Urheber kann aber unentgeltlich ein einfaches Nutzungsrecht für jedermann einräumen«. Eine kleine Auswahl bekannter GPL-Programme: Linux (Betriebssystem), My SQL (Datenbanksystem), TYPO 3, Joomla (Content-Management-System in PHP). Hintergrund der GPL Lizenzen ist, mit Hilfe der Nutzer die Software ständig zu verbessern. Zu diesem Zweck ist die kostenlose Bereitstellung förderlich.

Im Unterschied dazu brauchen Musik, Filme und Games nicht mit Hilfe der Benutzer weiterentwickelt zu werden. Sie sind geistige Schöpfungen der Urheber. Ein Anspruch auf kostenlose Musik ist nicht nachvollziehbar und hat nichts mit »freier« Kultur zu tun. Kulturinteressierte müssen ja auch für einen Theaterbesuch bezahlen, Bedürftige Zuschauer und Kulturschaffende werden unterstützt, aber niemand kommt auf die Idee, jedes Kunstwerk jedem zu jeder Zeit umsonst zu geben.

Auf dem Hamburger Mediendialog am 8.6.2009 forderte Professor Dieter Gorny effiziente Ansätze zur Bekämpfung der Internetpiraterie und warnte:

»Wenn wir den ungehemmten Diebstahl geistigen Eigentums im Internet weiter zulassen, verspielen wir nicht nur einen der wesentlichen Wirtschaftsfaktoren Deutschlands, sondern auch unsere kulturelle Identität«.

Die Kreativwirtschaft ist, wie in diesem Buch beschrieben, ein ebenso wichtiger Wirtschaftsfaktor wie die Automobilindustrie. Deutschland hat in jüngster Zeit den Autohersteller Opel finanziell sehr stark unterstützt, weil er als systemrelevant für den Industriestandort Deutschland angesehen wurde. Die Musikbranche als wesentlicher Bestandteil der Kreativwirtschaft ist nicht nur größer und relevanter, sondern außerdem ein wirklich zukunftsträchtiger Wirtschaftszweig.

Der Bundesverband Musikindustrie e.V. (BVMI) und der Verband Unabhängiger Musikunternehmen e.V. (VUT) haben gemeinsam ein Papier unterzeichnet, in dem gefordert wird, die gesetzlichen Rahmenbedingungen endlich dem digitalen Zeitalter anzupassen. Dies ist also keine einseitige Forderung der Großindustrie. Der VUT vertritt unabhängige Verlage und Tonträgerfirmen. Der Autor ist Vorsitzender des Arbeitskreises »absolute beginners«, also Existenzgründer in der Musikindustrie und erlebt hautnah, wie schwer es junge Gründer haben, in einem Geschäft mit immateriellen Wirtschaftsgütern wie Musik eine Existenz aufzubauen. Dem VUT gehören über 1.400 Mittelstands und Kleinunternehmem an. Diese Unternehmen brauchen Schutz, um wachsen zu können, und bilden die kulturelle Vielfalt Deutschlands bei großer Internationalität. Musik spielt in der Kreativindustrie eine wesentliche Rolle, und man sieht im Kapitel »Internet«, wie stark die Inhalte das Internet nach vorne treiben, mobil verfügbar machen und für eine breite Akzeptanz in der Bevölkerung sorgen. Ohne attraktive Inhalte wäre es heute vielleicht immer noch ein »Tummelplatz« für technisch orientierte Computerfreunde.

1. »Ein qualitativ geschäftsfähiges Netz kann nur entstehen, wenn Struktur und Inhalteanbieter gleichermaßen geschützt und entlohnt werden.«
Dies setzt eine Partnerschaft auf Augenhöhe voraus. Strukturanbieter wie Provider, Suchmaschinen, Telekommunikationsunternehmen tun sich mit kurzfristiger Kostenminimierung für Content-Lizenzen keinen Gefallen, denn sie sind von gutem Content abhängig.
2. »Die gesetzlichen Rahmenbedingungen müssen die Interessen der Zugangsanbieter, der Plattformbetreiber, des Daten- und Verbraucherschutzes, aber auch der Künstler und der Kreativwirtschaft gleichermaßen berücksichtigen«.
3. Wir brauchen, wie in Frankreich, neue und effiziente Ansätze zur Bekämpfung des massenhaften Diebstahls geistigen Eigentums im Internet. Vom Kopieren können Künstler und Kreative nicht leben! (Quelle: www.musikindustrie.de vom 24.6.2009)

Filesharing
Unter Filesharing versteht man die Weitergabe von Dateien zwischen Internet-Usern innerhalb eines Peer-to-Peer-Netzwerks. Dies findet z. B. in Tauschbörsen statt. Die Dateien sind auf dem eigenen Computer gespeichert und werden von diesem aus weitergeleitet. Der Nutzer muss dazu Teilnehmer eines Peer-to-Peer-Netzwerks sein und wird damit auch automatisch Anbieter von Dateien. Das ist strafbar, wenn urheberrechtlich geschütztes Material weitergegeben wird.

Jedes Schulkind weiß, dass für eine Schulklassse ein Satz Schulbücher gekauft werden muss. Keiner kommt auf die Idee, nur ein Schulbuch zu kaufen und dann dieses Schulbuch 30-mal zu kopieren. Der Schulbuch-Verlag würde nur ein Buch verkaufen und 29-mal mal leer ausgehen. Er hätte 97 % Umsatzeinbuße. Bei der Musik verhält es sich genauso.

Das Argument vieler Filesharing-Befürworter, die Musikindustrie profitiere vom Filesharing durch höhere Bekanntheit ihrer Stars, zieht nicht. Dies mag in einigen Fällen zutreffen, ist aber nicht generell erwiesen. Entscheidend ist jedoch, dass die Rechteinhaber, also die Künstler oder deren Musikverlag/Tonträgerfirma, die Entscheidungsbefugten sind. Es ist ihr geistiges Eigentum.

Es geht auch anders: Gnab 2.0 ist eine zentrale Download-Plattform, die sich über PC, Handy oder Portable Player ansteuern lässt. Dieser medienübergreifende Ansatz ist zukunftsweisend. Es sind mehr als vier Millionen Artikel lieferbar: Musik, Videos, TV Serien, Filme und Spiele. Die Plattform bietet Einzel- und Kontingentkäufe, Flatrates und Mietmodelle. Solches Filesharing ist absolut legal und die Nutzer werden animiert, Musikstücke oder andere Inhalte weiter zu empfehlen.

Die Gnab-Plattform steht als White Label auch anderen Firmen zur Verfügung. Die Rechteinhaber werden ordnungsgemäß vergütet. Dieses Modell hat Zukunft. Hier wird Filesharing voll vergütet und die Urheber bekommen ihren fairen Anteil.

Früher haben CDs Käufer in Drogeriemärkte, Elektronikmärkte, Tankstellen und Supermärkte gelockt (oft durch Sonderangebote). Dies ist zurückgegangen. Musik ist aber immer noch sehr attraktiv und die Musik kann über Gnab als White Label-Lösung auch z. B. zur Kundengewinnung genutzt werden. So kann z. B. ein DSL-Anbieter zusätzlich ein legal lizenziertes Musikpaket anbieten.

Legale Downloads bieten folgende Portale an:
www.napster.de: ca. 8 Mio. Titel,
www.musicload.de: ca. 5 Mio. Titel,
www.jamba.de: ca. 1,7 Mio. Titel,
www.Musicmonster.fm: ca. 5,5 Mio Titel.

Die Kosten betragen zwischen 0,96 Euro und 1,40 Euro pro Song und zwischen 9,64 Euro und 15,41 Euro pro Album. Es werden von allen Anbietern auch Flatrates angeboten zu 8,95 Euro bzw. 9,95 Euro pro Monat. Man kann per Streaming soviel Musik hören, will man will. Nach Ende des Abos verfügt man nicht mehr über die Musik. Ferner gibt es auch Independent-Musikportale wie www.bestofmp3.de.

Flatrates:
1. Online Portale wie oben beschrieben,
2. in Kombination mit Internet-Flatrate.

In Großbritannien gibt es eine Kooperation zwischen dem Internet Service Provider Virgin Media und Universal Music. Für einen kleinen Aufpreis können die Virgin Media-Kunden legal Musik von Universal Music herunterladen. Der Provider plant, das Angebot um weitere Musikfirmen zu erweitern.

Wenn sich Flatrates durchsetzen, muss es zu weiteren Kooperationen von Musikfirmen kommen, weil keine alleine ausreichend Musik anbieten kann. Es gibt immer noch viele Skeptiker, die der Meinung sind, gegen illegale Downloads helfe keine Flatrate. Das wird sich im Lauf der Zeit zeigen. Eine Flatrate ist für kleinere Musikverlage und Tonträgerlabel nicht optimal. Sie können leichter übersehen werden als die großen Anbieter oder Stars. Der Preis pro Musikstück müsste sich außerdem monatlich ändern, wenn als Abrechnungsmodell der Erlös der Flatrate-Gebühren dividiert durch die Anzahl der gehörten Titel genommen wird. Wenn aber die Flatrate illegale Downloads nennenswert eindämmen kann und die gesamte Musiknutzung steigt, ist die Flatrate sicher insgesamt akzeptabel. Die Internet-Flatrate hat ja auch zu einer positiven Entwicklung der Nutzung des Internet geführt.

Brauchen wir die Kultur-Flatrate?
Kompressionstechniken wie MP3, MPEG, JPEG ermöglichen technisch die Verbreitung von digitalen Medieninhalten, die von Nutzern kopiert werden, die in keinem persönlichen Verhältnis zueinander stehen. Es sind also keine Privatkopien mehr und die Weitergabe der medialen Inhalte ist ohne Zustimmung der Rechteinhaber illegal. Kostenloses kopieren und verbreiten medialer Inhalte wirkt sich negativ auf die Verkaufszahlen aus. In der Musikbranche sind die Umsätze der Tonträgerverkäufe stark zurückgegangen. Es ist nicht alles auf illegale Downloads zurückzuführen, aber vieles. Die Kultur-Flatrate soll einerseits diese bisher illegalen Kopierhandlungen legalisieren und andererseits eine monatliche Gebühr erheben, die an die Rechteinhaber ausgeschüttet wird als Vergütung für die Nutzung Ihrer Werke. Es gibt bisher ja schon die Leerkassettenabgabe, die eine Vergütung für private Kopien ist. Die Einnahmen werden über die ZPÜ (Zentralstelle private Überspielrechte), deren Gesellschafter GEMA, GVL und die anderen Verwertungsgesellschaften sind, an die Rechteinhaber verteilt. Das funktioniert gut. An der Kultur-Flatrate wird kritisiert, dass alle Benutzer von Breitbandzugängen die Abgabe zu zahlen haben, auch wenn sie keine geschützten Inhalte beziehen wollen. Dies ist ein wesentlicher Unterschied zur Leerkassettenabgabe. Wer Kassetten kauft oder Aufnahmegeräte, CD-Brenner wird mit größerer

Wahrscheinlichkeit z. B. Musik aufnehmen wollen, als ein normaler Internet-User.

Diese politisch motivierte Diskussion mündet letztlich darin, dass alles, was auf dem Markt ist, umsonst aus dem Internet heruntergeladen werden kann, ohne dass die Rechteinhaber die Nutzung beeinflussen oder verhindern könnten. Im Gegenzug erhalten diese eine pauschale Vergütung. Für Musikverleger und Tonträgerfirmen ist dies nicht optimal, da es schwierig wird, die eigene Musik im Internet individuell erfolgreich zu vermarkten. Gerade im Internet gibt es attraktive individuelle Vermarktungsmöglichkeiten. Bei der Kultur-Flatrate ist zu befürchten, dass die populären und damit leider auch oft auf den Massengeschmack ausgerichteten Musiken größere Einnahmen erzielen und qualitativ hochwertige Nischenprodukte schlechter abschneiden, besonders wenn es keinen Anreiz gibt, diese mit finanziellem Aufwand zu vermarkten. Es werden monatliche Gebühren von 50,– bis 70,– Euro diskutiert. Das erinnert an Öffentlich-Rechtlichen Rundfunk. Betriebswirtschaftlich gesehen stellt eine Kultur-Flatrate die Ökonomie auf den Kopf, zumal die Musiklieferanten selbständige Unternehmer sind. Bei einer Kultur-Flatrate verdienen die Musikverlage und Tonträgerfirmen umso weniger, je mehr Musik sie produzieren, also je mehr Geld sie investieren. Die individuelle Preisgestaltung wird so stark unterlaufen. Dies ist ein wesentlicher Unterschied zur Leercassettenabgabe, die auf die Preisgestaltung überhaupt keinen Einfluss hat.

Prämisse: Alle Einnahmen der Kultur-Flatrate wären für die Musikindustrie, damit die Rechnung einfacher und deutlicher wird.

Beispiel: 50,– Euro pro Internetnutzer pro Monat. Bei 10 Mio. Nutzern (Haushalten) ergibt dies 500.000 Euro pro Monat. Wenn 500.000 Musikstücke genutzt werden, ergibt dies einen Euro pro Werk. Wenn die Musikindustrie investiert und viele Titel herausbringt, sodass z. B. 1.000.000 Musikstücke monatlich genutzt werden, bringt jedes Werk nur noch 50 Cent bei doppelten Kosten. Wirtschaft funktioniert genau anders herum.

Wenn Musikunternehmen erfolgreich Nischen besetzen können und überdurchschnittlich gut verdienen, können und werden sie in kreative neue Musikprodukte investieren. Keine Flatrate kann für alle Bürger fair bemessen sein. 50 Euro sind für Gutverdiener tragbar, vielleicht sogar gering. Rentner, Arbeitslose und Hartz IV-Bezieher müssten staatliche Zuschüsse bekommen, sonst gibt es wie so oft in Deutschland kulturpolitische Diskussionen mit dem Tenor Recht auf Kultur, Recht auf Bildung und Information etc.

Die Kultur-Flatrate bleibt ein schwierig Thema, da scheint es sinnvoller, die »Leerkassetten Abgabe« bzw. Geräteabgabe auszubauen. Sie wird ja heute schon bei PCs und CD-Rohlingen etc. erhoben. Sie wird zwar von vielen Nutzern auch nicht akzeptiert, stellt aber zumindest wirtschaftliche Grundlagen nicht auf den Kopf, ist »umsatzbezogen« und weniger »zentralistisch«. Für Medienmusik und den B2B-Bereich greifen solche Modelle ohnehin nicht, weil bei der Einbindung von Musik in Produkte immer das Herstellungsrecht erworben werden muss, und das kann bei bekannten Hits und großen Werbespots ja erheblich sein.

»Packst Du noch aus oder lädst Du schon?« Steam ist eine Internet-Vertriebsplattform für Computerspiele. Steam (www.steam.de) ermöglicht die Online-Distribution, also den Erwerb von Software-Lizenzen über das Internet. Updates können automatisch heruntergeladen werden und auch der Kauf von Spielen als Geschenik für einen anderen Steam-Account ist möglich. Steam übernimmt aber auch die Wartung und Überwachung der Spiele. Dies ist sehr kostengünstig. Die Entwicklungskosten von Computerspielen sind in den letzten Jahren sehr stark gestiegen. Die Spiele wurden immer ausgefeilter, was die Kosten getrieben hat, und die Lizenzen für Marken, Filmrechte etc. wurden auch immer teurer. Steam macht auch Kooperationen direkt mit den Herstellern bzw. Entwicklern. Sie schalten durch diesen Direktvertrieb Publisher, Großhandel und Einzelhandel aus, was diese natürlich nicht gerne sehen. Steam hat trotzdem seinen festen Platz im Games-Handel und der Games-Industrie.

Das Modell des direkten Software-Downloads wird sich immer stärker durchsetzen. Im Businessbereich arbeitet z. B. die Firma www.onlinesoftware-ag.de. Das Unternehmen maxment GmbH (www.maxment.de) wird seit dem 11.6.2009 durch den High-Tech-Gründerfonds als Investor unterstützt. Dies zeigt die Zukunftsträchtigkeit dieses Geschäftsmodells. Das Softwarehouse www.softwarehouse.de bietet Downloadversionen von Software an, die Firma www.collmex.de Online-Mietsoftware für Freiberufler und Mittelstand.

Musik im Internet zusammengefaßt:
Produktionsmusik wird sehr oft auf gewerblichen Homepages eingesetzt. Die Lizenzierung ist einfach und die Musik günstig. Thematisch werden Corporate-Musiken, aber auch unaufdringliche Loungemusik

und dezente Soundscapes genommen. Second Live setzt auch Produktionsmusik ein, weil Hits zu teuer wären.

In Corporate Blogs wird bisher kaum Musik eingesetzt. Das wird sich aber ändern, um die Nutzeransprache noch besser gestalten zu können. Musik in der Internetwerbung wird enorm zunehmen. Dies gilt nicht nur für TV-Werbespots, die im Internet gezeigt werden, sondern im Besonderen für die eigens für das Internet produzierten viralen Spots, die stark zunehmen werden.

In Online Communities wird bisher nur in speziellen Musik-Communites viel Musik verwendet. Hier ist das größte Wachstumspotential, weil Musik den Communities Vertrautheit bietet und ein gutes Gefühl.

Zusammenfassung:
Im Internet finden sich alle professionellen Verwendungsarten professioneller Musiknutzung. Corporate, Werbung, Film, und speziell für das Internet, Blogs und Communities. Das Internet wird zum wesentlichen Schwerpunkt professioneller Medienmusik für den B2B-Bereich. Es hat bisher noch niemand eine Lösung gefunden, Internetpiraterie wirkungsvoll einzudämmen. Die Musikbranche sucht neue Erlösmodelle. Die 360 Grad-Vermarktung mit einem stärkeren Fokus auf Livekonzerte ist ein guter Ansatz, aber es wird noch Jahre weiter intensiv nach umfassenden Lösungen gesucht werden müssen.

7. IP-TV

Ziel: Die TV-Landschaft ändert sich massiv. TV-Werbung kann technisch unterdrückt werden. IP-TV wird eine Vielzahl von TV-Sendern schaffen. Die folgenden Abschnitte sollen ein Grundverständnis schaffen.

IP-TV: Grundlagen

IP-TV wird oft mit Internet-TV verwechselt. Bei Internet-TV/Web-TV werden Streams über das Internet übertragen. Beispiele sind www.joost.com oder www.zattoo.de oder www.ehrensenf.de Das Internet wird als Transportkanal genutzt, die Übertragungsqualität kann nicht immer gesichert werden, wenn die Verbindung nicht stabil genug oder überlastet ist.

Hingegen handelt es sich bei Angeboten wie etwa T-Home Entertain oder Alice/Hanse Net TV nicht um Internet-TV, sondern um IP-TV. IP-TV wird von der internationalen Fernmeldeunion definiert als: »Multimediadienste, wie Fernsehen, Video, Audio, Texte, Bilder und Daten, die über IP basierte Netze übertragen werden und das benötigte Maß an Qualität, Sicherheit, Interaktivität und Zuverlässigkeit bereitstellen.

Technisch sind wichtige Merkmale die Unterstützung des Next Generation Network, Bidirektionale Netze, »Real-time« und non »Real-time« Dienste. IP-TV bietet mehr als die klassische Fernsehbildübertragung.

Ein integrierter Rückkanal ermöglicht interaktive Funktionen wie z. B.
1. Mit Video on Demand (VoD) kann man jeden beliebigen Film zu jedem beliebigen Zeitpunkt sehen,
2. Timeshift TV ermöglicht das Überspringen von Werbung,
3. Verbindungen mit dem Web 2.0. Es wird sehr viele neue Spartensender geben.

IP-TV könnte in Zukunft sehr starke Auswirkungen haben.
1. Video on Demand steht in direktem Wettbewerb mit Videotheken, die zwar jetzt auch schon meist rund um die Uhr geöffnet sind, aber bei VoD entfällt sogar der Weg zur Videothek. Internetbasierte Dienste, bei denen Videos zugeschickt werden, sind ebenfalls nicht so bequem wie VoD.

2. Werbung technisch überspringen zu können, bedeutet für die Werbeindustrie, neue Konzepte finden zu müssen, wie z. B. Werbung in neuen Medien: vom »Push Marketing«, also einem Aufdrängen der Werbebotschaft, hin zum »Pull Marketing«, bei dem der Kunde die (Werbe-)Botschaft abholt. Das Internet ist das ideal »Pull Medium.« Viele Spartenkanäle beim IP-TV werden aber auch die Akzeptanz von Werbung fördern, weil Werbung zu Themen, die interessieren, besser akzeptiert wird.
3. Verbindungen zu Web 2.0 sind ideal, weil damit aus einer Konkurrenz zwischen TV im Wohnzimmer und PC im Arbeitszimmer eine logische Verbindung erfolgt. Cross mediale und interaktive Sendekonzepte werden zunehmen. Dies fördert die Bindung an den Markenartikler. Man sieht es ja heute schon anhand der Synergien im Pro7/Sat 1-TV-Angebot und der Internet Community. Im Mobile Content-Teil wird die Einbindung mobiler Geräte gezeigt.

Die Medienunternehmen und die Marken haben das Ziel, ihre Kunden in allen Lebensbereichen erreichen zu können, via TV, Internet, Mobil, auf Plakaten etc. Das moderne Leben hat sich so verändert, dass die relevante Werbezielgruppe nicht mehr am besten eine Minute vor der Tagesschau zu erreichen ist.
Es gibt verschiedene Geschäftsmodelle:
1. Zuschauerfinanziertes IP-TV: Abonnement oder Pay-per-View
2. Werbefinanziertes IP-TV
3. T-Commerce: Teleshopping, Teleservices wie Beratung, Spiele etc., bei dem der Sender, der hier Mediendienstanbieter ist, direkt auf Kauftransaktionen hinwirkt.

Zukunft des IP-TV

IP-TV wird das Medienkonsumverhalten nachhaltig ändern.
1. Der TV-Nutzer wird verstärkt Einfluss auf das Programm nehmen. Dies bedeutet nicht nur eine bessere TV-Programmauswahl durch mehr Spartensender, bei denen man sich interaktiv einbringen kann, sondern auch eine Verbindung mit Internet Communities und crossmedialen Einflussmöglichkeiten.
Beispiel: Der IP-TV Golf-Spartensender lässt direkt per Fernbedienung seine Zuschauer abstimmen, welches Golfturnier gezeigt werden soll, wenn es terminliche Überschneidungen gibt. Im Internet kann man

bloggen und die Statements fliessen direkt in das TV-Programm ein. Man kann dann direkt seine Reise zum Golftunier buchen und noch weitere Freunde einladen, was auch sofort in der Sendung einfließt. Die IP-TV-Programmmacher sind so nah am Kunden wie nie zuvor.

2. Der Nutzer wird den Zeitpunkt verstärkt selber wählen.
Dies wird das ganze TV-Werbeschema und Preisgefüge ändern. Es wird dann wohl keine *best minute* vor der Tagesschau mehr geben. Die Zuschauerströme werden schwieriger einzuschätzen sein. TV-Sendungen als Gemeinschaftserlebnis zu einem bestimmten Zeitpunkt wird es dann wohl nur noch bei Live Events wie Fußballspielen oder wirklich großen Shows geben.

3. Der Zuschauer wird ortsunabhängig.
Dies hat weitgehende Auswirkungen auf die Nutzung und die Programmgestaltung. Im Abschnitt Mobile TV wird dies noch näher erläutert. Generell sieht man aber schon, dass bei zeitunabhängiger Nutzung das ganze gewohnte Programmschema hinfällig wird. Es werden sicher viele TV-Formate komplett entfallen, weil sie nur zu bestimmten Zeiten funktionieren. Das Nutzungsverhalten der Zuschauer wird noch unberechenbarer. Die IP-TV Programme müssen sich auf Mobilität einstellen.

4. Endgeräte und Inhalte verändern sich. Der TV-Konsument der Zukunft lebt in einem digitalisierten Umfeld. Die technischen Geräte in seinem täglichen Umfeld sind überwiegend vernetzt. Er kann die Tagesschau auf seinem Plasma TV sehen und parallel über dasselbe Gerät den Anzug des Nachrichtensprechers online bestellen. Sein Handheld verwaltet seine Termine, greift auf Wunsch auch auf das heimische Filmarchiv zu und vertreibt die Wartezeit am Flughafen mit seinem Lieblingsfilm. Sein Labtop empfängt IP-TV und ermöglicht die interaktive Beeinflussung des angebotenen Programms.

5. IP-TV verändert die Geschäftsmodelle. Dies betrifft in erster Linie, aber nicht ausschließlich, die Content Provider, also vor allem TV-Sender sowie die Werbeindustrie. Aus einem reinen TV-Kabelfernsehanbietern wie z.B. Kabel Deutschland wurde bereits ein Kommunikationsdienstleister, der seinen Kunden neben Fernsehen auch Telefonie und den Internetzugang anbieten. Auch ein Online-Providers wie die Deutsche Telekom bietet schon IP-TV-Dienste an. Inhalte werden per-

sonalisierbar – Erfolg wird messbar. Über Rückkanäle kann man dann z. b. den Erfolg von Werbespots direkt messen und außerdem durch die direkten Bestellmöglichkeiten gleich die Umsätze erfassen TV-Sender verlieren tendenziell ihr Inhaltsmonopol. Sie ähneln stark den heutigen Radiosendern, die ja faktisch keine eigene Musik haben und von den Lieferungen der Musikindustrie abhängen. Die neue große Sendervielfalt durch IP-TV wird inhaltlichen Druck ausüben, weil das Programmangebot steigt. So wie heute immer mehr Konsumenten durch Internet Communities zu Prosumern werden, wird sich dieser Trend nach meiner Einschätzung auch auf den IP-TV – Sektor auswirken.

So sieht das Institute of Electronic Business den zukünftigen TV Kunden:
Vom König zum Kaiser – Der Kunde der Zukunft lebt digital.– IP-TV wird die Zukunft des Fernsehens verändern, dies steht außer Frage. Doch wie dies geschieht, wird auch zukünftig nicht in erster Linie von Technologiefirmen oder Kommunikationsunternehmen, nicht von TV-Sendern oder der Werbeindustrie abhängen, sonder vor allem vom Kunden, der durch seine digitalen Handlungs- und Interaktionsmöglichkeiten langfristig vom König zum Kaiser werden kann.

Musiknutzung bei IP-TV

Business to Business-Medienmusik:
Die Anzahl der TV-Sender wird zunehmen, und die Medienmusik muss folglich zu mehr Kunden gelangen als früher. Wenn die IP-TV-Sender Marktanteile von den großen TV-Sendern wegnehmen, werden die Einnahmen für die Musiknutzung bei den großen TV-Sendern sinken. Die für die Musikverlage wichtigen GEMA-Einnahmen hängen ja direkt an den Einnahmen der TV-Sender. Diese Verluste müssen dann durch erhöhte Einnahmen der vielen IP-TV-Sender ausgeglichen werden, oder besser noch gesteigert werden, denn mehr TV-Sender zu betreuen erzeugt ja auch höhere Kosten. Parallel dazu müsste sich das ganze Verteilungssystem der GEMA anpassen. Heute werden nur die GEMA-Zahlungen der großen TV-Sender nach Musiknutzungssekunden genau verteilt. Die GEMA-Zahlungen kleinerer TV-Sender werden pauschal verteilt. Dies kann sich ändern, falls der Markt so kippt, dass es mehr kleine IP-TV-Sender gibt als große TV-Sender. Zahlreiche IP-TV-Sender mit Spartenprogramm bedeuten auf der anderen Seite mehr musikalische

Spezialisierung und damit mehr Musiknutzung. Die Einnahmen für die Musikverlage werden aber nicht stark wachsen, weil die IP-TV-Sender erheblich weniger GEMA zahlen als große Fernsehsender.

Business to Consumer-Medienmusik:
Wenn die Vormachtstellung von großen TV-Shows wie »Wetten Dass« im ZDF abnehmen sollte und auch Musiksendungen wie »The Dome« Zuschauer und Marktanteile verlieren, wird es immer schwieriger große Musikstars aufzubauen. Hierin liegen aber auch große Chancen. Es können vielleicht mehr Musikgruppen für spezielle Märkte aufgebaut werden, denn spezialisierte IP-TV-Sender werden sich gemäß ihrer Zielgruppe auch musikalisch spezialisieren müssen. Auf alle Fälle werden alle Musikvermarktungsaktivitäten crossmedial gemacht werden müssen, also auch anderen Internet Communities zum Einsatz kommen.

Es werden sicherlich nicht alle IP-TV-Sender wirtschaftlich überleben. Es wird Aufkäufe geben und vielleicht bilden sich dann wiederum IP-TV-Majors heraus, die alle Fäden in der Hand halten und ähnlichen Einfluss haben werden wie heute die großen TV-Sender.

Die großen TV-Sender könnten sich auch an vielen kleinen IP-TV-Sendern beteiligen und eventuell ihren Einfluss sichern. Man sieht heute schon bei Sendern wie Pro 7, wie stark auf Medienkonvergenz gesetzt wird. Aus dem ehemaligen Fernsehsender wird ein Medienkonzern mit perfekter Einbindung von Online-Communities, und er ist bestens vorbereitet auf die Vermarktung von Mobile Content.

Es werden sicher auch neue Anbieter auf den Markt drängen, die vorher noch nicht im TV-Geschäft tätig waren. Das wird neue Impulse geben, gerade von Unternehmen, die über gute Erfahrung mit dem Medium Internet verfügen. Die IP-TV-Sender können noch zielgerichtetere Programme anbieten. Für die Zuschauer ist dies vorteilhaft nach 50 Jahren Vollprogrammen. Solche Programme für spezielle Interessentengruppen werden sich positiv auf viele Sportarten und Hobbys etc. auswirken.

Die drei großen aktuellen IP-TV-Anbieter, T-Home, Arcor IP-TV und Alice home TV, rechnen mit Zuwächsen, weil »eine Generation heranwächst, die nachweislich PC und Fernsehen gleichzeitig laufen haben und technisch ohnehin bestrebt sind, auf dem aktuellsten Stand der Unterhaltung zu sein.« (Quelle www.top-dsl.de vom 15.6.2009)

Musik im IP-TV
IP-TV wird den gleichen professionellen Musikbedarf wie traditionelle TV-Sender haben. Der Musikbedarf wird wegen der Vielfalt von IP-TV eher tendenziell zunehmen. Aufgrund erheblich geringerer Zuschauerzahlen und Einnahmen wird die Vergütung für die Musiknutzung in den nächsten Jahren noch sehr bescheiden ausfallen.

Zusammenfassung
Das Internet ist insgesamt der größte Wachstumsmarkt, weil alle bisherigen Medien wie Radio, TV und Film im Internet verschmelzen. Alle Arten der professionellen Musiknutzung wie Corporate Music, Werbung und Musik als Produkt sind im Internet vereinigt. Das Internet wird auch den mobilen Markt wesentlich voranbringen. Das Internet hat das Leben der Menschen bereits heute so stark verändert wie der Buchdruck. Das Internet macht uns zur Informationsgesellschaft. Es gibt neue Werbeformen wie E-Cards und andere Virale Werbung. Second live hat neue Kommunikationsformen geschaffen für Werbung, Coporate Media, Mitarbeitergewinnung und PR. Es gibt neue Corporate Media-Formen wie Corporate Blogs Web 2.0. Corporate Blogs binden Mitarbeiter und Kunden in die Kommunikation ein. Als Risiken gelten kritische oder negative Beiträge, aber damit ist die Chance verbunden, aus ihnen zu lernen. Chancen: Neue Kommunikationskanäle zum Kunden und engere Kundenbindung. Interessante Verbindungen mit »viralen Marketing« und Werbung. Internetwerbung ist sehr genau auf die Zielgruppen ausgerichtet. Websponsoring als Sponsoring-Sonderform bietet einen langfristigen, positiven Imagetransfer, und Affiliate Marketing ist erfolgsabhängig und transparent.

8. Podcast

Ziel: Die imagebildenden und werbenden Möglichkeiten von Podcasts erkennen. Podcasts sind marketingtechnisch und inhaltlich mehr als ein ein technischer Gimmick. Sie haben starkes Kundenbindungspotential.

Als Podcast oder Podcasting bezeichnet man das Produzieren und Anbieten von Audio-oder Video-Mediendateien über das Internet. Podcast ist ein sogenanntes »Kofferwort«, das sich aus den Wörtern iPod und Broadcasting zusammensetzt. Ein einzelner Podcast, also eine Hördatei wie ein Radiobeitrag, ist somit eine Serie von Medienbeiträgen. Es sind Episoden, die über einen RSS Feed automatisch bezogen werden können. Podcast sind fast wie Radio- oder Fernsehsendungen, die sich unabhängig von Sendezeiten konsumieren lassen. (http://de.wikipedia.org/wiki/Podcasting) Im Oktober 2000 macht Dave Winer zum ersten Mal Audioblogging und implementiert den RSS. 091 Standard. Im Oktober 2003 präsentiert Kevin Marks ein Skript, das Enclosures auf i-Pod überträgt. Podcast = Broadcast + i-Pod. Im Februar 2004 prägt Ben Hammersley, Redakteur des Londoner Guardian, den Begriff »Podcast«. Der ehemalige MTV-Moderator Adam Curry machte den Podcast dann bekannt. Im Gegensatz zu IP-TV bedient sich Podcasting bereits existierender Technologien. Podcasts sind ein dezentrales Verteilungssystem für Medieninhalte und haben programmatisch einen anderen Ansatz als IP-TV. Ganz wesentlich dabei ist das neue Bewusstsein der Konsumenten im Umgang mit Medien.

Es macht Spaß, faktisch Radioprogramm zu machen und seine Meinung medial ausdrücken zu können. Die Beweggründe sind denen für Blogs ähnlich, aber bei einem Podcast kann man inhaltlich noch tiefer gehen. Das abonnieren des Podcasts schafft außerdem noch eine stärkere Bindung als Internet-Blogs und -Foren. Es ist aber zu beachten, dass Podcasts kein rechtsfreier Raum sind und juristisch journalistische Grundgepflogenheiten zu berücksichtigen sind.

Fabio Gacigalupo, der Inhaber von www.podcast.de und einer der Podcast-Pioniere in Deutschland, sieht als Vorteile:
Die günstigen Produktionskosten ermöglichen einen professionellen Podcast schon für wenige hundert Euro. Die Wirkung ist intensiv wie beim Radio und die Informationsaufnahme ist sehr effizient. Durch die crossmediale Informationsverwertung eignen sich Podcasts auch gut

zur Zweitverwertung. Es können Audiobeiträge neu zusammengestellt werden. Es lassen sich Buchinhalte oder Internetinhalte gut als Podcast darstellen. Podcast-Themen können wiederum von anderen Medien gut aufgegriffen werden und mit weiteren Informationen im Internet angereichert werden. Podcasts transportieren Emotionen gut. Sie haben Radio Feeling. Radio bedeutet »Bilder im Kopf«. Es ist also sehr emotional. Dies wird noch verstärkt durch den Klang der Stimme. Musik transportiert Emotionen optimal und wird deshalb noch einmal mit den Besonderheiten der Podcast Nutzung dargestellt.

Podcasts und Musik

In Podcasts lassen sich ganz neue Musikprogramme zusammenstellen. Viele Podcaster werden so zu Musikredakteuren. Am Beispiel Podcast zeigen sich diverse Herausforderungen der Musiknutzung.

Gewerbliche Podcasts

Diese Podcasts erreichen eine sehr starke Kundenbindung durch ein kostenloses Abo. Es werden den Kunden interessante Informationen geliefert, die nicht zu werblich präsentiert werden. Das Firmenimage wird dadurch sehr positiv beeinflusst und die Kundenbindung vertieft. Bei den ersten Podcast-Produktionen fiel auf, dass Podcasting sehr stark als privates Medium gilt. Ein gewerblicher Firmen-Podcast ist Werbung. Die Musik muss da wie ein Werbespot im Radio oder im Internet lizenziert werden. Das Herstellungsrecht muss vom Verlag erworben werden und von der GEMA die Vervielfältigungsrechte und Aufführungsrechte.

Private Podcasts

Die Gema lizenziert private nicht kommerzielle Podcasts ab 10 Euro relativ einfach über den GEMA-Lizenzshop. Die Nutzungsbedingungen sind klar geregelt und vor allem klar abgegrenzt von gewerblichen Produktionen für Firmen.

Podsafe Music

Wenn es neue Musiknutzungsarten gibt, muss erst einmal jeder Musikverlag eine angemessene und am Markt erzielbare Vergütung für das Herstellungsrecht finden. Beispiel: Ein Werbespot im Internet auf deutsch ist weltweit empfangbar. Wirtschaftlich ist nur Deutschland relevant. Als Orientierung gilt der Preis eines deutschen TV-Spots. In den Anfangstagen des Internet mit noch sehr wenigen Nutzern wurde vielleicht der Preis eines regionalen TV-Spots berechnet, weil die Zahl der Nutzer dem eher entsprach. Als Podcasts in Deutschland starteten, hatten die Musikverlage noch keine Erfahrungswerte und die GEMA natürlich noch keinen Podcast-Tarif. Da entwickelte sich der Trend zum Benutzen von Podsafe-Musik, also lizenzfreier oder Creativ-Commons lizenzierter Musik (siehe unten). Der Pionier des Podcast, Adam Curry, hat faktisch die Podsafe-Musik erfunden und meint damit, dass alle Musiken, die von Podsave lizenziert werden, für Podcasts frei genutzt werden können. Obwohl dies sehr fleißig genutzt wird, gibt es folgende Probleme:

1. Podcast ist wie oben beschrieben ein crossmediales Instrument, wo es auch Zweitverwertungen gibt. Dies kann in jeder Richtung geschehen. Die Lizenz erlaubt aber nur die Musiknutzung in Podcasts. Das ist ungefähr so, als wenn man ein Musikstück im Fernsehen spielen darf, aber nicht im Radio.
2. Die Botschaft an die Musiknutzer ist »Musik entwertend«. Kostenlose Musik erschwert normale kostenpflichtige Lizenzierungen an gewerbliche Kunden. Es kann auch die Versuchung entstehen, einen musikalisch gesehen gewerblichen Podcast als privat Podcast zu deklarieren.
3. Es gibt selbst aus der Sicht der Musiknutzer keinen Grund für musikalische Sonderregelungen. Der GEMA-Tarif für private Nutzer ist tragbar und für gewerbliche erst recht.

Creative Commons-Musik
»Creative Commons ist eine Non-Profit-Organisation, die in Form von vorgefertigten Lizenzverträgen einen alternativen Rahmen für die Veröffentlichung und Verbreitung digitaler Medieninhalte anbietet und fortentwickelt. Einfacher ausgedrückt bietet Creative Commons eine Reihe von Standard-Lizenzverträgen an, die zur Verbreitung kreativer Inhalte genutzt werden können.« (http://de.creativecommons.org/was-ist-cc/)

Es gibt sechs verschiedene CC-Lizenzen, die regeln, was mit dem Musikstück gemacht werden darf. Besonders Bearbeitung und Weitergabe sind darin genau geregelt. Als Hauptargument wird immer wieder die gute Verbreitung des Musikstückes eines Komponisten genannt. Das finde ich zweischneidig. Was nützt mir eine gute Verbreitung meines Musikstückes, wenn ich damit kein Geld verdienen kann? Außerdem kann so das Verständnis vom »Wert der Musik« unterminiert werden, wenn Musik häufig als CC-Lizenz kostenlos verbreitet wird. Das Creative Commons-Konzept wurde maßgeblich von Lawrence Lessig, Rechtsprofessor an der Stanford Law School/U.S.A. entwickelt. Das amerikanische Urheberrecht unterscheidet sich aber fundamental vom deutschen Urheberrecht. Der Grundgedanke von Creative Commons ist, dass Musik allgemeines Kulturgut ist, wie die Natur oder die Luft zum Atmen. Von der Bedeutung, die hier der Musik beigemessen wird, finde ich den Grundgedanken durchaus nachvollziehbar. Musik ist aber auch ein Wirtschaftsgut und die Komponisten müssen eine faire Chance haben, von ihrer musikalischen Schaffenskraft zu leben. Die Wirtschaftsunternehmen, die Musik einsetzen, erwirtschaften damit Werte, davon handelt dieses Buch. Da muss doch Komponisten und Interpreten angemessen vergütet werden.

Musiknutzung im Podcast
Der Musikbedarf ist analog zum Radiosender. Bei Video-Podcast kommen sehr stark Corporate Musiken und Filmmusiken zum Einsatz. Produktionsmusik wird sehr gerne genommen, Auftragsproduktionen lohnen sich nur vielleicht als Titelmelodie und Hits in gewerblicher Corporate Nutzung kaum.

Zusammenfassung
Ein Podcast, die Synergie aus broadcast und iphone, ist ein dezentrales System zur Verbreitung von Medieninhalten. Der Umgang mit Medien bekommt eine neue, tiefe Bedeutung, weil die Podcaster wie Radiomacher aktiv sind. Die Akzeptanz von Podcasts ist hoch und sie eignen sich sehr gut für Coporate-Inhalte von Firmen, für Werbung, politische Botschaften und Sprachenlernen.

9. Games

Ziel: Games als Produkt, Imagebilder und Werbemedium verstehen lernen. Es gibt besondere Anforderungen an die Musik.

Allgemeines

Geschichte und persönliche Erinnerungen
Weihnachten 1975, draußen schneit es, aber sonst ist alles anders. Angespannt sitze ich mit Freunden vor dem Fernsehen und wir machen zum ersten Mal in unserem Leben selber etwas aktiv mit dem Fernseher. Ping-Pong, Ping-Pong, Ping-Pong... (Dieses Spiel kann man heute als Retro-Game gratis spielen über www.stuttgarter-zeitung.de.)

Pong, das einfachen Tischtennisspiel mit einem beweglichen Punkt und zwei Balken als Schläger, wird von vielen als der Ursprung der heutigen PC-Spieleindustrie gesehen. Manche sehen auch »Tennis für Two« aus dem Jahr 1958 als Pionier. Die wirtschaftliche Initialzündung kam aber durch Pong.

Pong war ein Telespiel, also ein Spielcomputer, der an das Fernsehgerät angeschlossen wurde. Es wurde von Atari-Gründer Nolan Bushnell erfunden. Der Erfolg von Pong basiert auf seiner genialen Einfachheit. Früher konnte man Pong an Automaten vor Supermärkten, Kinos etc. für eine DM spielen. Plötzlich hatte man Pong zuhause und konnte immer spielen. Der Spielemarkt entwickelte sich aus diesem Erfolg heraus. Viele schlechte Spiele, die dann folgten, führten 1983 zum ersten großen Absatzeinbruch bei Games.

Handheld-Konsolen waren die Rettung. Nintendo führte sie mit der 8-Bit-Spielekonsole »Famicon« ein.1989 kamen dann mit dem Game Boy und dem Atari Lynx erstmal zwei Handheld-Konsolen auf den Markt. Dann folgten 3D-Games und die ersten netzwerkfähigen Spiel für PC mit neuen vernetzten Gruppenspielmöglichkeiten. Ende 1998 folgte mit Sega Dreamcast eine neue Konsolengeneration, 2004 verlieh der Musiksender MTV erstmals die »International Game Awards« in Berlin. Der Nintendo DS ist mehr als ein Spiel. Er kam 2005 mit diversen Spielen heraus und hat zwei Bildschirme. Dr. Kawashimas Gehirnjogging verkaufte sich über 600.000 mal und erreiche eine ganz neue, ältere Zielgruppe. Sein Buch »Train Your Brain: 60 Days to a Better Brain« war ein Bestseller. Nintendo hat ihm bei der Konzeption des

Gehirnjogging freie Hand gegeben und seine Forschungsergebnisse in die Spieleentwicklung einfließen lassen. Nintendo Wii bringt Bewegung in die Spielewelt.

Kritische Anmerkungen gegen die Computerspiele richteten sich zunächst gegen die Bewegungsarmut der meist jungen Spieler; der Vorwurf angeblicher sozialer Vernachlässigung und die Gewaltdebatte verschäften die Tonlage. Laut Statistik gibt es jedoch immer mehr gewaltfreie Spiele. Dr. Kawashimas Gehirnjogging und viele Strategie-und Lernspiele sind dafür gute Beispiele.

Es gibt in Online-Spielegruppen durchaus Möglichkeiten sozialer Kontakte. Und Nintendo WII »bekämpft« die Bewegungsarmut mit interaktiven Fitnessspielen, in denen durch Kameras und Sensoren die Bewegungen des Spielers auf den Bildschirm übertragen werden. »Das Wohnzimmer als Fitnessstudio« titelt das ZDF am 27.5.2008. Einige Sporttherapeuten bezeichnen dies als einen Schritt in die richtige Richtung. Gewaltbereitschaft, mangelnden sozialen Kontakten und Bewegungsarmut können Eltern positiv entgegenwirken.

Nintendo verfolgt mit dem Nintendo DS und Wii eine Marketingstrategie, die neue Zielgruppen erreichen soll. Nintendo Wii ist crossmedial mit dem Internet verbunden und ermöglicht über den Wii-Shop-Kanal den Kauf neuer Produkte. Es gibt einen Wetter-, Internet-, Nachrichten-, Meinungskanal und natürlich den Nintendo-Kanal. Dies ist Medienkonvergenz pur und durch solche Maßnahmen gewinnen die PC-Games als crossmediale Produkte enormen Einfluss.

Musik in Games

An Musik für PC-Games werden besondere Anforderungen gestellt. Filmmusikkomponisten haben dafür gute Voraussetzungen. John Williams, der wohl bekannteste Filmmusikkomponist, komponierte die Musik zu den Indiana Jones-Filmen und -Games. Optimale Games-Musiken passen sich der momentanen Spieldynamik an. Es werden oft bestimmte Stimmungen wiedergegeben, die dynamisch überblendet werden, sobald sich die Spielsituation ändert. Für PC-Games eignet sich vorproduzierte Produktionsmusik genauso wie speziell komponierte Auftragsmusik oder Hits. Die einzelnen Vorteile der Musikarten wurden schon erläutert und sind analog auf Games anwendbar.

Bei Menüs, Ladebildschirmen etc. kann Produktionsmusik überproportional gut eingesetzt werden. Das gleiche gilt bei Musik im Hin-

tergrund der Spielszenen, also analog zur Source Music im Film. Da werden historisch oder geografisch authentische Musiken benötigt. Bei sehr komplexen Adventure Games mit den oben beschriebenen Stimmungsänderungen wird sehr gerne individuell für das Spiel komponiert. Es können in der Komposition ja auch Elemente der Produktionsmusik verwendet werden. Die Musik darf nicht »nerven«.
Bei Games gibt es viel mehr musikalische Wiederholungen als beim Film. Der Spieler ist außerdem sehr konzentriert, und das muss bei der Komposition von Games-Musiken berücksichtigt werden. Variable Musiktools sorgen für Abwechslung im Dauerspielbetrieb. Eine clevere Auswahl der musikalischen Klangfarben ist auch wichtig. Kompositorisch müssen die musikalischen Themen auch tragfähig und vollständig auskomponiert und arrangiert sein. Es ist für die Games-Entwicklung sehr vorteilhaft, wenn schon bei der Filmkonzeption Games-Konzepte berücksichtigt werden. Games haben andere Anforderungen an die Interaktivität und den Spannungsaufbau. Michael Land, der die Musik zur Monkey Islands-Games-Serie schrieb, betont, dass Computerspiele musikalisch sehr vielseitig sein müssen und Musik auch in Endlosschleifen noch hörbar sein muss.
Als deutscher Komponist hat Chris Hülsbeck das Genre Spielemusik stark geprägt.Es gibt aber auch viele andere gute Komponisten aus unterschiedlichen Bereichen, die sehr kreative Spielemusiken machen. Die Games-Industrie ist stark amerikanisch geprägt, gerne werden »buy outs«, also einmalige Pauschalzahlungen, an Komponisten gemacht. Es gibt daher in Deutschland einige festangestellte Komponisten, die Spielemusiken für ihre Produktionsfirma schreiben. Sie sind dann nicht Mitglied der GEMA. Dies ist nicht optimal, weil der musikalische Urheber am Erfolg seiner Musik im Medienprodukt angemessen beteiligt werden soll. Man kann über die Angemessenheit von Tarifen immer diskutieren. Einvernehmliche Lösungen lassen sich auch immer finden. Nach den Podsafe-Aktionen beim Podcast haben wir hier das zweite Medium, dass nicht hundertprozentig in der GEMA-Systematik beheimatet ist.
Es gibt in beiden Bereichen zwar viele GEMA-Mitglieder, aber nicht alle Komponisten und Musikwerke erfasst. Es gilt die GEMA-Vermutung, also dass alle aufgeführten und vervielfältigen Musik aus dem GEMA-Repertoire kommt, solange der Nutzer nicht das Gegenteil beweist. Games-Produzenten setzen ja auch Hits ein. Hier sind die Komponisten alle GEMA-Mitglieder. Ausnahmen machen die Musiklizenzierung immer etwas schwieriger. Durch die vielen illegalen Downloads ist die materielle Wertschätzung der Musik gesunken, obwohl immer

mehr Musik gehört wird und Musik im Leben der Menschen eine große Rolle spielt. Wenn es nicht mehr selbstverständlich ist, dass bei geplanter Musik in einem Produkt zuerst der Musikverlag gefragt und bezahlt wird und danach entsprechend die GEMA für Aufführung und Vervielfältigungsrechte, dann könnten Musiklizenzierungen generell »leichter vergessen« werden. Heute Podcaster und Games mit Sonderregelungen und morgen Kino? TV? etc?

Am 29.7.2007 hat Olaf Zimmermann, der Präsident des deutschen Kulturrats, offiziell verkündet, dass Computerspiele Kulturgut sind. Dies wird die Games-Industrie vorantreiben. Es drückt die kreative Anerkennung der Games aus und wird den Trend hin zu friedfertigen, intelligenten Spielen weiter fördern. Games spielen im crossmedialen Mix eine wesentliche Rolle, und gerade Deutschland hat die große Chance, durch Nischenprodukte seinen Anteil an der Produktion im Verhältnis zur U.S.A. auszuweiten.

Corporate Media; Browser Games Einsatz für Brands

Browser Games unterhalten und binden den Spieler intensiv für eine längere Zeit. Sie können gleichzeitig von vielen Spielern gespielt werden. Aus diesen Gründen eignen sich Games auch zur Einbindung in Firmenhomepages und in die Unternehmenskommunikation. Wichtig ist, dass die Games positiv sind, extrem einfach und schnell zu lernen und online leicht und schnell zu laden/zu öffnen. Die Games-Themen müssen zur Firmenphilosophie passen. Das Retro Game »Pong« auf der Seite der Stuttgarter Nachrichten ist dafür ein gutes Beispiel, aber auch das Inspirations-Spiel auf www.bmw.com. Browser-Games können auch gut mit einer Online-Community verbunden werden. Oft entwickeln sich Online-Communities um das Game herum. All diese Maßnahmen fördern das positive Firmenimage und binden die Kunden.

In Game Advertising

In Game Advertising (IGA) – kein Kinderspiel. »Wir emotionalisieren spielend Marken«. Der Claim der Firma IGA drückt sehr zutreffend die Vorteile von In Game Advertising aus. Der markt für Online-Spiele wächst jährlich im Durchschnitt um ca. 60 % und für Mobilspiele um 64 %. Bei der werbetreibenden Industrie gibt es noch Potential bei In

Game Advertising, weil das Medium Games von 14 % aller Mediennutzer genutzt wird, die Werbeausgaben aber nur 0,06 % ausmachen. Games werden im prozentualen Verhältnis ca. 250x mehr genutzt, als in ihnen geworben wird. Dies zeigt noch sehr viel Werbepotential. Im TV wird mehr für Werbung ausgegeben, als dies der Nutzung entsprechen würde: 40 % Nutzung stehen 50 % aller Werbeausgaben gegenüber. Bei Zeitungen ist das Verhältnis noch krasser: nur 5 % Nutzung, aber fast 35 % aller Werbeausgaben. Diese U.S.-Zahlen sind im Verhältnis auf Deutschland übertragbar.

TV- und Print-Werbung ist sehr etabliert. Aus Gewohnheit wird die Werbung dort sicher leichter weitergeführt. Die Werbung wirkt ja auch noch in diesen Medien, obwohl sie beim TV schon nachlässt. Der Anteil der jeweiligen Mediennutzung sagt aber viel über die Größe der Mediennutzergruppe aus. Das ist wichtig für die Werbung. Da Games sehr zeitintensiv sind, ist die Nutzungsdauer und damit die werbliche Erreichbarkeit der Kunden besonders hoch. 70 % der Spieler akzeptieren Werbung in Spielen, weil Werbung Realitätsnähe erzeugt.

Bei Dynamischen In Game Advertising (DIGA) ist die Realitätsnähe ganz wichtig. Fußballfans erwarten Bandenwerbung wie im Fußballstadion. Das gleiche gilt für Skirennen, Autorennen etc. Solche Werbung wird durch den starken Realitätsbezug als angenehm empfunden. Diesen Effekt kennt man von der Modelleisenbahn. Beim dynamischen In Game Advertising werden Werbebotschaften dynamisch in das Spiel hinein und aus dem Spiel heraus geschaltet. Das Spiel fungiert dabei faktisch wie ein Sender und wird temporär mit Werbeeinblendungen versorgt. Dies geschieht durch Ad Server wie man sie in Online Communities oder Online Shops kennt. Der Vorteil liegt in der gezielten Ansprache der Konsumenten und in der flexiblen Werbeschaltung. Die Organisation und Abwicklung ist erheblich einfacher als bei großen Games mit Produkt Placement, also statischem In Game Advertising.

Es werden Marken praktisch für immer in die Spiele eingebunden. Bei Spieleentwicklungen und Programmierung kann es leicht zu unvorhergesehenen Verzögerungen kommen. Die Abstimmung mit der Werbekampagne des Markenartiklers wird dann schwierig. Dem Markenartikler fällt es auch schwer, die lange Entwicklungszeit des Games abzuwarten. Seine Markt- und Produktanforderungen ändern sich ja auch ständig. Durch die steigende Medienkonvergenz wird in Zukunft dynamisches In Game Advertising auch in großen Konsolen-Games möglich sein. Advergames sind Games, die kostenlos abgegeben werden. Sie handeln von der beworbenen Marke. Die Werbeakzeptanz ist sehr hoch, weil sie kostenlos interessanten Mehrwert schaffen. Dazu kommt auch eine gewisse Exklusivität, weil der Markeninhaber entscheiden kann, wem er die Games zugänglich macht. Das bekannteste Advergame ist Moorhuhn, das für den Whiskey »Johnnie Walker« konzipiert wurde. Wichtig ist, dass Image von Produkt und Game perfekt zueinander passen. In Mafiaspielen oder dumpfen Ego Shooter-Spielen möchte niemand werben. Da Games eine höhere Konzentration als Fernsehen erfordern, darf die Werbung nicht ablenken. Es wurden deshalb neue Werbeformen erfunden, die ich auch gut in Online Communities eingesetzt werden. Musik verstärkt den Werbeeffekt Musik in In Game Advertising ist ein weiterer wichtiger Anwendungsbereich über die Vertonung von Games hinaus.

Die Musiknutzung erfolgt im Game wie bei TV-Spots, Radio-Spots, Events. Alles real wie im richtigen Leben. Bei Advergames gibt es noch weitere Musikeinsätze, weil hier z. B. die Firmenmusiken, Werbemusiken vermehrt zum Einsatz kommen können, weil Advergames ja kostenlos abgegeben werden und in der Regel eine positive Beziehung zu der werbenden Firma besteht. In diesem Bereich gibt es noch viele kreative Vermarktungsmöglichkeiten von Werbemusiken und Medienmusiken.

Zusammenfassung Musik
Musik wird in Games sehr stark eingesetzt. Sie muss besonderen Anforderungen genügen. Oft wird für Games-Helden ein eigenes musikalisches Thema von Auftragskomponisten komponiert. Auch Hits werden gerne eingesetzt, um die Game-Vermarktung anzukurbeln. Produktionsmusik wird vermehrt eingesetzt, besonders wenn sie intelligente Kombinationsmöglichkeiten bietet. Es werden alle musikalischen Genres verwendet.

Zusammenfassung Games
Games haben sich fest etabliert und werden auch im Bereich Fortbildung, »Gesundheitsvorsorge«, wie Gehirnjogging von allen Bevölkerungsschichten und Generationen genutzt. Sie finden auch verstärkt Verwendung im B2B-Bereich wie z. B. in Corporate Media für Brands. Da Games das reale Leben wiederspiegeln sollen, ist auch In Game Advertising sehr erfolgreich. Games werden auch verstärkt mobil genutzt. Games haben damit eine wichtige Schlüsselstellung in den Medien und sind als Kulturgut anerkannt. Dies bietet noch großes Wachstumspotential für die Musiknutzung.

10. Mobile Content

Ziel: Die besonderen Anforderungen an Mobile Content aufzeigen und die Bedeutung von Mobile Content im Medienmix darstellen.

Handy

»Hen die koi Schnur?« ist die sprichwörtlich gewordene schwäbische Erklärung des Ursprungs des Namens. Das Institut für deutsche Sprache in Mannheim mutmaßt, dass Wort sei auf »handlich« zurückzuführen. Erstaunlicherweise ist das Handy erst 17 Jahre alt. 1992 brachte Motorola mit »International 3200« das erste GSM-fähige Handy auf den Markt. Seit September 2007 gibt es von Quiao Xing Mobile Communication, einer der großen chinesischen Handyhersteller, ein Mobiltelefon im Uhrenformat mit allen Telefonfunktionen, Digitalkamera, UKW Radio und 1 Gbyte Flash Speicher.

Musik im Produkt

Klingeltöne
Das Handy ist persönlich und individuell. Ein Standardklingelton passt nicht mehr dazu. Bei der enormen Verbreitung von Mobiltelefonen merkt man kaum, wenn das eigene Handy klingelt. Diese beiden Gründe sind die Erfolgsfaktoren der Klingeltöne. Sie wurden ab dem Jahr 2000 vermarktet. Die Firma Jamba, im Jahr 2000 in Berlin gegründet, hat eine führende Rolle inne. 2004 gab es ausgehend vom amerikanischen Billboard die ersten Klingelton-Charts. Die Musikanforderungen sind: Hits werden gerade für ein junges Publikum gerne verwendet. Nationalhymnen, Klassik, bekannte »Gassenhauer« werden gerne als Produktionsmusik genommen; Auftragsproduktionen, sofern es Titelmelodien für bestimmte TV-Serien, Werbung etc. sind.

Zur Zukunft der Klingeltöne: »Der Markt für herkömmliche Klingeltöne entwickelt sich rückläufig.« Ein Grund dafür ist, dass sich Lieder in Originallänge heute bei den meisten Handys auch als Klingeltöne nutzen lassen«. »Der Markt für Handy-Downloads von kompletten Songs wird weiter rasant wachsen.« kommentiert BITKOM-Vizepräsident Berg die Verschiebung am Markt.

Neben den Klingeltönen haben sich weitere Nutzungsarten entwickelt: Wallpaper, also Bildhintergründe auf dem Handy. Ringback Tones verwenden Musik als Wartezeichen. Es gibt Handy Games, Mobile Betting, Location Based Services und Auktionen, also Mobile Entertainment, als neuen Medienzweig. Mobile Ticketing ist für Konzerte ein wichtiges Tool.

Corporate Media

Über das mobile Internet werden alle Internetfunktionen auch unterwegs abrufbar. Die im Kapitel »Internet« genannten Anforderungen an Inhalte und Musik sind übertragbar. Für das Handy müssen die Seiten und das Layout optimiert werden, wofür es Spezialisten gibt.

Mobiler Datenempfang: Über das mobile Internet hinaus gibt es ja weitere Datentransfers. SMS, MMS können Corporate Informationen enthalten. Jeder Mobilfunkbetreiber sendet eine Begrüßungs-SMS, wenn man die Landesgrenze überschreitet. Das mag nicht sonderlich attraktiv klingen, aber interessante, relevante News von Markenartiklern können es sein. Auch mobiles Lernen ist möglich. Da können Lerninhalte von unterwegs abgefragt oder ergänzt werden wie bei www.m-learning.info.

Ein PDA, Personal Digital Assistent, also ein kompakter, tragbarer Computer, der neben vielen anderen Funktionen Kalender, Aufgaben und Adressverwaltung hat, kann auch gut für Kundenbindung eingesetzt werden, weil Veranstaltungen, Messen, Termine etc. darüber gut zu kommunizieren sind.

Im mobilen Bereich müssen Corporate Inhalte und positive Imagekampagnen sehr vorsichtig kommuniziert werden. Bei einem Messevideo kann der Zuschauer entscheiden, ob er es sich anschaut. Beim Handy geht das nicht. Medieninhalte werden deshalb nur auf Wunsch zur Verfügung gestellt, also klassisches Pull-Marketing. Mobisodes sind extra für Handys oder andere mobile Endgeräte produzierte kurze Sendungen. TV-Sender stärken damit stark ihr Corporate Image und haben darüber hinaus auch noch die kostengünstige Möglichkeit, auf vorhandenes Filmmaterial zurückzugreifen oder produziertes, noch nicht gesendetes Material zu nehmen wie z.B. bei »The Simple Life« mit Paris Hilton. Eine große Menge Mobisodes findet man unter www.mobileaesthetic.de.

Wenn Firmen imagefördernde Informationen mit Nachrichten, Tips und anderen Mehrwerten unaufdringlich und als Pull-Medium verpacken, kann dies sehr stark zur Kundenbindung beitragen. Flüge lassen sich ja schon gut über das Handy buchen. Dieser Service kann gut mit weiteren hilfreichen Informationen über die Fluglinie ergänzt werden. Es gibt Potential für Handy-optimierte Corporate-Musiken.

Fazit: Die mobilen Medien ermöglichen eine Mediennutzung rund um die Uhr und überall. Dadurch werden sie größere Veränderungen schaffen, als man es sonst von neuen Medien kennt. Die Mediennutzer können mobil alles nutzen, vom TV-Empfang bis zum Surfen im Internet. Für die Werbewirtschaft werden die Konsumenten »rund um die Uhr« erreichbar. Die Mediennutzer können überall ihre gewünschten Inhalte konsumieren. Die mobilen Medien haben außerdem einen neuen Lifestyle und neue Kommunikationswege geschaffen. Man verabredet sich lockerer und spontaner. Man ist mit dem Handy ja gut erreichbar. Arbeit und Freizeit vermischen sich. Man kann E-Mails von unterwegs mobil abrufen. Das Handy bekommt Bezahlfunktionen und wird zum »Eintrittskartendrucker«. Games können mobil noch intensiver genutzt werden. Die mobilen Nutzungen schließen auch E-Mail, Datenbanken etc. ein. Die große Dynamik des mobilen Marktes wird durch private und geschäftliche Nutzungen erzeugt. Der mobile Markt wird deswegen sehr stark wachsen. Die stationären Medien wie TV werden immer mobiler und dadurch auch für Wachstum sorgen.

11. Mobile Marketing und Mobile Advertising

Ziel: Medienübergreifende Kommunikationskonzepte und den musikalischen Auftrag darstellen.

Mobile Marketing und Mobile Advertising gehören zum Mobile Commerce. Die medialen Botschaften müssen optimal an die mobilen Geräte angepasst werden. Das Ziel ist eine Ausdehnung der Wertschöpfungskette. Die Kunden werden immer mobiler; sie sitzen immer seltener berechenbar vor dem Fernseher. Die Werbebotschaften müssen sich darauf einstellen. Mobiles Marketing ist dafür eine Lösung.

Mobile Werbung hat folgende vier Charakteristika:

1. Pull-Marketing:
Dies bedeutet, dass der Konsument sich seine Produktinformationen selbst aus Interesse vom Markenartikler abholt. Der Vorteil für den Markenartikler ist eine besser Rezeption der Werbebotschaft durch den Empfänger. Er ist offen für die Werbebotschaft. Er hat Interesse am Produkt. Verlockend für Konsumenten sind Vorabinformationen über z. B. neue Trends und wo man sich als Trendscout registrieren kann und neue Produktlinien seines Lieblingsanbieters testet. Pull-Marketing funktioniert auch sehr gut in der Musik, indem Pre – Release-Informationen gegeben werden und Musikdownloads vorab. Pull-Marketing ist sehr gut für den B2C-Bereich geeignet, wird aber auch im im B2B- Bereich erfolgreich eingesetzt.

2. Location Based Marketing:
Es gibt Werbeformen, bei denen der Kunde im Vorübergehen Werbeinformationen per Bluetooth auf seinem Mobiltelefon empfangen kann. Es gibt auch Plakate mit Produktcodes, die man mit dem Fotohandy fotografieren und dann über die Nummer an einem Gewinnspiel teilnehmen kann.

3. Interaktives Marketing:
Dies wird die treibende Kraft der Werbung werden. Jeder Werber und Verkäufer weiß, wenn ein Kunde erst einmal ein Produkt in der Hand hat, ist er sehr viel leichter zu überzeugen, es zu kaufen. Interaktivität bedeutet auch sich mit dem Produkt zu beschäftigen. Ein gutes Beispiel sind die gezeigten AdGames.

DIE MUSIKNUTZUNG IN DEN MEDIEN

4. Virales Markting:
Virales Markting nutzt existierende soziale Netzwerke, um Aufmerksamkeit für Produkte zu erreichen. Das »Moorhuhn« als kostenloses Werbespiel des Whiskyherstellers Johnny Walker ist ein bekanntes Beispiel. Echtes Virales Marketing ist gegeben, wenn die Distribution, Preisgestaltung, Werbung und Produktausgestaltung zur viralen Verbreitung beitragen.

Best Case:
»Sabeer Bhatia und Jack Smith suchten bisher vergeblich nach Investoren für eine persönliche, passwortgeschützte Datenbank im Internet. Die Idee war gut und heute gibt es einige bei Banken, Verbänden etc. aber kein Investor wollte das damals. Der Venture Capitalist Draper Fisher Jurveston (DFJ) fand von dem ganzen Konzept nur einen kleinen Teil gut, einen kostenlosen werbefinanzierten E-Mail Service anzubieten. Am amerikanischen Unabhängigkeittag den 4.7.1996 ging es los. Logischerweise hatten an diesem wichtigen Tag kaum ein Journalist Zeit und Interesse darüber zu berichten. Geld für ein ausreichendes Werbebudget war auch nicht da. Bei Hotmail konnten Nutzer freiwillige Angaben zu ihrer Person machen. So erhielt Hotmail ebenfalls Hinweise darauf, wie sich die Informationen über den kostenlosen E-Mail Service in sozialen Netzwerken verbreiten. Mit jeder versendeten E-Mail bewarben die Nutzer die Dienstleistung von Hotmail. So gewann Hotmail innerhalb von nur sechs Monaten eine Million Nutzer.«

Wie viral ist ihr Produkt?
Dies ist eine ganz wesentliche Frage, denn es hat keinen Sinn, virales Marketing nur zu machen weil es trendy, erfolgreich und günstig ist. Es gibt viele Produkte, die sich nicht für virales Marketing eignen. Dazu gehören individuelle Sonderanfertigungen und Produkte, bei denen es zu wenig Interessenten mit gemeinsamen Interessen gibt. Wie gut wird ihr Produkt weiterempfohlen? Das bemerkenswerte am viralen Marketing ist, dass ein Produkt wirklich gut sein muss, um weiter empfohlen zu werden. Bei schlechten Produkten hätte es ja eine schlechte Mund-zu-Mund-Propaganda. Das Produkt muss aber auch interessant genug sein, um weiterempfohlen zu werden. Der Weiterempfehlende möchte durch seine Empfehlung Anerkennung und behilflich sein.
Wie ist der ideale Multiplikator für das Produkt? Es gibt gute Produkte, die auch gerne weiterempfohlen werden, nur fehlt der Multiplikator. Es gibt in den Bereichen vielleicht noch keine Online Communities

oder sonstige soziale Netzwerke. Die Story, die weitererzählt werden soll, muss gut sein und der USP, also die Unique Selling Proposition, das Einmalige des Produkts muss vorhanden sein.

Erklärungsbedürftige Produkte eignen sich weniger gut. Was erwarten die Multiplikatoren, um weiterhin am Ball zu bleiben? Sie erwarten kein Geld, sehen sich aber auch nicht als schlichte Handlanger. Multiplikatoren möchten gerne Anerkennung und vielleicht kleine Belohnungen, die sonst keiner bekommt, Previews, Vorabinformationen und ähnliches.

Der Hersteller Bionade hat 2007 den internationalen Werbe Award »Goldenes Ohr« gewonnen: den Jury-Preis und den Publikumspreis. Bionade produzierte seine Limonade eigenfinanziert und hatte kaum noch Kapital für Marketing und Außendienst. Man entschied sich notgedrungen für behutsames Wachstum. Ende 2000 entdeckte die Hamburger Werbeszene das Getränk für sich und betrieb sehr erfolgreich Mundpropaganda, also virales Marketing.

Fazit: Medienübergreifende Kommunikationskonzepte erreichen die potentiellen Kunden überall. Es gibt viele Synergien in der Werbegestaltung. Die Eigenschaft jedes Medium muss beachtet werden. Mobile ist wie Internet ein Pull Medium. Virale Kampagnen lassen sich dort gut umsetzen. Die Musik muss crossmedial optimal vernetzt sein.

Mobile Werbung wird lokal
Vodafone steigt mit dem Werbeangebot myCampaign in den Zukunftsmarkt der lokalen, mobilen Internet-Werbung ein. Kleine und mittelständische Unternehmen können lokal begrenzte mobile Werbekampagnen direkt einbuchen und gleichzeitig eine eigene Website (Landing Page) im mobilen Web erstellen. Sie definieren Zielgruppe und Schaltungszeitraum. Dieses Konzept ist vielversprechend, weil das Internet gewissermaßen lokal wird (Zukunftstrend). Bisher wurde viel zu lange der erfolgreiche Mittelstand von Werbung ausgeschlossen. Bevor es z. B. lokale Privatradios gab, konnten nur große Firmen nur Deutschlandweit und nur in den großen Medien werben. In lokaler Werbung liegt daher eine große Chance. Das Handy ist für mobile Werbung ein sehr geeignetes Medium. Verbunden mit Navigation können Werbetreibende gleich ihre Kundschaft ins Geschäft locken. Das Handy ermöglicht außerdem eine sehr persönliche Ansprache.

Musik in mobilen Anwendungen
Musik wird überwiegend in Form von Klingeltönen vermarktet, zur Unterstützung von Corporate Medien-Inhalten und in der mobilen

Werbung. Die mobile Werbung wird langfristig enorm zunehmen und einen großen Bedarf an guter Musik haben. Es werden nicht nur die TV- und Internet-Werbespots mobil, sondern es werden auch viele Werbespots extra für Mobiltelefone und andere mobile Anwendungen produziert werden. Die Konsumenten sind mobil und dort eher werblich anzusprechen als etwa stationär im Fernsehen.

Zusammenfassung
Mobile Content und Mobile Advertising sind die zukunftsträchtigsten Anwendungen, auch wenn die Nutzung heute noch hinter den traditionellen Medien zurückbleibt.
Die Konsumenten sind mobil am besten zu erreichen. Das Handy ist ein sehr persönliches Medium. Dort geschaltete Werbung kann direkt zum Kauf von Produkten führen. Von Film bis Games sind alle Anwendungen auf dem Handy und anderen mobilen Devices nutzbar. Schwierigkeiten wie kleines Display, schwierigere Bedienung etc. werden schneller behoben sein, als viele denken.

12. Hörbücher

Ziel: Hörbücher als eigene Kunst- und Mediengattung erkennen und Musik gewinnbringend, aber dezent einsetzen.

Grundlagen

Der Download von Hörbüchern aus dem Internet wird immer beliebter. Die Deutschen haben nach Angaben des Branchenverbandes BITKOM im Jahr 2007 rund 700.000 Hörbücher auf ihre PCs geladen, das sind 53 % mehr als im Vorjahr. Der Durchschnittspreis eines Hörbuchs ist auf rund zehn Euro gesunken.

Das Hörbuch unterscheidet sich stark vom Hörspiel. Das Hörspiel ist ein eigenes literarisches Genre und hat seinen Ursprung im Radio. Seine Entwicklung ist eng mit der Theater und Filmgeschichte verbunden. Musik spielt im Hörspiel eine wichtige dramaturgische Rolle. Soundeffekte und Geräusche erzeugen Spannung, Angst, Mitgefühl und schaffen treiben wie beim Film die Handlung voran. Die Musikauswahl ist dem Film ähnlich. Die Musik muss wie im Radio »Bilder im Kopf erzeugen«. Es sind ja keine unterstützenden Filmbilder vorhanden. Die Spannung wird durch stärkere musikalische Klischees und Spannungselemente erzeugt.

Das Hörbuch hat eine ganz andere Geschichte und eine andere Zielsetzung. 1954 wurde in Marburg die erste Blindenhörbücherei gegründet. Ab 1972 gab es erste Kooperationen mit Radiosendern. Der wirtschaftliche Durchbruch wird ab ca. 1995 gesehen. Die ersten Hörbücher basierten auf Filmen. Es folgte dann immer mehr große und aktuelle Literatur. Das Hörbuch basiert auf der Tradition des Erzählens und verschafft der Lesung eine unverhoffte Renaissance. Prominente Sprecher sind die Zugpferde.

Hörbuch-Download

Der Arbeitskreis Hörbuchverlage im Börsenverein des Deutschen Buchhandels e.V. zieht aus seiner Branchenumfrage Oktober 2006 folgende Ergebnisse:

Über 52 % der Verlage nutzen Download-Portale für Hörbücher, die Umsätze betragen aber bisher nur ein Prozent vom Gesamtumsatz. 90 % aller Verlage akzeptieren das Verfahren, nur ca. 10 % sind skeptisch. Dies sind vor allem kleinere Verlage. Das ist verständlich, weil diese weniger Produkte haben, der grundsätzliche Aufwand aber für alle Verlage gleich ist. Auch die 50-Plus-Generation nutzt Downloads. Es ist vorteilhaft, Downloads günstiger anzubieten, und 58 % der Käufer macht es nichts aus, bei Downloads keine persönliche Beratung zu haben.

Musik im Hörbuch

Das Hörbuch basiert auf der Kraft des Wortes und dem Charisma des Sprechers. Vor diesem Hintergrund wurde oft nicht an die Verwendung von Musik gedacht, weil befürchtet wurde, dass die Musik ablenkt. Es gibt da gewisse Analogien zum Stummfilm, bei dem ebenfalls befürchtet wurde, dass die Einführung des Tonfilms die schauspielerische Darstellungskraft, besonders die Gestik und Mimik, zerstören wird.

Heute ist Musik ein fester Bestandteil von Hörbüchern geworden. Zwar verwendet nicht jedes Hörbuch Musik, denn dies hängt vom Inhalt ab. Die Musik muss zum Inhalt passen. Die Musik wird als Eröffnungsmusik eingesetzt oder zwischen den Kapiteln. Sie kann auch sehr dezent im Hintergrund laufen. Ruhige Klavierstücke, Gitarrenwerke oder klassische Musik: eine ruhige Atmosphäre ist gefragt.

Das Hörspiel im Radio erzeugt beim Zuhörer Bilder im Kopf. Das Hörbuch regt darüber hinaus noch stärker die Phantasie an und deshalb wird auf dramatische Elemente verzichtet und die Lesung steht stark im Vordergrund. Da die Themen auf Hörbüchern auch Wirtschaft, Reisen etc. umfasst, wird auch entsprechende Musik benötigt. Produktionsmusik wird sehr stark genutzt. Hits sind für Hörbücher im Verhältnis etwas teuer. Es werden auch Auftragskompositionen für Hörbücher gemacht. Dies lohnt sich allerdings erst bei eher größeren Produktionen und höheren Auflagen.

Hörbücher mit Corporate Inhalten

Eine Besonderheit sind Firmen-Hörbücher, die das Leistungsangebot und die Firmengeschichte erzählen. Es gibt auch Hörbücher für z. B. den Außendienst. Hier werden Produktinformationen oder Verkaufstrainings vermittelt. Musikalisch werden hier Corporate Musiken für die Außendarstellung genommen und sehr neutrale, unaufdringliche Musiken für die internen Produktinformationen. Die Musik hat in beiden

Fällen das Ziel, die Aufmerksamkeit für die Informationen zu schaffen und eine angenehme Atmosphäre herzustellen.

Hörbücher und Werbung

Individuelle Hörbücher sind gute Marketinginstrumente in der Unternehmenskommunikation und können wie Premium-Musik-Cds gut von Markenartiklern als Geschenk eingesetzt werden. Die Hörbuchthemen werden so ausgesucht, dass es eine perfekte Verbindung zwischen Hörbuch und Markenartikler gibt. Es gibt Internet-Portale wie www.vorleser.de, die durch Werbeschaltungen finanziert, Hörbücher zum kostenlosen anhören anbieten. Die (Hör-)Buch Verlage setzen stark auf virales Marketing, indem es immer wieder kostenlose Teaser für Hörbücher gibt. Hörbücher sind zwar eine eigenständige Kunst, aber auch Promotion für Buchverlage.

Zusammenfassung Hörbuch

Das Hörbuch ist sehr etabliert und besonders der Nutzen unterwegs im Auto etc. in spannende Welten abzutauchen, wie es sonst nur ein Buch leisten kann, ist groß. Ein weiterer Vorteil liegt in der schnellen Vermittlung des Inhalts. Ein Hörbuch kann schneller konsumiert werden als ein Buch. Hörbücher sind ein guter Gegenpol zur Bildüberflutung in anderen Medien wie Kino, TV und auch immer mehr Internet. Hörbücher sind auch für Sachthemen gut einsetzbar und sprechen alle Generationen an. Bekannte Sprecher sind ein starkes Vertriebsargument. In Hörbüchern wird zunehmend Musik eingesetzt.

13. Existenzgründungen in der Kreativwirtschaft

Nachdem alle Bereiche der Kreativwirtschaft in Verbindung mit der Musiknutzung vorgestellt wurden und die Kreativwirtschaft als ein wachstumsstarker und zukunftsträchtiger Wirtschaftszweig betrachtet wurde, ist es sinnvoll, Perspektiven in diesem Wirtschaftsbereich aufzuzeigen. In keinem anderen Wirtschaftszweig gibt es mehr Möglichkeiten zur Selbstverwirklichung und erfolgreicher Firmengründung. Da aber auf der anderen Seite viele Selbständige in diesem Bereich nicht gerade üppig verdienen, ist es wichtig, profitable und zukunftsträchtige Geschäftsmodelle aufzuzeigen. Der Autor ist ein »Business Angel Kreativwirtschaft« und als zertifizierter Existenzgründungsberater auf Gründungen in der Musikwirtschaft im speziellen und in der Kreativwirtschaft im allgemeinen spezialisiert. Acht Jahren Erfahrung als Juror und Coach beim Münchener Businessplan-Wettbewerb fließen in die Betrachtung des Gründermarktes neben Studien und anderen Informationsquellen ein.

Über Jahrhunderte waren die klassischen Produktionsfaktoren: Boden, Arbeit und Kapital im 19. Jahrhundert ergänzt um den technischen Fortschritt. Der technische Fortschritt wurde zum wichtigsten Faktor. In der globalisierten Welt wird der technische Fortschritt zum Wettbewerber immer kleiner. Die Qualität der technischen Produkte gleicht sich immer mehr an. Es spielen Design, Funktionalität und Inhalte eine immer größere Rolle. Hier können gute Ergebnisse nur mit hoher Kreativität erreicht werden. Kreativität wird deshalb zum entscheidenden Erfolgsfaktor. Kreativität ist nicht nur bei der Produkterstellung und Produktion von Medieninhalten gefragt, sondern auch in Marketing, Werbung, Sponsoring und Vertrieb. Kulturell attraktive und offene Orte ziehen kreative Menschen an. So gibt es Cluster von kreativen Menschen mit verknüpftem Wissen. Dies zieht Unternehmen an und Arbeitsplätze entstehen, oder die Kreativen gründen selbst Firmen und schaffen Arbeitsplätze. In Deutschland seien exemplarisch Berlin, Köln, Hamburg und München genannt.

Ein gutes Beispiel ist Berlin. Berlin hat seit 1991 ca. 185.000 Arbeitsplätze im verarbeitenden Gewerbe verloren. Im unternehmensnahen Dienstleistungsbereich wurden aber ca. 160.000 neue Arbeitsplätze geschaffen. In der Kreativwirtschaft gibt es überproportionale Zuwächse. Circa 8,5 % der sozialversicherungspflichtig Beschäftigten waren 2006 in der Kreativindustrie beschäftigt und die Branche weist überdurchschnittliches Wachstum auf. Dieser Wirtschaftszweig ist inzwischen größer als die verarbeitende Industrie. Berlin hat viele Subkulturen, deren Vielfalt Kreativität begünstigt. Firmen in der Kreativwirtschaft sind in der Regel auch sehr gut partnerschaftlich vernetzt. (Quelle: Amt für Statistik Berlin-Brandenburg)

Existenzgründungen in der Kreativindustrie sind sehr erfolgsversprechend. Dafür gibt es diverse Gründe, die in ihrer Gesamtheit die ganze Branche stabilisieren.

1. Das Fundament der Kreativwirtschaft sind kreative Ideen.
Dieses Ideenkapital ist personenbezogen. Es lässt sich nicht einfach in »Billiglohnländer« auslagern. Es lässt sich nicht so leicht wie manche Maschinen auseinandernehmen und nachbauen. Wer einem Kreativen eine Idee klaut, kann damit einmal Erfolg haben. Danach wird der Kreative immer wieder weitere Ideen haben und der »Ideendieb« steht danach wieder vor dem Nichts.

2. Kreativität schafft Wettbewerbsvorteile in allen wirtschaftlichen Funktionen.

3. Kreative Produkte
Mit Kreativität kann man Kundenfreundliche und attraktive Produkte erzeugen.
Beispiel: Der Games Hersteller Nintendo hat es schwer, seine Mitbewerber technisch zu schlagen. Mit Kreativität wurde Nintendo Wii entwickelt, bei dem sich die Spieler selbst sportlich bewegen.

4. Kreativer Vertrieb
Kreative Vertriebsstrategien sind sehr erfolgsversprechend, weil sie sich von der Masse der Konkurrenten abheben. In der Regel sind kreative Strategien auch kostengünstiger umzusetzen, weil traditionelle, teure Vertriebswege umgangen werden können.
Beispiel: Longtail-Buchvertrieb. Jedes Buch findet seine Käufer. Der stationäre Buchhandel kann nur eine begrenzte Anzahl verschiedener Büchern anbieten. Es gibt keine Buchhandlung, die groß genug wäre, jedes Buch anbieten zu können. Die Kosten würden außerdem in keinem Verhältnis zum Erlös stehen. Die Vertriebsform Internet und da spezielle www.amazon.de hat einen neuen kreativen Vertriebsweg geschaffen. Über Amazon ist nahezu jedes Buch verfügbar. Die Kaufinteressenten

finden leicht ihre Wunschbücher über ein ausgeklügeltes Suchsystem und erhalten zentral Informationen zu ihrem Wunschbuch. So ist durch Kreativität aus einem unrentablen Geschäft mit »Kleinkram, der nicht lohnt« ein profitables Millionengeschäft geworden.

5. Kreatives Marketing
Kreatives Marketing wirkt sehr gut und ist sehr viel kostengünstiger als traditionelles Marketing. Zum kreativen Marketing gehört Sponsoring, das sich gerade durch kreative Konzepte und Emotionalisierung der Produkte auszeichnet. Virales Marketing, also die Verbreitung von Marketinginhalten über das Internet ist sehr erfolgreich und wird immer mehr genutzt. Guerilla-Marketing kommt mit wenig Kapital und einfachen Mitteln aus, erfordert aber sehr viel Kreativität.

Die Geschäftsmodelle in der Kreativwirtschaft

1. Projektansatz
Es werden Leistungspakete für einen Auftraggeber erstellt. TV-Produzenten erstellen z.B. einen Film für einen Fernsehsender. Nach Abschluss dieser Arbeit kann der Filmproduzent für andere TV-Sender arbeiten und der TV-Sender kann sich weitere Partner suchen oder den TV-Produzenten erneut beauftragen. So werden z.B. alle Dokumentarfilme für die deutschen TV-Sender erstellt. Der Vorteil liegt in der vielfältigen Kreativität, die sich durch verschiedene Produzenten ergibt. Der TV-Sender bekommt so kreative Filme. Den TV-Filmproduzenten kommt es auch zugute, immer verschiedene Auftraggeber zu haben und damit immer wieder neue kreative Herausforderungen. Die TV-Produzenten haben in der Regel ein starkes Partnernetzwerk, um speziellen technischen Anforderungen gerecht zu werden. Dies ist kostengünstiger, als selbst z.B. alle Tricktechnik zu kaufen, und die Produktionen werden so kreativer.

Das Finanzierungsrisiko von Projekten ist überschaubar, weil ja schon ein Auftrag vorliegt. Als Riskio sind nur noch die Termintreue und die Ausführungsqualität zu sehen. Das ist gut, weil nur das Herstellerrisiko abgesichert werden muss. Es werden aber keine eigenen Werte geschaffen, sodass eine Risikoabsicherung durch Werte entfällt. Die ALG-Unternehmensgruppe z.B. (www.alg-unternehmensgruppe.de) bietet projektweise Sponsoringberatung, Existenzgründungsberatung und Unternehmensberatung für die Kreativindustrie. Der Kunde spart gegenüber jeder Festanstellung sehr viel Geld und profitiert von der Kreativität, die durch die verschiedenen Projekte erzeugt wird.

2. Dienstleistungsansatz
Werbeagenturen rechnen für Grafiker, Programmierer, PR Profis, Marketing Fachleute, Sponsoringberatung etc. oft auf Stundenbasis mit ihren Auftraggebern ab. Die Auftragnehmer haben den Vorteil, nur für die effektiv geleistete Arbeit zahlen zu müssen. Es gibt keinen Headcount, keine festen, permanenten Grundkosten, und sehr oft ist schon mit wenigen Beratungsstunden sehr viel spezielles Know-how gewonnen, dass sich sofort gewinnsteigernd umsetzen lässt.
Wachsender Beliebtheit erfreuen sich auch Inhouse-Seminare. Die Inhalte können stärker firmenspezifisch ausgerichtet werden, was den Nutzen enorm steigert. Es entfallen Reisekosten für die Teilnehmer und die Abwesenheitszeiten werden minimiert. Firmeninterne Seminarräume und Verpflegung reduzieren die Grundkosten erheblich. Die Inhouse-Seminare sind somit nicht nur zielgerichteter als allgemeine Seminare, sondern auch noch preiswerter. Der offene Seminarmarkt wird aber trotzdem noch sehr stark gebraucht, da sich nicht jedes Thema für Inhouse-Schulungen eignet und ausreichend Teilnehmer generieren kann.
Beim Dienstleistungsansatz wird in der Regel wenig Kapital benötigt. Das Ausfallrisiko besteht darin, nicht genügend Kunden zu finden. Dieses Risiko kann aber durch innovative Beratungsansätze, Einzigartigkeit der Beratung und frühzeitige Kundenakquise minimiert werden.

3. Vermögensaufbauansatz
Ziel dieses Ansatzes ist die Auswertung von immateriellen Vermögensgegenständen. Dazu gehören Musikverlage mit ihrem Repertoire an Musikrechten. Auf Medienmusik ist der Auster Medienmusikverlag (www.auster-medienmusik.de) spezialisiert. Dieser Ansatz findet sich aber auch bei Internetportalen und Internet-Communities. So hat z.B. das Business Netzwerk XING mit seiner Nutzergemeinde hohe immaterielle Werte. Ein weiteres Beispiel ist die erste deutsche Social Commerce-Plattform www.eadeo.de.
Beim Vermögensaufbauansatz gibt es in der Regel einen höheren Investitionsbedarf, der durch Außenfinanzierung oder Innenfinanzierung gedeckt werden muss. Eine Bewertung des Geschäftsmodells ist schwierig und damit risikobehaftet. Durch das geschaffene Firmenvermögen werden aber Sicherheiten erzeugt.

EXISTENZGRÜNDUNGEN IN DER KREATIVWIRTSCHAFT

Die Kreativwirtschaft ist ein großer Markt:

Buchverlage und Musikverlage	5.191 Mrd. Euro
Software/Games	4.177 Mrd. Euro
Designbüros	4.041 Mrd. Euro
Rundfunk/TV Unternehmen	2.715 Mrd. Euro
Architekturbüros	1.460 Mrd. Euro
Handel mit Büchern, Musik, Kunst	1.391 Mrd. Euro
Filmwirtschaft mit TV Produktion	1.124 Mrd. Euro
Darstellende Künste, Musik, Literatur	1.286 Mrd. Euro
Journalisten, Nachrichtenbüros	311 Mio. Euro
Museumsshops, Kunstaustellungen	95 Mio. Euro

(Quelle: Arbeitsgemeinschaft Kulturwirtschaft NRW 2007, 26, Übersicht 2.2.3)

Anzahl der Unternehmen der Kreativwirtschaft:

Designbüros	Jahr 2000: 6.901 Jahr 2005: 8.777 Wachstum
Darstellende Künste	Jahr 2000: 7.112 Jahr 2005: 8.027 Wachstum
Journalisten	Jahr 2000: 2.844 Jahr 2005: 3.684 Wachstum
Handeln mit Büchern, Musikalien, Kunst	2.049 Jahr 2005: 1.989 Schrumpfung
Verlagsgewerbe	Jahr 2000: 2.035 Jahr 2005: 1.972 Schrumpfung
Filmwirtschaft mit TV-Produktion	Jahr 2000: 1.595 Jahr 2005: 1.793 Schrumpfung
Museumsshops, Kunstausstellungen	225 Jahr 2005: 274 Wachstum
Rundfunk, TV-Unternehmen	Jahr 2000: 170 Jahr 2005: 214 Wachstum

Diese Zahlen zeigen, dass sich in der Kreativwirtschaft viele neue Unternehmen gebildet haben. Das zeugt von großer Dynamik der Kreativwirtschaft. Allerdings ist der Gesamtmarkt nicht so stark gewachsen wie die prozentuale Zunahme der Anzahl an Unternehmen, sodass die Durchschnittsumsätze pro Unternehmen gesunken sind.

Herausforderungen der Kreativwirtschaft

Obwohl die Kreativindustrie insgesamt zukunftsträchtig ist, gibt es immer noch Finanzierungsvorbehalte. Ein Grund ist sicherlich, dass die Kreativwirtschaft oft immaterielle Wirtschaftsgüter hat. Dazu kommt eine häufig auf die Vergangenheit fixierte Bewertung der Wirtschaft und eine traditionelle Bevorzugung von materiellen Wirtschaftsgütern. Bei Banken und Investoren ist zudem das Fachwissen und die Erfahrung mit immateriellen Wirtschaftsgütern noch nicht optimal entwickelt. Es ist aber auch schwieriger, immaterielle Wirtschaftskonzepte zu beurteilen. Es gibt spezialisierte Unternehmensberater und Existenzgründungsberater für diese Bereiche wie z. B. www.alg-gruenderberatung.de Es werden sich auch weitere neue Investorenmodelle etablieren. Firmen wie Enthart Consulting oder De Christos Management GmbH bieten Investoren aus der Kreativwirtschaft neue Beteiligungsmöglichkeiten an zukunftsträchtigen Unternehmen. Es entwickelt sich auch langsam das Sponsoring Investment. Die Idee dahinter besagt, dass Sponsoren ganz normal für ihr Engagement eine Gegenleistung bekommen. Die Gegenleistung ist bei noch engerer Einbindung der Sponsoren in die Zukunft verschoben, sodass der Sponsor zum Investor wird.

In der Kreativwirtschaft finden sich überproportional viele KMUs, also kleine und mittelgroße Unternehmen. Deutsche KMUs haben im europäischen Vergleich zu wenig Eigenkapital. Hier muss die Unternehmensbesteuerung reformiert werden. Eigenkapital ist wichtig als Sicherheit für etwaige Gläubiger und es kann Umsatzeinbrüche abfedern. Eine gute Eigenkapitalquote führt außerdem zu einem besseren Zinssatz für Fremdkapital.

Fördermöglichkeiten für Existenzgründer in der Kreativwirtschaft

Die Förderung für Existenzgründer beruht auf drei Säulen:
1. Hilfe zum Lebensunterhalt
2. Förderung fachlicher Beratung
3. Vergünstige Kredite

1. Hilfe zum Lebensunterhalt
Viele Existenzgründer bauen sich aus der Arbeitslosigkeit heraus eine neue Existenz auf. Die Agentur für Arbeit bietet dafür den Gründungszuschuss. Der Gründungszuschuss entspricht dem Arbeitslosengeld, also ALGI plus 300 Euro Zuschuss monatlich für die Renten- und Krankenversicherung. Der Existenzgründer wird dann nicht in eine abhängige Beschäftigung vermittelt, sondern kann sich voll auf seine Existenzgründung konzentrieren. Der Gründungszuschuss hat die Aufgabe, Arbeitslosigkeit dauerhaft zu überwinden. Dies wird durch erfolgreiche

Existenzgründung erreicht. Er soll zusätzliche Arbeitsplätze schaffen, was bei den meisten Existenzgründungen langfristig auch der Fall ist. Der Gründungszuschuss kann erst nach einem Tag Arbeitslosigkeit beantragt werden. Er soll nicht dazu animieren, seine Festanstellung wegen einer selbständigen Tätigkeit aufzugeben. Es gibt trotzdem viele Existenzgründer, die nicht mehr warten, bis sie in der Wirtschaftskrise ihren Job verlieren, sondern selbst kündigen und dafür eine dreimonatige Kürzung der Förderungen in Kauf nehmen.

Die Agentur für Arbeit möchte die Förderungen gezielt und effizient einsetzen, hat aber keine unternehmerische und branchenspezifische Erfahrung. Sie verlangt daher eine fachkundige Stellungnahme, welche das Unternehmenskonzept sachlich fundiert, im Idealfall mit Branchenerfahrung beurteilen kann. So können die Förderungen gezielt für erfolgsversprechende Gründungen vergeben werden. Auf fachkundige Stellungnahmen für die Kreativwirtschaft spezialisiert, KFW-gelistet und IHK-Partner ist die www.alg-gruenderberatung.de. Der Ablauf des Antrag beim Gründungszuschuss ist wie folgt:

1. Arbeitslos melden. Es wird das Arbeitslosengeld für die Ermittlung der Höhe des Gründungszuschusses berechnet.
2. Mindestens einen Tag arbeitslos sein, dann alle Formulare für die fachkundige Stellungnahme anfordern.
3. Kurzen Businessplan, bzw. Kurzkonzept Unternehmensgründung erstellen.
4. Alle persönlichen Daten wie Lebenslauf, Zeugnisse, Ausbildung beilegen.

Es ist sehr empfehlenswert die fachkundige Stellungnahme von einem branchenkundigen Experten und/oder einer KFW-gelisteter Beratungsfirma machen zu lassen. Es geht schließlich um die Zukunft des Existenzgründers. Wenn das Geschäftsmodell nicht tragbar ist, wird jeder seriöse und verantwortungsvolle Berater von einer Existenzgründung abraten, auch wenn ihm dadurch Beraterhonorare verloren gehen. Ein qualifizierter und branchenkundiger Berater kann mit seiner Erfahrung mit wenigen Änderungen und einigen guten Ideen ein tragfähiges Konzept schaffen. Zweitens geht es ja auch um den Existenzgründungszuschuss, der bis ca. 20.000 Euro betragen kann. Es wäre sehr schade wenn ein Existenzgründer mit einem guten Konzept diese Förderung »verspielt«, weil er oder ein unkundiger Berater die fachkundige Stellungnahme nicht ernst genug nehmen. Eine fundierte fachkundige Stellungnahme lässt sich nicht eben schnell per Internet erstellen. Ein verantwortungsvoller Berater setzt sich intensiv mit dem Existenzgründer auseinander. Wenn dann eine fachkundige Stellungnahme 300-400 Euro kostet, ist dies gut investiertes Geld. Eine renommierte fachkundige Stelle, die auch vom Arbeitsamt anerkannt ist, ist www.alg-gruenderberatung.de. Die ALG Gründerberatung ist auch auf spezielle Musikförderprogramme spezialisiert und bindet Sponsoring für Firmengründer ein.

Die zweite Säule der Existenzgründungsförderung ist das Gründercoaching. »Meistens brauchen diejenigen die meiste Beratung, die meinen alles selbst gut zu können«, heißt es in Beraterkreisen. Existenzgründer brauchen Selbstbewusstsein und sie sind Chefs. Da fällt es vielen schwer, bei einer Firmengründung Hilfe von Beratern anzunehmen. Hilfe ist aber sehr häufig dringend erforderlich. Viele Existenzgründer in der Kreativwirtschaft haben ihre besondere Stärke im Kreativen. Dies kann Design, Programmierung, Musik, Kunst, Kultur etc. sein. Die betriebswirtschaftlichen Seiten einer Existenzgründung sind somit oft nicht abgedeckt. Es gibt auch kombinierte Studien wie Medienwirtschaft, aber da ist nicht immer gesagt, dass der Gründer sich mit BWL in der Praxis auch fundiert auseinander setzen möchte.

Sehr häufig sind auch Existenzgründer mit starkem technischem Hintergrund, sodass dort auch häufig BWL-Kenntnisse fehlen. Ein guter Existenzgründungsberater kann wertvolle Hilfe leisten. Drittens haben selbst gute Betriebswirte und gestandene Geschäftsführer oft keine Gründererfahrung. Existenzgründung ist ein sensibler Bereich, in dem selbst »alte Hasen« noch viele Fehler machen können. Außerdem ändern sich häufig Gesetze und Fördermöglichkeiten, sodass sich nicht jeder selbst um diese Dinge kümmern kann.

Gute Existenzgründungsberater haben vielfältige Existenzgründungserfahrung durch ihre unterschiedlichen Kunden und sind selbst im Idealfall erfolgreiche Gründer und Unternehmer, damit ihre Beratung praxisorientiert und aktuell ist. Experten für die Kreativwirtschaft sind sinnvoll, weil einige Anforderungen fundamental anders sind als etwa im produzierenden Gewerbe. Es ist auch sinnvoll, Berater mit einem starken Branchennetzwerk zu haben, sodass die Existenzgründer sofort Geschäftsbeziehungen aufbauen und nutzen können.

Das Gründercoaching wird vielfältig gefördert. Existenzgründungen aus der Arbeitslosigkeit (ALGI) werden zu 90% bis zu 4.000 Euro gefördert. ALGII gilt analog. Hier kann es noch 5.000 Euro für notwendige Geschäftsausstattung, also PC, Büromöbel, Auto etc. geben. Das Vorgründungscoaching wird bis zu 70% und bis zu 8.000 Euro gefördert. Alle Unternehmen, die jünger als fünf Jahre sind, können das zu 50% geförderte Gründercoaching in Anspruch nehmen. Von der Förderung ausgeschlossen sind Steuerberatung und Rechtsberatung. Unternehmensberater bekommen auch keine geförderte Beratung. Der Existenzgründungsberater muss KFW-gelistet sein. Beraten wird bei der Erstellung eines Businessplans. Es ist sinnvoll, den Existenzgründer aktiv einzubinden, damit er den Businessplan voll erfasst und die Sprache authentisch ist. In allen Formalitäten wird beraten, dazu weden generelle Gründertipps gegeben, die viel Zeit und Geld sparen. Die Erstellung eines Marketingplans kann gefördert werden, wobei der Autor einer der wenigen Experten ist, der Sponsoring bei Firmengründungen zur Markenpositionierung und Imagebildung einsetzt. Die Beratung soll nachhaltig sein und nicht zu abrupt enden. Eine anschließende Coachingphase hilft dem Gründer auf dem weiteren Weg zur Selbständigkeit.

Die dritte Säule der Förderungen sind vergünstigte Kredite. Die KFW, Kreditanstalt für Wiederaufbau, hat diverse Programme, die staatlich gefördert sind. Diese Programme werden über die Hausbank des Antragstellers abgewickelt. Es gibt sehr viele Programme für Existenzgründer. Die zur Zeit wichtigsten Programme sind:

1. KFW-Startgeld
Mit dem KFW-Startgeld werden Existenzgründer, Freiberufler und kleine Unternehmen gefördert, die weniger als drei Jahre am Markt tätig sind und die nicht mehr als 50.000 Euro finanzieren müssen. Eigenmittel, also die Summe, die Existenzgründer »aus eigener Tasche« aufbringen, werden abgezogen und dann die Kosten für die Firmengründung (Investition und Betriebsmittel) bis zu 100% finanziert.

Die KFW erteilt 80% Haftungsfreistellung für die Hausbank. Dies wird von Existenzgründern oft so missverstand, dass sie »80% der Kreditsumme geschenkt bekommen«. Dies ist nicht der Fall. Der Kreditnehmer besichert den Kredit genauso wie bei voller Haftung der Hausbank. Die Hausbank hat nur 80% weniger Risiko und ist dadurch eher bereit, einen Kredit zu geben.

Beispiel: Der Gründer des Musikverlags »Magic Music« beantragt 50.000 Euro KFW-Startgeld. Die Hausbank fragt dann nach seinen Sicherheiten. Wenn der Gründer z.B. eine Eigentumswohnung hat, die z.B. 71.428 Euro wert ist, gibt die Hausbank z.B. auf bis zu 70% des Wertes Kredit. 70% von Euro 71.428 Euro sind Euro 50.000.

Normalerweise hat die Hausbank ein Kreditrisiko von Euro 50.000.

Wenn der Magic Music Musikverlag in Konkurs geht, muss der Gründer der Bank seine Eigentumswohnung überschreiben. Die Bank muss dann versuchen aus dem Verkaufserlös ihre Euro 50.000 wieder zu bekommen, nebst Zinsen. Sie hat also Risiko und Arbeit. Wenn im ungünstigsten Fall die Bank für die Eigentumswohnung nur Euro 10.000 bekommt, macht sie Euro 40.000 Verlust bei diesem Kreditgeschäft. Durch die 80% Haftungsfreistellung der KFW würde die Bank in obigem Fall nur 20% von Euro 40.000 Verlust machen, also Euro 8.000,-. Die KFW müsste Euro 32.000 Verlust tragen. Das Verlustrisiko der Hausbank ist durch die Haftungsfreistellung deutlich vermindert. Dies erhöht die Bereitschaft der Bank, Kredite zu geben. Die Anforderungen an die Sicherheiten des Kreditnehmers sind aber sehr streng und die Beleihungswerte sehr gering, sodass obiges Beispiel nicht sehr häufig eintritt.

Gründer in der Kreativwirtschaft haben es schwerer an Kredite zu kommen, weil ihre immateriellen Güter nicht so leicht beleihbar und veräusserbar sind, wie Maschinen in einem Handwerksbetrieb. Die staatliche Förderung von Firmengründern durch die KFW Bank lohnt sich gesamtwirtschaftlich, weil der Staat langfristig von erfolgreichen Firmengründungen durch Steuereinnahmen profitiert. Es ist wünschenswert, wenn in Zukunft es noch mehr staatliche Förderprogramme speziell für die Kreativwirtschaft gibt, weil dies eine Wachstumsbranche mit immateriellen Wirtschaftsgütern ist.

2. Intitiative Musik gGmbH
Die Initiative Musik gGmbH (www.initiative-musik.de) ist eine Fördereinrichtung der Bundesregierung für die Musikwirtschaft in Deutschland. Träger sind die GVL, der Musikrat und die GEMA/GEMA-Stiftung. 2009 werden gemeinsam mit der Musikindustrie zwei Mio. Euro an Fördergeldern für Künstler und Musikunternehmen bereitgestellt. Hauptfördergeber ist der Beauftragte der Bundesregierung für Kultur und Medien. Kernbereiche sind Rock, Pop und Jazz. Die Initiative Musik fördert:
• Musiknachwuchs
• Integration von Menschen mit Migrationshintergrund
• Die Verbreitung deutscher Musik im Ausland
Die Initiative Musik leistet einen wichtigen Beitrag zur Strukturförderung und Künstlerförderung.

Der Businessplan – Schlüssel zum Erfolg
Der Businessplan, auch Geschäftsplan oder Unternehmensplan genannt,

wird oft als lästig und überflüssig empfunden. Der Businessplan zeigt, dass ein Gründer in der Lage ist, die Komplexität seines Geschäftes strukturiert und auch für Dritte verständlich darzustellen. Der Businessplan ist somit in erster Linie für den Existenzgründer. Der Businessplan gibt Überblick über die Strategie und die wesentlichen Erfolgsparameter. Er macht strukturelles Wachstum möglich. Der Gründer kann bei Abweichungen erfolgreich agieren. Er hat außerdem seinen Kopf frei für das operative Geschäft, weil er weiß, dass er mit dem Businessplan den Überblick hat. Der Businessplan ist unabdingbar für Förderanträge, Banken, Partner, aber in erster Linie für den Existenzgründer selbst. Die Bestandteile des Business Plans sind:

1. Executive Summary: Hier wird das wesentliche des gesamten Businessplans auf einer Seite dargestellt.

2. Produkt/Dienstleistung/Lösung: Das Produkt sollte innovativ sein und zusätzlichen Kundennutzen bieten. Der Existenzgründer muss aus Kundensicht besser als andere sein. Sein Produkt muss zusätzlichen Nutzen bieten, den die Kunden auch wirklich wollen.

Beispiel: Nintendo Wii integriert Bewegung in das Spiel. Dieses Alleinstellungsmerkmal schafft zusätzlichen Kundennutzen, den die Kunden auch wollen und daher das Produkt häufig kaufen. Oft gibt es Produkte, wie z. B. manche PC-Programme, die technisch hochstehend sind, der Kunden sich aber fragt, wo der konkrete Nutzen für ihn liegt. Kunden möchten es oft einfach haben.

Es gibt sehr viele gute Dienstleistungen und Beratungen. Kunden werden aber nur gewonnen werden, wenn durch die Beratung Geld gespart oder verdient werden kann wie bei Existenzgründungsberatung oder Sponsoringberatung. Der Kunde wünscht eine Lösung seiner Probleme. Wenn der Kunde von München nach Berlin möchte, heißt das nicht automatisch, dass er Bahn fahren möchte. Er kann per Bahn, Auto oder Flugzeug nach Berlin gelangen. Er wird die für ihn beste Möglichkeit wählen. Dies ist besonders wichtig, weil viele Existenzgründer in der Kreativwirtschaft zu eng denken. Ein Existenzgründer, welcher ein Internetportal aufbaut, hat nicht nur damit Lösungen für seine Kunden, wie z. B. aktuelle Nachrichten, sondern seine Kunden können Nachrichten auch aus anderen Medien bekommen wie z. B. Zeitung, mobile Dienste etc.

3. Unternehmerteam

Jeder Unternehmer muss sich sehr genau überlegen, ob er sein Unternehmen allein gründen möchte oder in einem Gründerteam.

Die Nachteile von Team-Gründungen sind:
1. Längere Abstimmungswege und damit langsamere Entscheidungsprozesse
2. Gefährdung der Firma im Streitfall, wenn Anteile überraschend ausgezahlt werden müssen.
3. Fehler der Partner treffen alle.

Die Vorteile sind:
1. Ergänzende Expertise.
2. Die Arbeit und Verantwortung wird auf mehrere Schultern verteilt.

Es ist sinnvoll, sich Partner zu suchen, auf die man sich gut verlassen kann und die man im Idealfall auch schon länger kennt. Die Fähigkeiten ergänzen sich besonders gut mit z.B. einem EDV-Experten und einem Betriebswirt bei der Gründung eines Internetportals. Bei einem Musikverlag sind Komponist, Betriebswirt und Anwalt ideal.

4. Markt und Wettbewerb
Jeder Existenzgründer muss seinen Markt exakt definieren. Es ist besondere Vorsicht angebracht, wo es noch keinen Markt gibt. Da ist sicherzustellen, dass es einen Bedarf gibt. Zweitens sagt man, »Wo es keinen Wettbewerb gibt, gibt es keinen Markt.« Existenzgründer sind gut beraten, Marktlücken zu suchen, in denen ihre Stärken liegen. Man kann in Nischenmärkten sehr erfolgreich sein.

5. Marketing und Vertrieb
Es ist ratsam, für jedes Produkt oder jede Dienstleistung ein Alleinstellungsmerkmal zu suchen (USP= Unique Selling Proposition). Je besser der USP, umso besser kann man sich von Konkurrenten unterscheiden und erfolgreich absetzen. Mit einem guten USP ist man nicht mehr so leicht ersetzbar durch Konkurrenzprodukte. Man kann selbstbewusster verhandeln und bessere Preise durchsetzen. Dies ist besonders wichtig für Existenzgründer, die sonst häufig sehr stark im Preis gedrückt werden können. Jeder Existenzgründer sollte zudem den Ehrgeiz haben, dem Markt neue Impulse zu geben. Vor einem Preiskampf sei man als Existenzgründer gewarnt. Die Mitbewerber haben in der Regel bessere Chancen, einen Preiskampf zu gewinnen, weil sie Zeit hatten, Reserven zu bilden. Existenzgründer müssen außerdem oft »Lehrgeld« zahlen, weil sie noch nicht soviel Erfahrung wie die Mitbewerber haben. Bei ihnen landen leicht Kunden, die nicht zahlen oder schwierig sind. Exis-

tenzgründer lernen aber in der Regel schnell und gleichen diese Nachteile bald aus.

6. Chancen und Risiken

Naturgemäß sehen Existenzgründer ganz viele Chancen und wenige bis gar keine Risiken. Dies ist verständlich, weil Existenzgründer hoch motiviert sein müssen und Mut zur Gründung brauchen. Zu viele Bedenken behindern dabei. Es ist aber trotzdem sehr wichtig, Risiken sachlich und realistisch einzuschätzen. Potentielle Partner, Investoren, Lieferanten etc. werden danach fragen und der Existenzgründer ist dadurch besser auf Risiken vorbereitet und kann so besser auftretende Probleme meistern. Wenn Lösungswege zur Risikominimierung aufgezeigt werden ist alles in Ordnung. Falls es einmal keine Lösung für etwaige Risiken gibt, ist es sinnvoll das Risiko zu bewerten und den eventuell auftretenden Schaden monetär zu erfassen. Dies ist professionelles Risk Management. Ein guter Existenzgründerberater hat eine oft sachlichere Sicht für Risiken als ein Existenzgründer. Seine Betrachtung von außen kann Probleme aufzeigen die Existenzgründer wegen »Betriebsblindheit« nicht sehen. Wenn der Berater sehr viel Branchenerfahrung und Gründererfahrung hat, kann er sehr viele neue Chancen sehen, nutzen und eine vielfaches von seinem Beraterhonorar dem Existenzgründer als zusätzlichen Gewinn bringen.

7. Organisation

Existenzgründer haben meistens so viel Arbeit mit allen behördlichen Anmeldungen, dem Businessplan, Kontoeröffnungen etc., dass sie die Organisation oft als Belastung und unnötig empfinden. Dies wird noch dadurch verstärkt, dass am Anfang in der Regel nur wenige Partner, Mitarbeiter, Arbeit und Kunden zu organisieren ist. Die Existenzgründer sind dann aber oft erstaunt, wie schnell diese Bereiche wachsen können und wie schnell eine Firma unorganisiert ist. Dies bedeutet dann Verschwendung von Ressourcen, doppelte Arbeit und Stress, weil ihnen die Arbeit »über den Kopf« wächst. Dies wird noch verstärkt, wenn Gründer jeden »Kleinkram« selbst machen wollen, um Geld zu sparen. Gute Organisation ist ein wesentlicher Wettbewerbsvorteil, weil zuverlässiger, schneller und effizienter gearbeitet werden kann.

8. Finanzierung

Mit der Finanzierung steht und fällt oft die Firmengründung. Eine ausreichende Finanzierung ist wesentlich für den Firmenerfolg. Dies gilt in jeder Größenordnung. Es gibt gute Förderungen für ALGII (Hartz IV-Bezieher). Sie können bis zu 5.000 Euro für Basisanschaffungen ihrer Firma bekommen. Viele bedenken aber nicht, dass man für eine Firmengründung immer noch finanzielle Reserven haben muss, um zur Kundschaft zu kommen, Branchentreffs zu besuchen und um die vielen kleinen, aber nicht zu kürzenden Ausgaben tätigen zu können. Oft werden auch die Umsätze zu optimistisch und die Kosten zu gering eingeplant. Dies kann dann zur Einstellung von Krediten führen und das Ende der Firma bedeuten.

Bei der Finanzierung gibt es oft Überraschungen, wenn sich Investoren an der neu gegründeten Firma beteiligen und der Gründer schnell feststellt, dass er für verhältnismäßig wenig Geld viel zu viele Anteile an seiner Firma abgegeben hat. Schleppende Finanzierungen können außerdem die Firmenentwicklung behindern oder stoppen. Gründer sind gut beraten, für die Finanzierung unabhängige Experten zur Rate zu ziehen.

Businessplan Wettbewerbe
Der Münchener Businessplan Wettbewerb (www.mbpw.de) ist ein positives Beispiel für erfolgreiche Existenzgründer-Unterstützung. Wer am Wettbewerb teilnimmt, ist als potentieller Unternehmensgründer nicht auf sich allein gestellt. Jeder Teilnehmer erhält die Chance, eine Geschäftsidee risikolos mit intensiver Unterstützung von Experten, erfolgreichen Gründern und Gleichgesinnten zu einem tragfähigen Konzept zu entwickeln. Der Businessplan Wettbewerb besteht aus drei wesentlichen Säulen:
1. Ausbildung: Crash-Kurse, Seminare, Workshop und Ringvorlesungen auf Uni-Niveau.
2. Anleitung durch MBPW-Coaches, Unternehmer und Investoren.
3. Netzwerk: Jour Fixes, Coach- und Kapital-Forum, Investorenkonferenzen, Kamingespräche.

Der Autor ist seit vielen Jahren Juror und Coach beim MBPW. Er ist spezialisiert auf die Kreativwirtschaft und freut sich über den fachlichen Austausch bei den monatlichen Jour Fixes, bei denen in angenehmer, lockerer Atmosphäre Geschäftsideen besprochen werden. Alle Juroren und Coaches haben eine Verschwiegenheitserklärung unterschrieben, die den potentiellen Gründern die Sicherheit gibt, dass ihre Informationen vertraulich bleiben. Besonders faszinierend ist der Branchenübergreifende Gedankenaustausch beim MBPW.

EXISTENZGRÜNDUNGEN IN DER KREATIVWIRTSCHAFT

Als Juror bewertet man drei verschieden Stufen des MBPW:
1. Ideas Stage: Hier wird die Geschäftsidee entwickelt, Markt und Kundennutzen dargestellt. Es ist noch kein richtiger Businessplan und auch die Finanzierung wird noch nicht berücksichtigt.
2. Development Stage: Ein grober Businessplan wird erstellt. Die Geschäftsidee wird weiter entwickelt und die Machbarkeit betrachtet.
3. Excellence Stage: Hier ist ein vollständiger Businessplan gefordert. Der Gründer sollte alle aufkommenden Fragen erklären und überzeugend darlegen können Die Finanzierung spielt eine große Rolle.

Fazit Existenzgründer in der Kreativwirtschaft

Existenzgründungen müssen wohl bedacht sein. Der Existenzgründer muss wissen, was er wirklich, langfristig und nachhaltig will. Er (oder sie) muss wissen, welche Stärken er hat um seine Ziele zu erreichen. Als Schlüsselqualifikationen gelten:
1. Sozialkompetenz: »Mit Menschen gut können«, Kommunikationsfähigkeit, Kooperationsfähigkeit, Einfühlungsvermögen (Empathie), Erfolgsintelligenz, Selbstbewusstsein/Motivation/Selbststeuerung.
2. Methodenkompetenz: »Lösungsstrategien finden und umsetzen«, Analysefähigkeit, Kreativität, Lernbereitschaft, Denken in Zusammenhängen, Abstraktes und vernetztes Denken, Rhetorik.
3. Individualkompetenz: »Sich selber zielorientiert erfolgreich »managen«, Leistungsbereitschaft, Engagement und Motivation, Flexibilität und Ausdauer, Zuverlässigkeit und Selbständigkeit, Mobilität/Anpassungsfähigkeit/Belastbarkeit

Die Kreativwirtschaft ist ein ausgeprägtes »People Business«, in dem Kommunikation und Kooperation unabdingbar sind. Die wichtigsten Punkte für die Selbständigkeit sind:
- Willenskräfte: Leistungsmotivationsstärke, Internale Kontrollüberzeugung, Unabhängigkeitsstreben
- Energetische Kräfte: Allgemeine Antriebsstärke, Belastbarkeit, Emotionale Stabilität.
- Geisteskräfte: Analytische Problemorientierung, Intuitive Problemorientierung, Risikoneigung, Ungewissheitstoleranz
- Beziehungskräfte: Durchsetzungsbereitschaft, Soziale Anpassungsfähigkeit

Wenn alles zutrifft oder zumindest die wesentlichen Aspekte überwiegen, ist dies eine gute Basis für eine erfolgreiche Firmengründung.

14. Was bringt die Zukunft?

Bei der Fußball-Europameisterschaft 2008 wurden alle Spiele von ARD/ZDF auch als Livestream übertragen und viele Beiträge bleiben im Netz verfügbar. Das ZDF bietet mit seiner ZDF-Mediathek über 1.000 Wissenssendungen (www.zdf-mediathek.de). Medienkonvergenz beginnt schon bei Kindern im Kindergartenalter. Das Fernsehen ist ihr Startmedium in den konvergenten Medienmarkt. Die Medien wachsen immer schneller zusammen. PC- und TV-Funktionen werden zunehmend miteinander verschmolzen. Medienkonvergenz ist die Annäherung verschiedener Einzelmedien in Bezug auf wirtschaftliche, technische oder Inhaltliche Aspekte. Kurz: Medienkonvergenz bedeutet Zusammenwachsen bisher traditionell getrennter Kommunikationsbereiche. Dies erfolgt einmal technisch wie z.b. bei PC- und mobilen Anwendungen und inhaltlich durch gleichzeitige Mehrfachvermarktung von Inhalten.

Die bange Frage »Medienkonvergenz – bleibt da noch Platz für Print-Produkte?« beantwortet der Unternehmensberater Ulrich Spiller mit Ja, weil die »Einzelmedien Verlage zu Information Providers oder Entertainment Providers werden, die alle Kanäle nutzen, also auch Print.« Das Engagement der Buchverlage im Hörbuchmarkt und die Entwicklung des E-Book-Marktes unterstreichen diese These.

Kinder und Jugendliche sind sehr Multitasking fähig. Sie können einen Film sehen, dabei spielen und telefonieren. Darauf können sich die Medien gut und gewinnbringend einstellen. Inhalte wie Harry Potter sind schon längst nicht mehr nur an einzelne Medien wie das Buch gebunden. Sie werden gleichzeitig auch als Film, Computerspiel, Internetseite oder Hörbuch angeboten. Zudem können Mediennutzende im Internet über Harry Potter kommunizieren. Sie können selbst Inhalte kreieren. Dies kann in Form von Foren geschehen. Weblogs und Podcast ergänzen die medialen Angebote. Die inhaltliche Konvergenz ermöglicht demnach rezeptive, interaktive, kommunikative und produktive Tätigkeiten mit Medien zu bestimmten Inhalten.

Die Medienkonvergenz hat die Musiknutzung in Medienprodukten stark ansteigen lassen. Früher wurde Musik für ein Video lizenziert, heute sind es Video, Internet, Podcast, Spiele etc. Dies hat zu signifikanten Umsatzsteigerungen geführt, weil bei jeder Musiknutzung im Produkt das Herstellungsrecht erworben muss und von der GEMA die mechanischen Vervielfältigungs- und Aufführungsrechte. Die Medienkonvergenz lässt den Medienkonsum steigen, weil man auch in kurzen Pausen an der Bushaltestelle Musik hören kann, TV sehen oder Spiele spielen. Social Communities und Social Commerce schaffen den aktiven, kritischen Prosumer. Das ist positiv für die Medienvielfalt und Meinungsvielfalt.

Das Internet wird regional (lokal)
Soziale Netzwerke wie www.lokalisten.de haben sich schon etabliert. Andere werden folgen. Für die Musikbranche ergeben sich neue Möglichkeiten bei der Künstlervermarktung. Eine lokale Fangemeinde in Form von Community Gruppen Kann im Erfolgsfall sofort Deutschlandweit präsent zu sein. Durch die Lokalität wird kann das Internet auch noch besser für persönliche Treffen eingesetzt werden. Lokale Bands können sich viel besser formieren, weil sie über diverse Musikportale, lokalisiert neue Bandmitglieder finden können. Es gibt viele gute Musik Communities wie z. B. www.mymusic.de In der Fan Gemeinde kann über die Homepage auch besser lokal für Konzerte geworben werden, als früher ausschließlich über kleine Plakate an der Tür des Gemüsehändlers.

Der freie Austausch von Wissen und Kreativität sind die Grundlagen des zukünftigen Wohlstand
Die Medien und ganz besonders die Musik werden hier in Zukunft eine sehr wichtige Rolle spielen. Es gibt Wachstumspotential der Musikbranche in Business to Business Anwendungen. Früher gab es für Corporate Media Anwendungen nur das Medium Video. Es folgten CD Rom, DVD, Internet, mobile Anwendungen. Dieses kleine Beispiel zeigt schon wie stark die neuen Medien zum Wachstum beitragen.

Musik hören ist immer noch das liebste Hobby. Die Mediennutzung wächst. Immer mehr Personen nutzen diverse Medien zur gleichen Zeit. Dies erfordert auch mehr Musik in den Medien. Mit guter Medienmusik allen Medien zum Erfolg zu verhelfen und den Musikhörer ins Zentrum allen Handels zu stellen wird den zukünftigen Erfolg ausmachen.

Medienkonvergenz
Die Medien werden immer mehr vernetzt. Dies hat viel größeren Einfluss auf die zukünftige Mediennutzung als nur neue Techniken bzw. Medien einzuführen. Arbeit und Freizeit werden sich mehr vermischen. Jedes Medium wird neue Zielgruppen erschließen. Die Nutzergruppen der 40-60-jährigen werden verstärkt Medien der jungen Zielgruppen mit anderen Inhalten nutzen.

WAS BRINGT DIE ZUKUNFT?

Ein TV Film kann ohne »gefühlten Medienbruch« auf dem PC und mobil auf dem Handy weiter angeschaut werden. Es werden immer mehr Medien gleichzeitig genutzt. Es wird mehr professionellen »user generated content« geben. Dies verschärft den Wettbewerb inhaltlich, schafft aber auch mehr Vielfalt. Die Konkurrenz in den Medien wird weltweit zunehmen. Durch vermehrte Medienpräsenz wird die Aufmerksamkeitsschwelle weiter angehoben. Die mediale Reizüberflutung wird die Konsumenten stärker »abschalten« lassen. Dies erfordert von Medienmachern große Anstrengungen und Kreativität.

Die Musik wird rundum vermarket: 360 Grad-Vermarktung
Im Business to Consumer-Bereich sind innovative neue Ansätze gefragt. Die 360 Grad-Vermarktung nutzt das volle Potenzial eines Künstlers und stellt nicht nur Tonträgerverkäufe in welcher Form auch immer in den Vordergrund.

»Das Paradigma im Musikgeschäft hat sich verlagert und als Künstlerin und Geschäftsfrau muss ich mit diesen Veränderungen mitgehen«, sagt Madonna, die erfolgreichste Solo-Künstlerin der Welt. Sie hat Millionen von Tonträgern verkauft und ist seit 25 Jahren weltweit erfolgreich, dies ist für die Medienbranche eine kleine Ewigkeit. Was hat diesen Erfolg ermöglicht? Madonna hat schon sehr früh MTV extensiv als Plattform genutzt. Madonna ist zu einer erfolgreichen Marke geworden. Sie hat von 1983 bis 2008 in 23 Spielfilmen gespielt, spielte in drei Theaterstücken, sorgte 1992 mit dem erotischen Bildband »Sex« des Modefotografen Steven Meisel für Aufsehen und Aufmerksamkeit, die wiederum für zusätzliche Tonträgerverkäufe sorgte. Genialerweise stellte sie elf Jahre später als zweifache Mutter das Kinderbuch »Die englischen Rosen« vor, dass in 110 Länder verkauft wurde. Es entstand eine ganze Kinderbuchserie, die auch als Hörbuch erfolgreich verkauft wurde. Von 1985 bis 2008 war Madonna in weltweit 32 Werbespots zu sehen. Sie hat in jeder Lebensphase die Werbespots glaubwürdig präsentiert, sei es 1991 das humanitäre »Red Cross«, oder 2006/2007 für H&M, wo sie auch die Trainingsanzugkollektion selber entworfen hat. »Madonna ist ein wahre Ikone und Ausnahmeerscheinung als Künstlerin und im Geschäft, sagt Michael Rapino, der Inhaber von Live Nation. »Unsere Partnerschaft ist ein prägender Moment für die Musikgeschichte.«»Ich bin begeistert, dass Madonna, die nun auch Aktionärin unseres Unternehmens ist, sich mit uns zusammengetan hat, um ein neues Geschäftsmodell für unsere Industrie zu erarbeiten.« Die Partnerschaft umfasst die Gesamtheit von Madonnas zukünftiger Musik,die Nutzung der Marke Madonna, neue

WAS BRINGT DIE ZUKUNFT?

Studioalben, Tourneen, Vermarktung, Fanclubs, DVDs, Fernseh – und Filmprojekte mit Musikbezug sowie damit verbundene Sponsoringvereinbarungen. Faktisch sind damit alle »Madonna«-Vermarktungsrechte bei Live Nation. Die 360 Grad-Rundumvermarktung ist ein zukunftsträchtiges Modell für die Musikbranche. Jahrzehntelang lag der primäre Fokus auf dem Tonträgerverkauf, der stark zurückgegangen ist, weil viele Songs kostenlos und illegal beschafft werden. Dies war aber immer nur ein Vertriebskanal, der alle anderen Vertriebskanäle und Umsatzmöglichkeiten überlagert hat. Die 360 Grad-Vermarktung ist auch für kleine Firmen und Independents ein zukunftsträchtiges Modell. Die Indepentents sind traditionell nicht so spezialisiert wie die großen Major-Musikverlage oder Labels. Sie haben schon immer ihre Künstler umfassender vermarktet. Viele Mitarbeiter haben neben Labelarbeit auch das Booking für ihre Künstler und anderes mehr gemacht.

Es wird absolutes »One to One-Marketing« geben, in dessen Rahmen jeder individuell seine Konsumbedürfnisse befriedigen kann. Diese direkte Kundenansprache ist effektiver als Massenmarketing. Individualisierte Botschaften werden auch besser akzeptiert. Neue individuelle Werbeformen werden erfolgreicher sein als tradierte Formen, da zielgerichtete, gewünschte Werbung nicht »nervt« und angenommen wird. Das Empfehlungsmarketing wird noch weiter ausgebaut werden und die Macht der Konsumenten stärken.

Aus Konsumenten werden Prosumenten

Prosumenten sind aktive Konsumenten, die sich einmischen und mitmachen wollen. Sie bewerten Produkte und geben Verbesserungsvorschläge für Produkte.

Sie aktivieren nach Meinung von Social Community-Experten zehn weitere Impulskäufer und 1.000 passive Prosumenten. Sie sind deshalb starke Multiplikatoren für Unternehmen. Die Medienbranche und besonders die Musikbranche hat sich von einem Verkäufermarkt zu einem Käufermarkt entwickelt. Dies geschah analog zu faktisch allen anderen Wirtschaftsbereichen. Die Konsumenten hören immer noch gerne Musik. Der Bedarf hat sogar zugenommen. Es liegt eine große Chance in der Einbindung der Konsumenten. Sie stehen im Mittelpunkt.

Wenn der Erfolg von Musik weiter definiert wird und damit auch vollumfänglich Medienmusik in allen Medien einschließt, wird es eine gute Zukunft für die Musik geben. Vor uns liegen spannende Zeiten. Die Einführung neuer Medien sorgt oft für Bedenken. Als das Medium

WAS BRINGT DIE ZUKUNFT?

Video eingeführt wurden, sagten viele Experten ein endgültiges Kinosterben voraus. Dies ist nicht eingetreten. Das Internet hat auch kein anderes Medium vom Markt verdrängt. Es hat neue Möglichkeiten, Werte, Jobs und Arbeitserleichterungen geschaffen. »Content is King«. Gute Inhalte sind unabhängig vom Medium. Wir leben in einer Informationsgesellschaft, in der die Menschen ihr Leben überwiegend positiv mit Medien gestalten. Das gibt Zuversicht und Mut für eine spannende und gute Zukunft.

Die Politik gestaltet die Rahmenbedingungen der Kreativwirtschaft, die Wirtschaft muss die Chancen nutzen, und die Kreativen brauchen kommerzielle verwertbare kreative Ideen, für die es einen Markt gibt. Die Musikbranche ist die Leitbranche der Kreativwirtschaft, es gibt erfolgsversprechende Förderinitiativen wie z. B. folgende:

Initiative Kultur-und Kreativwirtschaft
Wem gehört die Musik? Die Leitbranche der Kultur und Kreativwirtschaft im Spannungsfeld zwischen analoger und digitaler Zukunft
Branchenhearing am 5.5.2009

Was die Politik will:
»Die Kreativwirtschaft in allen hier besprochenen Bereichen fördern. Die Musikwirtschaft mit 11.300 Unternehmen, 36.600 Erwerbstätigen und 5,4 Milliarden Euro Umsatz vernetzt mit allen Ministerien und Medien fördern.«
  Das ist ein guter Ansatz, der auf dem Netzwerkgedanken beruht. Gerade im Bereich Existenzgründungen gibt es diverse Modelle, bei denen Musik mit anderen Dienstleistungen verbunden wird wie z. B. Computerdienstleistungen, Büro, Service, Versicherungen, Finanzen etc.

Prof. Dieter Gorny vertritt die folgenden fünf Thesen:

1. These: Musik ist elementar.
Musik ist gekoppelt an das vegetative Nervensystem von uns Menschen. Sie gestaltet Zeit, sie orientiert sich an unserem elementaren Beat, dem Herzschlag.
  Die Wirkung von Musik ist in diesem Buch ausführlich praxisnah dargelegt, sodass man diese Aussage voll unterstreichen kann.

2. These: Musik ist ökonomisch wie kulturell zweigeteilt.

WAS BRINGT DIE ZUKUNFT?

»Inhaltlich in einen Block, der sich primär mit der Musik als Repertoiredenken von gestern beschäftigt, und ein einen anderen Block, der zeitgenössisch operiert.«
Diese These trifft nur bedingt zu. In der Medienmusik und gerade in der Produktionsmusik wird Musik aus allen Epochen und Ländern benötigt. Produktionsmusik kann unabhängig vom Massengeschmack produziert werden. Man kann einen Titel im Film toll finden, der dort auch toll wirkt. Das bedeutet aber nicht, dass man sich diesen Titel auch kaufen würde. Dieser Unterschied ermöglicht verstärkte Kreativität in der Produktionsmusik.

3. These: Musik und Technologie bedingen einander.
»Ohne Schallplatte, ohne Radio keine Popmusik, keine Pop Art. Pop Art beinhaltet die Idee, ein künstlerisches Subjekt unendlich verbreiten und kopieren zu können. Dies beeinflusste nicht nur die Erstellung der Musik, sondern hat immer dafür gesorgt, dass von der Schallplatte über die CD bis hin zum Internet die Musik als Leitbranche der Kreativwirtschaft direkt eingebunden ist in diese Prozesse und ihre Rezeptionsformen direkt abhängig sind von diesen Prozessen.«

Die Kreativindustrie ist die Leitindustrie der Zukunft. Die Musikbranche ist die Leitbranche der Kreativindustrie und kann optimal eingesetzt, Umsatzsteigerungen für alle professionellen Musiknutzer bringen. *Dies ist der Kern dieses Buches.*

4. These: Musik ist eingebunden in die Rahmenbedingungen der Kreativwirtschaft
»Wir können die Musik nicht isoliert betrachten. Was hier passiert, ist nicht zu trennen von der generellen Entwicklung der Kreativwirtschaft. Die Kreativwirtschaft wird von drei Faktoren in ihrer Entwicklung angetrieben:
1. Globalisierung, also die Möglichkeit, nicht nur Güter, sondern auch Signale weltweit simultan zugänglich zu machen.
2. Digitalisierung, die viele dieser Entwicklungen erst möglich macht.
3. Individualisierung. Wir leben in einer Zeit, in der wir als Konsumenten anfangen, uns individueller zu verhalten, wenn es darum geht, Kultur zu konsumieren – Musik, Fernsehen oder Film.«

Diese drei Faktoren sind Realität. In der Globalisierung liegt eine große Chance, international mit »deutscher Kultur« und Nischenprodukten erfolgreich zu sein. In der Kreativwirtschaft gewinnen die besten kreativen Produkte, nicht das billigste Produkt. Das ist Deutschlands Chance.

In der Produktionsmusik ist das schon lange Realität, weil die meisten Medienprodukte weltweit vermarktet werden. Die darin enthaltene Musik wird dadurch ja auch weltweit emotional wahrgenommen. Produktionsmusikverlage sind zudem international vertreten und bieten ihre Musik über Subverlage direkt an. Dies ist auf Medienmusik generell übertragbar, wobei Auftragskompositionen bisher durch die oft persönliche Beziehung zwischen Komponist und Auftraggeber bisher eher national entstehen.

Die Digitalisierung ist der Kern aller Herausforderungen in der Musikbranche. Es gibt aber noch mehr Faktoren, die nicht zu vernachlässigen sind und aus denen ähnlich wie aus der Bankenkrise 2009 zu lernen ist. Die Kunden sind nicht nur mündig geworden, sondern mächtig und sehr individuell. Wer in den 1970er Jahren, in der Boomphase der Musikindustrie aufgewachsen ist, weiß, dass viele Konzerte berühmter Stars schnell ausverkauft waren. Es gab also einen Mangel. Man hat Schallplatten manchmal vorbestellt und von den Top Ten-Titeln wurden ganze Paletten angeliefert. Diese Zeiten sind endgültig vorbei. Die Musikindustrie muss »kleinere Brötchen backen« und manches Geschäft, dass früher zu klein war, gewinnt heute an Bedeutung und muss gemacht werden. Dies gilt auch für den B2B Bereich, darin liegt aber auch eine Chance zum Aufschwung.

Die Individualisierung spielt eine ganz wesentliche Rolle für die Musikindustrie. Manche stellen deshalb schon generell in Frage, ob es in Zukunft überhaupt noch Charts geben wird, oder jeder nur noch ganz individuelle Musik hört. Soweit wird es wohl nicht kommen, weil es immer auch das Bedürfnis nach gemeinsamen Gruppenerlebnissen gibt, dazu gehören Konzerte großer Stars und die Charts sind dafür eine Basis. Die Internationalität und die immer noch von den Majors dominierte Struktur der Musikwirtschaft wird uns auch in Zukunft Stars bringen. In der Individualisierung liegen große Chancen für neue Geschäftsmodelle. Gegen den Rückgang traditioneller CD-Verkäufe, können individualisierte Firmen CD-Zusammenstellungen mit Hits und Medienmusik starke Zuwächse verzeichnen. Dieses CD-Konzept ist auch übertragbar auf legale, von der Firma bezahlte Downloads. Das Unternehmen www.auster-medienmusik.de stellt solche Kompilationen zusammen mit starken Partnern her. Frank Zander, der bekannte Sänger mit vielen Hits unter anderen »Alles Gute zum Geburtstag«, singt diesen

WAS BRINGT DIE ZUKUNFT?

Hit namentlich individualisiert. Das Konzept ist sehr erfolgreich, günstig für den Käufer (19,90 Euro) und rechnet sich in der Produktion, weil die beliebtesten Namen am häufigsten gekauft werden und nur einmal eingesungen werden müssen (www.frank-zander.de).

Es wird mehr Musik als je zuvor gehört und es gibt noch viel mehr Musikbedürfnis, welches noch gar nicht geweckt wurde. Fans haben ein Bedürfnis nach einer kompletten Hit Sammlung ihrer Stars. Dies wird viel zu wenig geboten, da ja schon oft verschiedene Tonträgerfirmen Rechte an den Aufnahmen haben. Jede Firma möchte seine Titel des Stars verkaufen und nur bei ganz besonderen Jubiläen vermarktet man ein »Best of« gemeinsam. Der Bedarf an solchen großen CD-Boxen eines »Lebenswerkes« besteht. Die Firma www.arthaus-musik.com bietet das Gesamtwerk Mozarts auf 170 CDs. Solche CD-Boxen können auch sehr exklusive und hochpreisig gestaltet werden. Sie bieten den Musikfirmen zusätzlichen Umsatzchancen. Der Geschäftsführer von Arthaus, Torsten Bönnhof, hat auf dem Zukunftskongress www.forward2business.de am 16/17.6.2009 in Halle auf dieses interessante Marktsegment hingewiesen, dass in allen Musikstilrichtungen funktioniert.

Dein Konzert – Dein Video. DJ Bobo bietet von seinen Konzerten professionelle Live-Aufnahmen nach dem Konzertbesuch im MP3-Format auf USB-Stick. Dies wird sehr gerne gekauft, weil es das Konzert ist, bei dem der Fan selber hautnah dabei war und »mitmacht«. Der USB Stick ist eine gute Einnahmequelle für die Musikfirma und ein gutes Promotion-Tool. Der Bedarf ist groß, außerdem werden so illegale Filmaufnahmen vom Konzert zurückgedrängt, denn wenn der Fan sein individuelles Konzerterlebnis endlich legal und offiziell zu vernünftigen Preisen bekommt, wird er kein Geld für verwackelte, zweitklassige, illegale Aufnahmen auf dem Schwarzmarkt ausgeben (www.djbobo.de).

Diese Beispiele bieten Ansätze, die Piraterie in den Fällen zu bekämpfen, in denen der Bedarf der Musikfans gar nicht legal bedient wird. Dies sind Konzerte, bei denen der Musikfan dabei war. Das müssen nicht nur Konzertvideos sein, sondern können auch Audioaufnahmen sein. In solchen Geschäftsmodellen liegt enormes Wachstumspotential.

5. These: »Gute Ideen sind nicht nur die Basis der Wirtschaftsländer, sie sind der Motor. Dies aber nur, solange die Menschen, die diese Ideen umsetzen, für ihre Kreativität auch anständig und fair entlohnt werden«

Dies ist der Kern aller Probleme, mit denen die Musikindustrie zu kämpfen hat.

WAS BRINGT DIE ZUKUNFT?

Die Gratismentalität im Internet, mit der eine ganze junge Generation aufwächst, verbunden mit einer Abwertung der Musik sind die Grundlagen dieser Fehlentwicklung. Dagegen gibt es kein Patentrezept. Die Rechteinhaber setzen auf drakonische Strafen bei Urheberrechtsverletzungen, und gleichzeitig gibt es im Marketingbereich innovative Ansätze mit neuen Geschäftsmodelle, Piraterie nicht mehr lohnend zu machen. Dazu gehören die oben genannten Beispiele. Wenn man die Medienentwicklung der letzten 100 Jahre betrachtet, gab es bei jedem neuen Medium »unüberwindbar scheinende Probleme« und Untergangsszenarien. Der Tonfilm wurde als »Todesstoß« der Filmindustrie gesehen. Video als den Untergang der Kinos.

Die Medienbranche ist trotzdem immer weiter gewachsen und immer gab es irgendwann innovative Geschäftsmodelle, die Wachstum brachten. Last but not least sind auch die Mediennutzer trotz aller wissenschaftlicher Zukunftsstudien für manche positive Überraschung gut.

Das sind abschließend die beiden Kernthesen:
1. Ohne IP-Protection keine Kreativwirtschaft und keine Musikwirtschaft.
2. Das Internet ist viel mehr als ein Distributionskanal, es ist eine demokratische Herausforderung.

Die IP-Protection muss gesichert werden um, die Kreativwirtschaft als Schlüsselbranche zukunftsfähig zu machen. Voraussetzung ist aber, dass mit den Betroffenen geredet wird und nicht über die Betroffenen. Querdenken muss nicht nur erlaubt, sondern ausdrücklich erwünscht sein. Vorschläge von branchenfremden Politikern müssen konstruktiv und offen von den erfahrenen Branchenkennern diskutiert werden. Die Branche muss von allen vertreten werden: Majors, Independents, Kleinstunternehmern, Gründerberatern der Branche etc.

Das Internet ist eine demokratische Herausforderung. Via Internet kann man sich Aufmerksamkeit in totalitären Regimes verschaffen und die Welt wird langsam aber stetig offener. Das ist sehr gut. Das Internet schafft Transparenz über Märkte. Darauf müssen sich die Marktteilnehmer noch mehr einstellen. Das bessere und günstigere Produkt ist nur einen Mausklick entfernt. Unternehmen müssen sich daher noch besser vom Wettbewerb differenzieren. Zur Demokratie gehört auch die Bewertung von Firmen und Produkten. Da beginnt durch Corporate Blogs erst zaghaft ein Dialog. Dem Anspruch mancher, dass Musik (und weiter auch Film, Games etc.) »kollektives Volksvermögen« ist, auf dass man

WAS BRINGT DIE ZUKUNFT?

einen Grundversorgungsanspruch hat, können sich die 1.000.000 Beschäftigen in der Kreativwirtschaft mit ihren Familien sicher schwerlich anschließen. Bildung ja, Kultur ja, aber beides muss fair vergütet werden, und ehrlicher Respekt vor dem kreativen Schaffen anderer begünstigt einen konstruktiven Dialog von Rechteinhabern und Rechtenutzern.

In der Gemeinsamkeit liegt die große Chance. Es geht nicht darum, welches Medium sich kurzfristige Vorteile verschafft. Solches kurzfristiges Verhalten sieht man bei Tarifverhandlungen über die Vergütung der Musik für Games, Hörbücher etc.

Das sind auch wichtige Fragen, aber hier geht es darum, das Filme, Hörbücher, Musik überhaupt bezahlt werden und allen hier Tätigen eine Existenzgrundlage geben. Da müssen alle betroffenen Branchen der Kreativwirtschaft noch mehr zusammenhalten. Innerhalb der Musikbranche sollte es auch nicht mehr darum gehen, wer kurzfristig besser in den Charts vertreten ist oder als erstes kurzfristig mehr Gewinne durch neue Geschäftsmodelle macht. Es geht um den nachhaltigen Erhalt der Musikwirtschaft für alle Beteiligten egal ob Major, Independent oder Kleinstunternehmer. Die Politik kann gute Rahmenbedingungen schaffen, die Kreativwirtschaft muss aber in Zusammenarbeit mit den Kreativen gute Ideen, für die eine Nachfrage besteht kommerziell nachhaltig und erfolgreich umsetzen.

Als Business Angel Kreativwirtschaft arbeitet man in dem interessanten Spannungsfeld zwischen Kunst und Kommerz. Kreativität zulassen, konkretisieren, kanalisieren und wirtschaftliche Verwertungsmöglichkeiten finden ist das Geheimnis des Erfolgs. Wenn man es dann noch schafft, Banken, Investoren und weitere Business Angel für die Kreativwirtschaft mit seinen meist immateriellen Gütern und damit »schwer beleihbaren und scheinbar risikoreicheren Firmengründungen« zu überzeugen, hat man gewonnen. Es profitiert dann die gesamte Volkswirtschaft davon durch neue Arbeitsplätze, neue Kaufkraft und last but not least für den Staat zusätzliche Steuereinnahmen. Die Kreativwirtschaft ist unsere Zukunft – nutzen wir diese Chance – besonders in Deutschland – dem Land der »Dichter und Denker«.

C
Rechtsfragen und Praxisbeispiele

I. Allgemeiner Teil

1. Einleitung
»Alles richtig machen« – Musik und ihre Nutzung

Was wären die Medien, was wäre Film und Fernsehen, was wäre das Internet und was wäre Werbung wert, ohne Musik? Diese Bedeutung der Musik für die Medien haben wir in den ersten Teilen dieses Buches dargestellt. Wenn es diese Bedeutung der Musik für die Medien gibt, gibt es einen Wert der Musik, und mit dem Wert kommt das Geschäft. Und dieses Geschäft ist geprägt durch eines, durch **Rechte**. Diese Rechte finden ihre Regelung in Deutschland im Wesentlichen in einem Gesetz, dem **Urheberrechtsgesetz** aus dem Jahre 1965, welches seit Inkrafttreten in mehreren Reformen überarbeitet wurde. Rechte sind die Grundlage des Geschäfts mit Musik, und zur Nutzung der Musik müssen die Rechte erworben werden. Werden diese Rechte nicht erworben oder nicht richtig bzw. rechtzeitig, kann die Nutzung teuer werden. Manch Leser wird dies eventuell bereits erfahren haben: Abmahnschreiben, einstweilige Verfügungen, Gerichtsprozesse.

Der professionelle Umgang mit der Musik für die in diesem Buch beschriebene Nutzung von Musik, der Medienmusik, erfordert auch einen professionellen Umgang mit den Rechten. In den folgenden Abschnitten sollen die Mechanismen erklärt werden, wie der Rechtserwerb vonstatten geht. An welche Rechte gilt es hierbei zu denken, wie werden sie erworben? Kurz gesagt: Woran ist im Einzelnen zu denken? Die folgenden Abschnitte sollen in einfachen Worten das notwendige Verständnis für die Rechtsmaterie schaffen, die Voraussetzung wiederum dafür, *alles richtig zu machen*.

Musik im rechtlichen Sinne – die Beteiligten

Schlägt man im Fremdwörter-DUDEN nach, finden sich folgende Definitionen: Musik ist die »Kunst, Töne in melodischer, harmonischer und rhythmischer Ordnung zu einem Ganzen zu fügen« *oder* Musik ist ein »Kunstwerk, bei dem Töne und Rhythmus eine Einheit bilden«.

Wer steckt hinter der Musik – wer ist der Künstler, von dem hier die

Rede ist? Einerseits natürlich der Musiker, Sänger also der Künstler *im engeren Sinn*. Wie später dargestellt werden soll, werden diese im Urheberrechtsgesetz als **Leistungsschutzberechtigte** bezeichnet. Musik besteht aber nicht nur aus ihrer Darbietung, sie besteht zunächst aus dem Musikstück selbst, dem Musikwerk. Die kreativen Personen hinter dem Werk sind der Komponist und der Textdichter. Diese werden im Gesetz ebenfalls aufgeführt und geben dem einschlägigen Gesetz seinen Namen: die **Urheber**. Wenn es also um den Erwerb der Rechte an Musik geht, gilt es stets, an die beiden Seiten zu denken, an das Werk und den Erwerb der *urheberrechtlichen Nutzungsrechte*, sowie an die Darbietung des Werkes und den Erwerb der entsprechenden *Leistungsschutzrechte*.

Doch nicht nur die Musik selbst ist Kunst – es stellt auch eine Kunst dar, gute Musik zu finden und aufzunehmen und diese Musik schließlich gut zu vermarkten. Das ist zunächst die Aufgabe des Musikproduzenten und des Musiklabels, das der Produzent betreibt oder für das er arbeitet. Dieses Musiklabel heißt in der Fachsprache bzw. in den Worten des Urhebergesetzes **Tonträgerhersteller**. Für diesen organisatorischen Aufwand, den ein Tonträgerhersteller hat, eine Aufnahme zu erstellen, wird er unter dem Urhebergesetz ebenfalls als Leistungsschutzberechtigter geschützt.

Und wie oben bei der Unterscheidung zwischen Musiker (Künstler) auf der einen Seite und Komponist/ Textdichter auf der anderen Seite gibt es die »korrespondierende« Firma zum Tonträgerhersteller – das ist der **Musikverlag**. Der Musikverlag ist es, der die Rechte der Komponisten und Textdichter vermarktet. Einerseits sucht der Musikverlag Möglichkeiten für die Auswertung der Musikwerke; anderseits ist der Musikverlag der Ansprechpartner für Musiknutzer, die ein vom Musikverlag verwaltetes Musikwerk benutzen möchten.

Diese vier Personen beziehungsweise Unternehmen sind die in der Musikbranche Tätigen, die selbst und deren Rechte im Urhebergesetz und den angrenzenden Gesetzen (z. B. Verlagsgesetz) geschützt werden: Komponist/Textdichter und deren Gegenüber, der Musikverlag, auf den einen Seite, sowie der Sänger/Musiker, mit dessen Vertragspartner, dem Tonträgerhersteller, auf der anderen. Um deren Rechte geht es, die erworben werden müssen, will man Medienmusik richtig nutzen.

Der kurze Überblick wäre aber nicht vollständig ohne die Erwähnung zweier wichtiger Organisationen, die **GEMA** und die **GVL**. Es handelt sich hierbei um zwei so genannte Verwertungsgesellschaften, die die Rechte der Komponisten und Textdichter sowie deren Musikverlage (GEMA) bzw. der Musiker, Produzenten und Tonträgerhersteller (GVL) wahrnehmen, also verwerten, die von dem jeweiligen Rechteinhaber selbst schwer zu kontrollieren sind, z. b. die Nutzung von Musikwerk und Tonaufnahme in Discotheken (öffentliche Aufführung) oder in Film und Fernsehen (Sendung). Diese Nutzungen bekommen die Berechtigten in der Regel gar nicht selbst mit und sie könnten die entsprechenden Rechte somit gar nicht wahrnehmen und verwerten. Ein rechtmäßiger Erwerb wäre daher nahezu unmöglich; eine Vergütung hierfür kaum zu bewerkstelligen.

Somit haben wir in Kürze die wichtigsten Beteiligten kennengelernt, um deren Rechte es bei der Musiknutzung geht. Die Beziehungen zueinander werden im Schaubild *Die Beteiligten an der Musik* aufgezeigt. Wenn es also darum geht, Musik richtig in Medienproduktionen einzusetzen, sind diese Personen und Organisationen die Beteiligten, um deren Rechte es geht und deren Rechte erworben werden müssen.

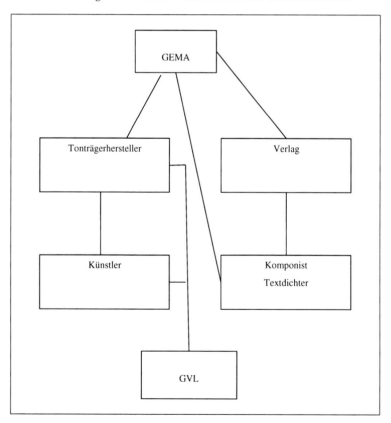

Musik im rechtlichen Sinne – die Nutzung

Musik ist etwas Nicht-Greifbares, ein Jurist würde sagen es ist etwas Immaterielles. Was ist aber mit den Medienschaffenden, mit den Filmproduzenten und Werbeagenturen – wie kann man etwas bekommen, ohne es anfassen zu können? Indem sie ihr Produkt schaffen und Musik zum Einsatz bringen, zum Beispiel in einem Werbefilm, benutzen sie die »Ware« anderer. Die »Handelsware« dieser Medienschaffenden sind so genannte Immaterialgüter. Diese Medienschaffenden müssen, um ihr Produkt zu schaffen, dieses Immaterielle erwerben, sie müssen hierzu Rechte erwerben. Die Eigentümer dieser Güter sind der Urheber und der Leistungsschutzberechtigte bzw. die mit ihnen vertraglich verbundenen Unternehmen. Von diesen müssen die Rechte erworben werden. Das ist dann auch der Kern der Musikbranche (wie auch aller anderen Branchen, die mit kreativen Inhalten arbeiten) – der Erwerb und die Verwertung von Rechten. Diese Tätigkeit, nämlich der Erwerb und die Auswertung – oder, um im Fachterminus zu bleiben, die Verwertung – von Musik ist gesetzlich geregelt und die entsprechenden Regelungen finden sich im Wesentlichen ebenfalls im Urhebergesetz. Wie wir später sehen werden, regelt dieses Urhebergesetz, um welche Rechte es geht, was man damit machen kann und – in gewissem Umfang – zu welchen Bedingungen man etwas damit machen kann.

Beispiel: The Beatles: »*Yesterday*« von Lennon/McCartney
John Lennon und Paul McCartney sind die Komponisten dieses bekannten Songs. Soll die Musik z. B. in einen Kinofilm eingebunden werden, müssen die Komponisten bzw. deren Musikverlag und ein entsprechendes Recht (das sog. Synchright oder auch Filmherstellungsrecht) erworben (und bezahlt) werden. *Yesterday* kann in dem Film dann z. B. von einem Orchester eingespielt werden, Solo auf Gitarre gespielt werden etc., alles natürlich vorbehaltlich der entsprechenden Regelungen mit dem Komponisten bzw. ihrem Musikverlag. Wenn die Originalaufnahme in dem Film eingespielt werden soll, müssen die entsprechenden Nutzungsrechte an den Tonaufnahmen erworben werden (auch »**Master-Rechte**«, abgeleitet vom englischen Begriff »Master«, dem Tonband, auf dem sich die Originalaufnahme befindet). Diese Rechte liegen in der Regel bei den entsprechenden Tonträgerfirmen (siehe jedoch die Besonderheit bei der Ausführungen zur GVL).

2. Die Musikschaffenden und ihre Leistungen

Im Folgenden sollen die allgemeinen Ausführungen der Einleitung ein wenig ausführlicher dargestellt werden. Mit Hilfe einer genaueren Betrachtung – auch der gesetzlichen Vorschriften – soll Verständnis für die Vorgänge geschaffen werden, die dem entsprechenden Rechteerwerb zugrundeliegen. Dies ist eine wesentliche Voraussetzung dafür *alles richtig zu machen*.

Die Urheber Komponist und Textdichter und ihr Werk

Entsprechend obiger Definition von Musik als Kunst und der am Schaffensprozess beteiligten Personen und Firmen findet sich die Musik auch als Schutzgegenstand im Urhebergesetz:

> § 1 UrhG Allgemeines
>
> Die Urheber von Werken der Literatur, Wissenschaft und Kunst genießen für ihre Werke Schutz nach Maßgabe dieses Gesetzes.

und

> § 2 UrhG Geschützte Werke
>
> (1) Zu den geschützten Werken der Literatur, Wissenschaft und Kunst gehören insbesondere:
> […]
> Nr. 2: Werke der Musik
> […]

Obige Definition bezieht sich auf ein **Werk der Musik**, im Wesentlichen also die Tonfolge oder Melodie. Geschützt wird der Schöpfer dieses Werkes, also der Komponist. Der **Textdichter** eines Liedes hat wiederum ein eigenes Urheberrecht, nämlich am **Sprachwerk**:

> § 2 UrhG Geschützte Werke
>
> (1) Zu den geschützten Werken der Literatur, Wissenschaft und Kunst gehören insbesondere:
>
> Nr. 1: Sprachwerke, wie Schriftwerke, …
> […]

Wenn das Werk der Musik und das Sprachwerk zum Beispiel in einem Lied verbunden werden, handelt es sich um ein so genanntes »Verbundenes Werk«:

§ 9 Urheber verbundener Werke

Haben mehrere Urheber ihre Werke zu gemeinsamer Verwertung miteinander verbunden, so kann jeder vom anderen die Einwilligung zur Veröffentlichung, Verwertung und Änderung der verbundenen Werke verlangen, wenn die Einwilligung dem anderen nach Treu und Glauben zuzumuten ist.

Das Gesetz verlangt nicht, dass die Musik schwierig ist oder komplex. Auch eine kleine Melodie, ein Schlager beispielsweise, kann geschützt sein.

Kriterium ist, dass es sich um eine **persönliche geistige Schöpfung** handeln muss – es muss ein Werk vorliegen:

§ 2 UrhG Geschützte Werke
[...]

(2) Werke im Sinne dieses Gesetzes sind nur persönliche geistige Schöpfungen.

Kurz zusammengefasst kann aber gesagt werden: Um Schutzfähigkeit zu erlangen, muss ein Musikstück etwas **persönlich Geschaffenes** sein, es muss aus einer **geistigen schöpferischen Tätigkeit** herrühren, das Musikstück muss eine **wahrnehmbare Form** angenommen haben und es muss sich um eine **Schöpfung** handeln, also ein gewisses Maß an **Individualität** aufweisen. Wie schon gerade erwähnt, muss es sich nicht um ein komplexes Musikstück handeln. Auch einfache Melodien, z. B. Schlager, sind schutzfähig. Man spricht in diesen Fällen von der »**kleinen Münze**«, wonach auch einfache, massenhaft produzierte Erzeugnisse Schutzfähigkeit erlangen können.

Praxisbeispiel:
Von Produktionsmusikverlagen werden oft auch Geräusche (Natur, Stadt etc.) und Sounds angeboten. Sie sind keine schutzfähigen Werke, weil keine persönliche, geistige Schöpfung vorliegt. Sie können daher auch nicht bei der GEMA angemeldet werden. Die Tonaufnahmen sind aber geschützt – Nutzungsrechte müssen daher erworben werden.

DIE MUSIKSCHAFFENDEN UND IHRE LEISTUNGEN

Weitere Voraussetzungen um in den Genuss des Schutzes nach dem Urheberrechtsgesetz bedarf es nicht. Insbesondere sieht das deutsche Recht keinerlei Formalitäten vor. Alleine die Schaffung eines Werkes, das den oben genannten Voraussetzungen entspricht ist ausreichend dafür, als Komponist oder Textdichter hinsichtlich seiner Rechte am jeweiligen Werk geschützt zu sein. Der Komponist kann aus Gründer der Beweisbarkeit sein Werk einem Notar hinterlegen, an sich selber adressiert per Einschreiben schicken – derartige Maßnahmen werden häufig erwähnt. Hierbei handelt es sich lediglich um Maßnahmen um den Zeitpunkt der Schaffung eines eigenen Werkes zu beweisen. Zur Erlangung von Urheberrechtsschutz sind diese nicht notwendig.

Die Schutzdauer

Der Urheberrechtsschutz gilt nicht auf ewig; der Schutz ist vielmehr zeitlich begrenzt. Nach § 64 UrhG läuft die Schutzdauer nach 70 Jahren nach Tod des Urhebers ab. Bei mehreren beteiligten Urhebern erlischt das Recht 70 Jahre nach dem Tode des zuletzt Versterbenden (§ 65 Abs. 1 UrhG). Ist diese Schutzdauer abgelaufen, spricht man auch davon, dass das Werk *gemeinfrei* ist; das Werk kann dann ohne Genehmigung des Urhebers benutzt werden.

Der Musikverlag

Der Komponist und Textdichter haben in der Regel einen Vertragspartner, dem sie ihre Rechte zur Verwertung übertragen: Der Musikverlag. Man sagt dann, das Musikwerk ist verlegt. Der entsprechende Vertrag zwischen beiden, dem Urheber und dem Musikverlag bezeichnet man als Verlagsvertrag oder Autorenvertrag. Der Musikverlag ist zusammen mit anderen Verlagstypen im Verlagsgesetz von 1901 geregelt.

Das Berufsbild des Musikverlegers hat sich grundlegend geändert. Früher stand der Notenverkauf im Vordergrund, der heute im Verhältnis marginal ist. Musikverleger standen immer etwas im Schatten der »großen Plattenbosse«, als die Musikwelt faktisch fast ausschließlich durch Schallplatten oder CD Verkäufe geprägt war. Die Bedeutung der Musikverlage hat aber nicht zuletzt durch die steigende Bedeutung der Musiknutzung in Filmen, TV, Games, Werbung immer mehr zugenommen.

Ein Verlagsvertrag liegt vor, wenn sich der Verfasser, hier also der Komponist und/oder Textdichter verpflichtet, dem Verleger ein Werk der Literatur oder der Tonkunst zur Vervielfältigung und Verbreitung für eigene Rechnung zu überlassen, und wenn sich der Verleger verpflichtet, dieses Werk zu vervielfältigen und zu verbreiten:

§ 1 Verlagsgesetz

> Durch den Verlagsvertrag über ein Werk der Literatur oder der Tonkunst wird der Verfasser verpflichtet, dem Verleger das Werk zur Vervielfältigung und Verbreitung für eigene Rechnung zu überlassen. Der Verleger ist verpflichtet, das Werk zu vervielfältigen und zu verbreiten.

Im Rahmen eines Musikverlagsvertrages erwirbt der Musikverlag in der Regel sämtliche Rechte im Zusammenhang mit der Nutzung des Musikwerkes. Der Musikverlag verfügt damit über eine ausschließliche Rechtsposition, die es ihm erlaubt, alleine und damit auch unter Ausschluss des jeweiligen Urhebers, die Entscheidung über die Verwertung des Werkes zu treffen. Häufig ist es also so, dass der Musikverlag der Vertragspartner der Medienschaffenden ist, wenn es darum geht, Musik zum Einsatz zu bringen.

Oftmals verhält es sich jedoch so, dass der Komponist sich umfangreiche Zustimmungsrechte in seinem Verlagsvertrag vorbehalten hat. Solche Zustimmungsrechte bewirken, dass der Musikverlag bei einer Anfrage von einem Nutzer sich die Zustimmung zur jeweiligen Nutzung einholen muss. Dies gilt insbesondere und am häufigsten im Bereich der für die Rechte, um die es in diesem Buch geht: Die Filmsynchronisation und der Nutzung in der Werbung. In der Praxis bedeutet dies vor allem eines: Zeitverzögerungen. Gerade wenn es darum geht, Musikwerke ausländischer Autoren zu erwerben, ist eine Anfrage an den Musikverlag ist mit Zeitverzögerungen zu rechnen, bis die entsprechende Antwort kommt. Umso ärgerlicher ist es dann auch, wenn die Antwort auf die Lizenzierungsanfrage negativ ausfällt.

Die Leistungsschutzberechtigten – die ausübenden Künstler und ihre Darbietungen

Die vorangehenden Ausführungen bezogen sich auf ein Werk der Musik und das Sprachwerk, also auf das einer Tonaufnahme zugrunde liegende

DIE MUSIKSCHAFFENDEN UND IHRE LEISTUNGEN

Musikstück. Dieses Werk ist der eine Teil, den es zum Einsatz von Medienmusik bedarf. Nach dem Urhebergesetz geschützt sind aber nicht nur die Urheber von Musik und Text, sondern auch derjenige, der ein Werk darbietet, nämlich der Künstler und seine Darbietung.

§ 73 UrhG Ausübender Künstler

Ausübender Künstler im Sinne dieses Gesetzes ist, wer ein Werk oder eine Ausdrucksform der Volkskunst aufführt, singt, spielt oder auf eine andere Weise darbietet oder an einer solchen Darbietung künstlerisch mitwirkt.

Dieser § 73 UrhG ist dem Zweiten Teil des Urheberrechtsgesetzes entnommen. Dieser Zweite Teil des Urheberrechtsgesetzes ist überschrieben mit dem Begriff »Verwandte Schutzrechte« oder auch »Leistungsschutzrechte« genannt. Der Musiker, der Sänger hat an seiner Darbietung kein Urheberrecht sondern ein Leistungsschutzrecht.

Diese Unterscheidung ist nicht nur von theoretischer Natur. Der Schutz von Urheberrecht und Leistungsschutzrecht ist teilweise gleich, unterscheidet sich aber in wichtigen Punkten. Diese Unterscheidung zwischen Werk und Darbietung ist, wie oben schon angedeutet, aber auch anderweitig wichtig: Geht es darum, Musik in einer Medienproduktion zu verwenden, muss an den Erwerb beider Rechte gedacht werden, an den Erwerb der Urheberechte und an den Erwerb der Leistungsschutzrechte.

Praxisbeispiel:
Bei klassischer Musik, bei der die Komponisten schon 70 Jahre tot sein können, ist das Musikwerk gemeinfrei und von jedem ohne Vergütung nutzbar. Der englische und auch im deutschen Sprachraum gebräuchliche Begriff heißt »*Public Domain*«. Das bedeutet aber nicht, dass man die Aufnahme dieses gemeinfreien Werkes ohne Weiteres nutzen darf. Die Rechte an der Musikaufnahme liegen bei der Tonträgerfirma. Musiknutzer müssen deshalb die Nutzungsrechte anfragen und erwerben, sofern die Aufnahme noch nicht selbst gemeinfrei ist, was in der Regel 50 Jahre nach erster Veröffentlichung der Fall ist.

Der Tonträgerhersteller

Der Tonträgerhersteller ist ebenfalls ein Leistungsschutzberechtigter, der ebenfalls im zweiten Teil des Urhebergesetzes geschützt ist (§§ 85, 86 UrhG). Der Tonträgerhersteller beschränkt sich nicht nur darauf, Rechte von Dritten, also den Künstlern wie auch Musikproduzenten, zu erwerben und zu bündeln. Bei ihm, dem Tonträgerhersteller, entstehen auch eigene Rechte.

Eine Definition des Begriffs Tonträgerhersteller findet sich nicht in den oben erwähnten Paragraphen. Ein **Tonträgerhersteller** ist jedoch

> derjenige, der durch seinen eigenen organisatorischen, technischen und wirtschaftlichen Aufwand Tonträger herstellt, die zum Vertrieb geeignet sind.

Der Tonträgerhersteller wird aufgrund seiner u.a. organisatorischen Tätigkeit geschützt. Ob er dabei Musik oder auch nur Geräusche aufnimmt ist unerheblich. Der Tonträgerhersteller ist demnach aber auch eine weitere Person beziehungsweise ein weiteres Unternehmen, das berücksichtigt werden muss, wenn es darum geht, die Rechte für den Einsatz von Musik in den Medien zu erwerben.

Ähnlich wie oben zum Verhältnis Komponist und Musikverlag dargestellt liegt ein Vertragsverhältnis zwischen ausübendem Künstler und Tonträgerhersteller vor, der es dem Tonträgerhersteller erlaubt, alleine über die Tonaufnahmen und deren Verwendung zu entscheiden. Dieses Vertragsverhältnis kann in Form eines so genannten Künstlerexklusivvertrages vorliegen oder in Form eines so genannten Bandübernahmevertrages.

Unter einem **Künstlerexklusivvertrag** hat sich ein Künstler dazu verpflichtet, für einen gewissen Zeitraum ausschließlich für das betreffende Tonträgerunternehmen, für Tonaufnahmen zur Verfügung zu stehen. Die Durchführung und Gestaltung der Tonaufnahmeproduktion unterliegt in diesem Falle der nahezu alleinigen Verantwortung und dem alleinigen Geschmack des Tonträgerherstellers. Gleiches gilt dann auch für die Auswertung: Die Tonaufnahmen, die während des Vertragszeitraumes geschaffen werden, stehen alleine dem Tonträgerhersteller zur Verfügung und können von diesem alleine ausgewertet werden. Der Künstler erhält im Gegenzug eine finanzielle Beteiligung an den Erlösen aus der entsprechenden Auswertung.

Beim **Bandübernahmevertrag** hat der Künstler selbst die Tonaufnahmen hergestellt und die Rechte zur Auswertung auf ein Tonträgerunternehmen übertragen. Hinsichtlich der Auswertung gilt jedoch dasselbe wie zum Künstlerexklusivvertrag: Die Auswertung der Tonaufnahmen erfolgt alleine durch den Tonträgerhersteller, der den Künstler an den Erlösen finanziell beteiligt.

In beiden Fällen ergibt sich demnach für den jeweiligen Nutzer, dass er die Rechte, die er für den Einsatz der Musik bedarf, von dem jeweiligen Tonträgerhersteller erwerben muss und nicht vom einzelnen Künstler.

Der Veranstalter

Der Vollständigkeit halber sei hier noch der Veranstalter erwähnt, der ebenso wie der Tonträgerhersteller als Leistungsschutzberechtigter unter dem Urheberrechtsgesetz geschützt ist (§§ 81 UrhG).

Neben den Künstler schützt das Urheberrechtsgesetz auch den Veranstalter der Darbietung. Geschützt ist also der Konzertveranstalter oder das Bühnenunternehmen. Es müssen aber Veranstaltungen künstlerischer Darbietungen sein – der Veranstalter von Sportveranstaltungen fällt zum Beispiel nicht unter den Begriff des Veranstalters im Sinne des Urhebergesetzes. Veranstalter ist dasjenige Unternehmen, welches die Darbietung des ausübenden Künstlers federführend organisiert, das finanzielle Risiko hierfür trägt und den Ablauf der Veranstaltung überwacht.

Unerheblich ist der Veranstalter für den Einsatz von Medienmusik nicht. Geht es darum zum Beispiel, eine Musikaufnahme in den Medien zu nutzen, die auf einer Veranstaltung aufgezeichnet wurde, muss man daran denken, auch die Rechte von diesem Veranstalter zu erwerben.

Die Schutzdauer der Leistungsschutzrechte

Oben haben wir gesehen, dass das Musikwerk für eine beschränkte Dauer geschützt ist, nämlich bis zum Ablauf von 70 Jahren nach dem Tod des Urhebers. Die Aufnahmen (Tonaufnahmen oder Bildtonaufnahmen) sind auch nur für begrenzte Zeit geschützt. Die wichtigsten Rechte des Künstlers, nämlich die der Aufnahme, Vervielfältigung und Verbreitung, erlöschen 50 Jahre nach dem ersten Erscheinen des entsprechenden Tonträgers. Wenn die entsprechende Aufnahme nicht innerhalb dieses Zeitraumes erschienen ist, läuft die Frist innerhalb von 50 Jahren nach Aufzeichnung ab (§ 82 UrhG). Die Rechte des Tonträgerherstellers erlöschen ebenso nach 50 Jahren, gerechnet ab ersten Erscheinen oder ab erster öffentlichen Wiedergabe. Sofern weder das eine oder andere nicht stattgefunden hat, erlöschen die Rechte 50 Jahre nach Herstellung (§ 85 Abs. 3 UrhG). Der Vollständigkeit halber sei noch ergänzt, dass die Rechte des Veranstalters lediglich für die Dauer von 25 Jahren geschützt sind, jeweils beginnend zu den obigen Zeitpunkten.

3. Die Verwertungsgesellschaften

Wir haben soweit dargestellt, welche Personengruppen es zu berücksichtigen gilt, wenn es darum geht, Musik in Film, Funk und Fernsehen wie auch anderweitig zum Einsatz zu bringen. Dargestellt wurde soweit, dass man hierbei an die Rechte am Musikwerk selbst denken muss, wie auch an die Rechte hinsichtlich der Darbietung und deren Aufzeichnung. Wie der Rechtserwerb im rechtlichen Sinne von den Rechteinhabern, den Komponisten/ Textdichtern und ihren Verlagen sowie von den ausübenden Künstlern und deren Vertragspartnern, den Tonträgerherstellern und Veranstaltern, vonstatten geht, soll in einem folgenden Abschnitt noch näher dargestellt werden. Vorab bedarf es jedoch noch einer Ergänzung zu einem wichtigen Beteiligten hinsichtlich des Rechtserwerbs: Die Verwertungsgesellschaft.

Verwertungsgesellschaften sind Organisationen, die die Rechte ihrer Mitglieder kollektiv wahrnehmen und einerseits der Erleichterung der Lizenzierung von Rechten im alltäglichen Massengeschäft dienen, gleichzeitig dafür sorgen, dass die Rechteinhaber auch zu der entsprechenden Vergütung gelangen. Letzter Punkt wäre für den Einzelnen sicherlich schwer zu bewerkstelligen (denkt man schon alleine daran, in wie vielen Lokalen Musik gespielt wird), für eine Organisation, die die Kontrolle über solche Vorgänge für die Gesamtzahl der Rechtsträger übernimmt, ist dies aber durchführbar. Im Musikgeschäft sind die GEMA und die GVL die wichtigsten Verwertungsgesellschaften:

Die GEMA

Die **GEMA** (Gesellschaft für musikalische Aufführungs- und mechanische Vervielfältigungsrechte) ist die Verwertungsgesellschaft der <u>Musik-Urheber und Musikverlage</u>. Die GEMA nimmt vor allem – wie der Name schon sagt – das Recht zur Vervielfältigung von Musik wahr. Das heißt, ein Tonträgerunternehmen, das ein Werk der Musik auf Tonträgern aufnehmen, vervielfältigen und verbreiten will, muss diese Rechte bei der GEMA erwerben und vergüten. Es handelt sich hierbei um das **mechanische Recht**. Das gilt natürlich nur insofern als der Urheber seine Rechte bei der GEMA eingebracht hat, er also Mitglied der GEMA geworden ist.
Des Weiteren nimmt die GEMA auch die **Aufführungsrechte** wahr

– also das Recht, das dafür notwendig ist, um ein Musikwerk in der Öffentlichkeit vorzutragen (**öffentliche Wiedergabe**) oder im TV und Radio zu spielen (**Senderecht**).

Will man also, wie oben dargestellt, die Musik eines GEMA Mitgliedes nutzen, muss hierzu die Rechte von der GEMA erwerben. Die Einräumung der Rechte muss erfolgen und das auf Basis fester Tarife. Insofern ist die GEMA zum Abschluss verpflichtet und auch an feste Tarife gebunden, die angemessen sein müssen (§ 11 Abs. 1 des Urheberrechtswahrnehmungsgesetzes. Der jeweilige Nutzer schließt dann einen Vertrag mit der GEMA, die GEMA vereinnahmt die entsprechende Vergütung und schüttet die so für ihre jeweiligen Mitglieder vereinnahmten Gelder, nach Abzug einer Verwaltungspauschale, an ihre Mitglieder aus. Hinsichtlich des mechanischen Rechtes verteilt die GEMA die GEMA beispielsweise 60 % an die Urheber und 40 % an den jeweiligen Verlag. Bei den Aufführungsrechten erfolgt die Verteilung 8/12 für die Urheber und 4/12 für den jeweiligen Verlag.

Welche Rolle spielt die GEMA, wenn es darum geht, Rechte für eine Medienproduktion zu erwerben? Zur Beantwortung dieser Frage muss zunächst das Rechtsverhältnis zwischen der GEMA und ihren Mitgliedern kurz dargestellt werden. Die jeweiligen Mitglieder der GEMA, die Urheber und Verlag schließen mit der GEMA den so genannten Berechtigungsvertrag ab. Dieser Berechtigungsvertrag regelt in § 1 die Rechtsübertragung der Rechte an die GEMA, die von dieser für den Urheber und/oder den Verlag wahrgenommen werden sollen. Zu diesen Rechten zählen die oben angeführten Rechte, wie das mechanische Recht, das Recht zur öffentlichen Wiedergabe und das Senderecht. Das Recht zur Nutzung des Musikwerkes in einer Medienproduktion, also (laut § 1 i)

(1) **GEMA Berechtigungsvertrag**)

zur Herstellung von Filmwerken oder jeder anderen Art von Aufnahmen auf Bildtonträger sowie jeder anderen Verbindung von Werken der Tonkunst (mit oder ohne Text) mit Werken anderer Gattungen auf Multimedia- und andere Datenträger oder in Datenbanken, Dokumentationssystemen oder in Speichern ähnlicher Art, u. a. mit der Möglichkeit interaktiver Nutzung,

erfolgt auf der Basis,

dass GEMA und Berechtigter sich gegenseitig von allen bekannt werdenden Fällen benachrichtigen. Der GEMA werden diese Rechte unter einer **auflösenden Bedingung** übertragen. Die Bedingung tritt ein, wenn der Berechtigte der GEMA schriftlich mitteilt, dass er die Rechte im eigenen Namen wahrnehmen möchte.

Dies bedeutet, dass die GEMA die Rechte nur dann für die Zwecke der Synchronisation mit einem Filmwerk oder anderen audio-visuellen Produktionen vergeben kann und darf, wenn der jeweilige Berechtigte dies nicht selbst tun will, z. B. weil er sich so bessere Konditionen ausrechnet.

Diese Einschränkung der Wahrnehmungsmöglichkeiten gilt wiederum nicht, sofern es sich bei der Medienproduktion um eine Fernsehproduktionen, die eine Eigen- oder Auftragsproduktionen (nicht: Koproduktionen!) für eigene Sendezwecke und Übernahmesendungen handelt.

Praxisbeispiel:
Sofern eine Werbeagentur für ihren Kunden, z. B. einem Automobilhersteller, Musik zur Verwendung in einem Werbespot lizenzieren möchte, muss dieses Recht vom jeweiligen Berechtigten selbst erworben werden. Das ZDF auf der anderen Seite kann die Rechte zur Nutzung von Musikwerken in einer Eigenproduktion, z. B. in »Das Traumschiff« über die GEMA erwerben. Hierzu liegen zwischen der GEMA und den Fernsehanstalten Rahmenverträge vor.

GEMA-freie Musik

Wie oben dargestellt, muss man sich als Komponist/Textdichter nicht von einem Verlag vertreten lassen. Die eigenen Rechte kann am auch selber wahrnehmen. Genauso verhält es sich mit der GEMA Mitgliedschaft – auch diese ist freiwillig.

Nun verhält es sich in der Praxis so, dass Nutzer von Musik zur Verwendung in Medienproduktionen so genanntes GEMA-freies Repertoire suchen. Dieser Wunsch folgt naturgemäß materiellen Erwägungen: Einerseits besteht die Hoffnung, günstiger an die entsprechenden Rechte für die Erstverbindung (Filmherstellungsrecht/Synchronisation) zu gelangen. Andererseits fallen dann für den Einsatz der Medienproduktion keine weiteren Gebühren an, sprich also die Vergütung für die öffentliche Aufführung, Sendung oder anderweitige Nutzung, die von der GEMA wahrgenommen wird.

Dieser Wunsch ist durchaus nachvollziehbar, birgt jedoch einen bedeutenden Fallstrick. Der wichtigste Punkt ist, dass sämtliche Werke eines GEMA Komponisten/Textdichters unter das GEMA Repertoire fallen und demnach von der GEMA wahrgenommen werden. Einzelne Werke können nicht ausgenommen werden. Demnach muss ein Werknutzer hier besonders darauf achten und nachprüfen, ob sein Komponist nicht GEMA-Mitglied ist bzw. Mitglied einer ausländischen Verwertungsgesellschaft. Auch wenn der Komponist beteuert, nicht GEMA-Mitglied zu sein, wird der Nutzer für eine fehlende Rechteeinräumung durch die GEMA hinsichtlich seiner Nutzung des GEMA Repertoires belangt werden. Wie in allen Fällen der Rechteverletzung – Unwissenheit schützt vor Strafe nicht.

Die GVL

Die **GVL** (Gesellschaft zur Verwertung von Leistungsschutzrechten) ist – sehr grob gesprochen – das Pendant zur GEMA. Die GVL nimmt die Rechte von Künstlern (Musiker, Darsteller) und von Tonträgerherstellern wahr, also den Leistungsschutzberechtigten. Das Besondere am Wahrnehmungsbereich der GVL ist, dass diese sich nur der so genannten **Zweitverwertung** annimmt. Nicht die Aufnahme einer Darbietung wird von ihr kontrolliert (anders die GEMA, die ja das mechanische Recht wahrnimmt also das Recht übertragen kann und muss, ein Werk der Tonkunst auf einem Tonträger aufzunehmen und zu verbreiten), sondern die Auswertungshandlung, die der Aufnahme und der Veröffentlichung des Tonträgers folgt, z. B. das Spielen des Tonträgers im Radio.

Bei den von der GVL wahrgenommenen Zweitverwertungsrechten handelt es sich um folgende Bereiche:
– Die Tonträgersendung
– Die öffentliche Wiedergabe von Tonträgern und Sendungen
– Die private Vervielfältigung
– Sonstige Nutzungen (Verwendung von Tonträgern in Lehrmitteln für Unterrichtszwecke und Vermietung und Verleih von Tonträgern, wobei zu erwähnen ist, dass die Tonträgerhersteller, die Vermietung bislang verboten untersagt wird).

Zu diesen Zweitverwertungsrechten zählen aber nicht die Rechte, die dafür notwendig sind, die Aufnahme in die Medienproduktion zu übernehmen, also zum Beispiel mit der Produktion zu synchronisieren. Hierbei handelt es sich um ein Recht, welches beim jeweiligen Künstler bzw. dessen Tonträgerhersteller verblieben ist und von dort auch zu erwerben ist. Ausnahme jedoch hier ist, und das ganz ähnlich wie bei den von der GEMA wahrgenommenen Rechten, die Verwendung der Tonaufnahme in Fernsehproduktionen. Gemäß § 1 Ziff. 1a) des Wahrnehmungsver-

DIE VERWERTUNGSGESELLSCHAFTEN

trages für ausübende Künstler der GVL überträgt der Künstler der GVL auch das Recht auf Einwilligung, wenn die Darbietung des Künstlers durch Funk gesendet werden soll. Dies gilt auch für die Erstverbindung von Aufnahme und Filmwerk.

Praxisbeispiel:
Die Werbeagentur, die im obigen Beispiel zur GEMA für ihren Kunden, dem Automobilhersteller, eine Tonaufnahme zur Verwendung in einem Werbespot lizenzieren möchte, muss dieses Recht vom jeweiligen Künstler bzw. dessen Tonträgerhersteller erwerben. Das ZDF, auf der anderen Seite, kann die Rechte für ihre »Traumschiff« Produktion über die GVL erwerben. Dies erfolgt in der Regel ebenso unter bestehenden Rahmenverträgen.

Erwähnt sei bei dieser Gelegenheit, dass der ausübende Künstler (wie auch der Urheber hinsichtlich der »GEMA Rechte«) auf diese Ansprüche nicht verzichten kann. Die Ansprüche können also beispielsweise nicht in einem Künstlervertrag auf das Tonträgerunternehmen übertragen werden. Eine dennoch erfolgte Bestimmung in einem Künstlervertrag wäre unwirksam.

Weitere Verwertungsgesellschaften

Es gibt neben den aufgeführten Verwertungsgesellschaften, GEMA und GVL, noch eine weitere Verwertungsgesellschaft im Bereich der Musik, nämlich die VG Musikedition. Es handelt sich um die Verwertungsgesellschaft, die die Rechte an sog. wissenschaftlichen Ausgaben (§ 70 UrhG) wahrnimmt. Bei wissenschaftlichen Ausgaben handelt es sich um die Herausgabe von nicht mehr geschützten Werken (z. B. eine Mozart Klaviersonate), die aufgrund wissenschaftlich sichtender Tätigkeit in einer neuen Ausgabe erscheinen und sich deutlich von bisher überlieferten Ausgaben unterscheiden. Die VG Musikedition nimmt auch die Rechte an so genannten nachgelassenen Werken wahr. Bei nachgelassenen Werken (§ 71 UrhG) handelt es sich um solche Werke, die nach Ablauf der Schutzdauer (70 Jahre nach Tod des Autors) zum ersten Mal veröffentlicht werden.

4. Die Production Library

Die bisherigen Ausführungen haben die verschiedenen an der Musikproduktion beteiligten Personen gezeigt, an die sich ein Musiknutzer wenden muss, wenn es um den Erwerb von Musik zur Verwendung in einer Medienproduktion geht: Einerseits müssen die Rechte an der Komposition/Text erworben werden, andererseits die Rechte an der Aufzeichnung der künstlerischen Darbietung. Ansprechpartner sind hier in der Regel der Musikverlag auf der einen Seite und der Tonträgerhersteller auf der anderen Seite.

Es gibt jedoch Unternehmen, die beide Rechtegruppen gebündelt haben und beide verwalten. Es handelt sich um so genannte **Production Libraries**. Diese Unternehmen haben einen Katalog an Tonaufnahmen erstellt oder die Rechte hieran erworben. Gleichzeitig haben sie die Rechte an den, den Tonaufnahmen zugrundeliegenden Musikwerken erworben. Wenn ein Musiknutzer nun für eine Medienproduktion Musik nutzen und erwerben will, findet dieser in der Production Library einen Anbieter, von dem er beide Rechtegruppen erwerben kann.

Die meisten Anbieter von Production Libraries bieten ein einfaches und günstiges Lizenzierungsmodell an. Nach der Suche auf den von diesen Anbietern betriebenen Websites, stehen die Unterlagen für eine Lizenz zum Abruf bereit. Gegen – von Anbieter zu Anbieter unterschiedlichen Bedingungen, kann man dann die Rechte an Musikwerk und Tonaufnahme mit einem Dokument und für einen Preis erwerben. Da es zum Geschäftsmodel der Production Libraries gehört, Einkommen über die GEMA zu erzielen, sind die Lizenzgebühren für die Rechte an Werk und Tonaufnahme geringer und völlig unabhängig von der jeweiligen Nutzung.

5. Die Rechte an Musik

In den vorausgehenden Abschnitten ging es darum darzustellen, wer der Vertragspartner aufseiten der Medienschaffenden ist. Es wurde dargestellt, dass es sich bei Musik um ein immaterielles Rechtsgut handelt, an dem man Rechte erwerben muss, um sie in den Medien zu nutzen – um sie überhaupt nutzen zu dürfen. Bevor nun aber auf die einzelnen Auswertungsformen von Medienmusik eingegangen wird, soll zunächst allgemein dargestellt werden, was es heißt, Rechte an Musik zu erwerben. Welche Rechte stehen überhaupt zur Verfügung, die erworben werden können – und müssen? Wie sieht der Erwerb im rechtlichen Sinne überhaupt aus und welche Vorschriften gibt es diesbezüglich? Wie bereits in den vorangehenden Kapiteln orientiert sich die Darstellung an den beiden Berechtigten, den Urhebern und den Leistungsschutzberechtigten.

Der Urheber

Der Urheber, hier also der Komponist und Textdichter, wird per Gesetz sowohl in seiner persönlichen Beziehung zu seinem Werk geschützt wie auch hinsichtlich der Nutzungsmöglichkeiten seines Werkes. Das Gesetz unterscheidet diesbezüglich zwischen Urheberpersönlichkeitsrechten und Verwertungsrechten. Beides gilt es zu bedenken, wenn es darum geht, das Werk eines anderen zu nutzen.

§ 11 UrhG Allgemeines

Das Urheberrecht schützt den Urheber in seinen geistigen und persönlichen Beziehungen zum Werk und in der Nutzung des Werkes. […]

Urheberpersönlichkeitsrechte

Die Urheberpersönlichkeitsrechte betreffen die geistige und persönliche Beziehung des Urhebers zu seinem Werk. Diese Rechte verbleiben stets beim Urheber, auch wenn er ansonsten umfassend die Rechte an seinem Werk abgetreten hat. Es handelt sich hierbei im Wesentlichen um das Veröffentlichungsrecht (§ 12 UrhG), das Recht auf Anerkennung der

Urheberschaft (§ 13) und das Recht, die Entstellung des Werkes zu verbieten (§ 14).

Bereits hieraus ergeben sich zahlreiche Fallstricke hinsichtlich der Nutzung von Musik, die in Kürze anhand der oben erwähnten Persönlichkeitsrechte dargestellt werden sollen:

Beim Veröffentlichungsrecht, § 12 UrhG, handelt es sich um das Recht des Urhebers zu bestimmen, wann und wo sein Werk zum ersten Mal genutzt werden soll. Benutzt man ein Werk ohne Zustimmung des Urhebers und war dieses Werk zudem noch nicht veröffentlicht, stellt dies, neben dem Verstoß gegen Vervielfältigungsrechte oder Bearbeitungsrechte, auch einen gesonderten Verstoß gegen die Persönlichkeitsrechte des Urhebers dar, die zum Beispiel bei der Bewertung eines Schadensersatzes gesondert bewertet werden können.

Praxisbeispiel:
Howard Shores ist der Komponist der »Lord of the Rings Symphony«, also der Orchesterversion seines Filmmusik-Erfolges. Hiervon gab es in Deutschland eine nicht autorisierte Version des von Shore angefertigten Originals, die auch tatsächlich vor der Shore-Version zur Aufführung kam, trotz der Intervention des Komponisten. Der Komponist konnte sich schließlich durchsetzen und weitere Aufführungen verhindern, begründet auf sein Erstveröffentlichungsrecht.

Gleiches gilt auch hinsichtlich des Rechtes auf Anerkennung der Urheberschaft (§ 13 UrhG). Hier geht es im Wesentlichen um die Nennung des Urhebers im Zusammenhang mit der Nutzung eines Werkes. Erfolgt die Nutzung eines urheberrechtlich geschützten Werkes, muss hierbei der Urheber genannt werden.

Praxisbeispiel:
Ein anschauliches Beispiel für eine Verletzung des Nennungsrechts, wenn auch außerhalb der Musiknutzung, ist die fehlende Bezeichnung des Fotografen bei der Nutzung seines Werkes. Auch hier ergibt sich für den Fotografen durchaus die Möglichkeit, mit Erfolg einen gesonderten Schadenersatz geltend zu machen, für den Fall, dass seine Fotographie ohne Hinweis auf seine Person benutzt wurde.

Das Verbot der Entstellung des Werkes eines anderen (§ 14 UrhG) wird bei der Nutzung von Musik im Bereich der Werbung besonders virulent. Nicht nur die Zerstückelung eines Werkes kann hier in Frage kommen.

Auch zum Beispiel die Verbindung des Musikwerkes mit einem Werbespot mit beispielsweise politischen oder sexuellen Inhalt kann unter Umständen eine Entstellung eines Werkes darstellen. In jedem Fall ist dieser Sachverhalt als Eingriff in die Persönlichkeitsrechte des Urhebers zu werten und muss demnach vom Urheber nicht geduldet werden.

Praxisbeispiele:
Weiter oben hatten wir darauf hingewiesen, dass sich viele Komponisten so genannte Zustimmungsrechte in ihre Verträge mit Musikverlagen aufnehmen. Dies erfolgt häufig in Bezug auf Werbung. Hintergrund ist einerseits das kommerzielle Interesse des Autors; mit Hilfe seines Zustimmungsvorbehaltes gelingt es dem Autoren, Einfluss auf die Bemessung des Entgeltes für die Nutzung auszuüben. Grund für eine derartige Zustimmungsregelung findet sich aber in den oben aufgeführten Persönlichkeitsrechten des Urhebers. In der Regel will ein Urheber seine Rechte auch nur für derartige Produkte hergeben, mit denen er sich auch identifizieren kann und will. In der Produktionsmusik im Rahmen der erwähnten Production Libraries wird vorab die Einwilligung pauschal eingeholt: es ist jedoch Aufgaben des Unternehmers, auf eine angemessene Nutzung zu achten.

Ausschließliche Verwertungsrechte

Die Nutzungsrechte begründen für den Urheber die Rechtsposition, dass dieser es ist, der alleine darüber entscheiden kann, wann und wo die Nutzung seines Werkes erfolgen soll. Oder umgekehrt gesagt, das Gesetz formuliert die Rechte, die es dem Urheber erlauben, anderen die Nutzung zu verbieten (»Verbotsrechte«). Das Urhebergesetz zählt die verschieden Rechte wie folgt auf:

§ 15 UrhG [Verwertungsrechte] Allgemeines

(1) Der Urheber hat das ausschließliche Recht, sein Werk in körperlicher Form zu verwerten; das Recht umfasst insbesondere

[Verwertung in körperlicher Form]

1. das Vervielfältigungsrecht
2. das Verbreitungsrecht
3. das Ausstellungsrecht

(2) Der Urheber hat ferner das ausschließliche Recht, sein Werk in unkörperlicher Form öffentlich wiederzugeben. Das Recht der öffentlichen Wiedergabe umfasst insbesondere

[Verwertung in unkörperlicher Form]

1. das Vortrags-, Aufführungs- und Vorführungsrecht
2. das Recht der öffentlichen Zugänglichmachung
3. das Senderecht
4. das Recht der Wiedergabe durch Bild- oder Tonträger
5. das Recht der Wiedergabe von Funksendungen und von öffentlicher Zugänglichmachung

[...]

In den Abschnitten zu den einzelnen Nutzungsmöglichkeiten von Medienmusik wird noch im Einzelnen hierauf einzugehen sein und hierbei die Bedeutung der einzelnen Rechte dargestellt.

Vergütungsansprüche

In einigen Fällen begnügt sich das Urhebergesetz mit der Gewährung eines bloßen Vergütungsanspruchs. Dem Urheber steht in diesen Fällen kein Verbotsrecht zur Seite wie bei den oben erwähnten ausschließlichen Rechten – bei diesen kann der Urheber eine Nutzung ausdrücklich verbieten. Erfolgt die Nutzung ohne seine vorherige Zustimmung stehen dem Urheber u.a. Unterlassungs- und Schadenersatzansprüche zu. Im Interesse der Allgemeinheit kann es jedoch unangemessen sein, bestimmte Arten der Nutzung in jedem Einzelfall von der Zustimmung des jeweiligen Urhebers abhängig zu machen (sog. gesetzliche Lizenz), ohne dass die Urheber aufgrund der Allgemeininteressen zugleich auf eine Vergütung verzichten müssten. Einen bloßen Vergütungsanspruch gewährt das deutsche Urhebergesetz aber auch dann, wenn der Urheber eine Zustimmung zur Werknutzung durch Dritte realistischer Weise nicht selber wahrnehmen kann (z.B. Privatkopie, § 53 UrhG). Die wichtigsten Vergütungsansprüche finden sich in den §42a (Zwangslizenz Tonträgerherstellung), 46 (Kirchen-, Schul-, Unterrichtsgebrauch), §47 (Schulfunksendungen), § 54 (Vergütungspflicht für erwartete Vervielfältigungen), § 54a UrhG (Ablichtungen).

Der Vergütungsanspruch für die private Vervielfältigung von Werken der Tonkunst erfolgt beispielsweise in der Form der Geräteabgabe und Abgabe für unbespielte Bild- oder Tonträger – im Verkaufspreis eines Kassettenrecorders oder aufnahmefähigen DVD Gerätes sowie im Verkaufspreis eines CD-Rohlings ist ein Teil enthalten, der an die Verwertungsgesellschaften, u.a. an die GEMA abgeführt wird und dann an die Berechtigten (Komponisten, Textdichter, Musikverlage) ausgeschüttet wird.

Bearbeitungen und freie Benutzung

Dem Urheber ist die Nutzung seines Werkes nicht nur in identischer, sondern auch in abgewandelter Form vorbehalten. Bearbeitungen eines Werkes oder andere Umgestaltungen des Werkes dürfen nur mit der Einwilligung (= vorherige Zustimmung) des Urhebers veröffentlicht oder verwertet werden (§ 23, Satz 1 UrhG). Das heißt, dass jeder ein Werk »in seinem stillen Kämmerchen« zwar bearbeiten darf – nur veröffentlichen oder anderweitig verwerten darf er diese Bearbeitung nicht. Wenn es bei der Bearbeitung allerdings darum geht, ein Werk, z.B. eine Komposition, mit einem Filmwerk zu verbinden, bedarf bereits die Herstellung dieser Bearbeitung der Zustimmung des Urhebers (§ 23 Satz 2 UrhG).

Entfernt sich der Bearbeiter jedoch im ausreichenden Maße vom Original, bedarf die Veröffentlichung und Verbreitung nicht mehr der Einwilligung des (ursprünglichen) Urhebers. Es liegt eine freie Benutzung vor, § 24 UrhG. Eine freie Benutzung liegt aber erst dann vor, wenn die Züge des geschützten alten Werkes verblassen, wobei hieran strenge Anforderungen gestellt werden.

Im Bereich der Musik ist die Möglichkeit der freien Benutzung explizit noch weiter eingeschränkt. Nach § 24 Abs. 2 UrhG gilt ein so genannter strenger Melodienschutz, der zumindest in der Popmusik (evtl. anders im Bereich der sog. Ernsten Musik) dazu führt, dass bereits die Erkennbarkeit einer vorbestehenden Melodie dazu führt, dass die Rechtmäßigkeit der Benutzung von der Zustimmung des (ursprünglichen) Urhebers abhängt.

Aufräumen mit der »Acht-Sekunden-Lüge«

Man hört oftmals, dass ein Musikwerk eines anderen ohne jegliche Genehmigungen oder Erlaubnis des Berechtigten benutzt werden dürfe, solange es sich nur um einen kurzen Abschnitt handelt. Es werden hierbei entweder »ein bis zwei« Takte erwähnt oder eine Dauer des benutzten Musikstücks von bis zu acht Sekunden. Dies ist alles unzutreffend. Jede Verwendung eines Werkes eines anderen bedarf seiner vorherigen Zustimmung. Ohne diese ist die Nutzung rechtswidrig und berechtigt den Urheber zu Unterlassung und Schadenersatz.

Praxisbeispiel:
Im Fernsehen, Radio, Werbung gibt es viele Fanfaren, z. B. Erkennungsmelodien von Rundfunksendungen. Die wären gar nicht geschützt, wenn es die »Acht-Sekunden-Regel gäbe«. Viele Hits sind außerdem so markant und verdanken ihren Erfolg einem prägnanten Intro wie z. B. Garry Rafferty »Baker Street«.

Das Zitatrecht

Oben wurde bereits dargestellt, dass einige Rechte nicht als Verbotsrechte ausgestaltet wurden, sondern dem Urheber lediglich ein Anspruch auf Vergütung eingeräumt wurde. Es handelt sich also um eine Beschränkung des Urheberrechtes in Form einer Reduzierung des Verbotsrechts. Manchen dieser Schranken wurde korrespondierend ein Vergütungsanspruch zur Seite gestellt, bei anderen nicht.

Eine wichtige Schrankenbestimmung stellt das Zitatrecht dar.

Zitate eines vorbestehenden Werkes sind unter bestimmten Voraussetzungen möglich, das Zitatrecht, § 51 UrhG. Diese Voraussetzungen sind in § 51 UrhG geregelt. Grundsätzlich gilt hierbei, wenn es die eigene geistige Auseinandersetzung mit Werken anderer verlangt, auf diese Bezug zu nehmen oder sie in anschaulicher Form einzubringen, ist die Wiedergabe des Zitates gestattet. Das Zitat darf nicht um seiner selbst willen, sondern nur als Beleg, Erörterungsgrundlage oder sonstiges Hilfsmittel angeführt werden. Das Schwergewicht muss auf der eigenen geistigen Auseinandersetzung liegen.

Im Musikbereich ist das Zitatrecht aufgrund des strengen Melodienschutzes sehr eingeschränkt. Bereits das Verwenden weniger Sekunden/Takte/Noten eines Musikwerkes kann bereits rechtswidrig sein. Dazu muss aber das zitierte Werk oder das zitierte Teil des Werkes selbst urheberrechtlich geschützt sein. Fehlt es bei einem Melodieteil an der entsprechenden Individualität kann der Ausschnitt benutzt werden.

Die Leistungsschutzberechtigten

Zu den für Medienmusik wichtigen Leistungsschutzberechtigten zählen die **ausübenden Künstler**, die **Veranstalter** und die **Tonträgerhersteller**. Die Rechte der Leistungsschutzberechtigten finden sich, wie bereits erwähnt, im Zweiten Teil des Urhebergesetzes (§§ 70 ff UrhG).

Die ausübenden Künstler

Gegenstand des Schutzes der ausübenden Künstler sind die Darbietungen von urheberrechtlich schutzfähigen Werken und – seit dem Jahre 2003 – die Darbietung von Ausdrucksformen der Volkskunst. Zur Ermittlung der Schutzfähigkeit ist also auf den Inhalt der jeweiligen Darbietung abzustellen. Wenn dieses ein urheberrechtlich geschütztes Werk (z. B. die Darbietung eines Künstlers, der ein Lied vorträgt) oder eine Ausdrucksform der Volkskunst (also Werke, die der kollektiven Tradition entspringen und nicht einer bestimmten Person als Schöpfer zuzuordnen sind) ist, ist die kreative Leistung des Darbietenden auch geschützt, nämlich als Leistungsschutzrecht des darbietenden Künstlers. Anders gibt es keinen Schutz. So werden z. B. Sportler nicht als ausübende Künstler geschützt ebenso wenig wie Akrobaten. Auch bei Quizmoderatoren und Rundfunksprechern wird Schutzfähigkeit zu verneinen sein, wenn sie lediglich vorgegebene Texte aufsagen.

Die Rechte der ausübenden Künstler finden sich in den **§§ 74 ff UrhG**. Der ausübende Künstler hat folgende Rechte:

Persönlichkeitsrechte

Der Künstler verfügt über Persönlichkeitsrechte, so das Recht auf Anerkennung in Bezug auf seine Darbietung (§ 74 UrhG) und das Recht, die Beeinträchtigung seiner Darbietung (Entstellungen) zu untersagen (§ 75 UrhG). Es kann hier im Wesentlichen auf das Oben zum Urheber Gesagte Bezug genommen werden.

Ausschließliche Verwertungsrechte

Auch dem Künstler räumt das Gesetz ausschließliche Verwertungsrechte ein, so das Recht, seine Leistung auf Bild- oder Tonträger aufzunehmen, den Tonträger zu vervielfältigen und zu verbreiten (§ 77 Abs. 2 UrhG); das Recht, seine Darbietung öffentlich zugänglich zu machen (§§ 78 Abs. 1 Nr. 1, 19 a UrhG); und das Recht, die Darbietung zu senden (§§ 78 Abs. 1 Nr. 2, 20 UrhG), es sei denn die Darbietung ist erlaubterweise auf Tonträger erschienen; in diesem Falle hat der Leistungsschutzberechtigte lediglich das Recht auf Vergütung (siehe unten). Schließlich hat der Künstler auch noch das Recht, die Darbietung öffentlich wahrnehmbar zu machen (§§ 78 Abs. 1. Nr. 3, 19 Abs. 3 UrhG).

Vergütungsansprüche

Hat der ausübende Künstler seine ideellen Interessen verbraucht, z. B. wenn er einmal der Aufnahme oder dem öffentlichen Erscheinen seiner Darbietung zugestimmt hat, darf diese Aufnahme auch gesendet werden (§ 78 Abs. 2 Nr. 1 UrhG). Dasselbe gilt auch für die Zweitverwertungsrechte: Tonaufnahmen, die mit Zustimmung des Künstlers gemacht wurden, dürfen auch in Lokalen etc. gespielt werden. Hierfür ist dem ausübenden Künstler »lediglich« eine angemessene Vergütung zu zahlen, § 78 Abs. 2 UrhG. Hierüber war weiter oben bereits die Rede: Dies ist einer der Ansprüche, die von der GVL wahrgenommen werden. Der Künstler erhält im Rahmen der Ausschüttungen der GVL die ihm gesetzlich zustehende angemessene Vergütung (entsprechend den hierfür festgesetzten Verteilungsplänen).

Schrankenbestimmungen

Die oben dargestellten Schrankenbestimmungen (also die §§ 44a bis 63 UrhG, z. B. private Vervielfältigung) finden auch auf den ausübenden Künstler entsprechende Anwendung, § 83 UrhG. Dies gilt auch für die folgenden Leistungsschutzberechtigten, Veranstalter und Tonträgerhersteller.

Veranstalter

Die Leistungsschutzrechte des Veranstalters sind in § 81 **UrhG** geregelt. Wird die Darbietung eines ausübenden Künstlers von einem Unternehmen veranstaltet, stehen die Rechte hinsichtlich der Aufnahme der Darbietung auf Bild- oder Tonträger (§ 77 Abs. 1 UrhG), das Recht der Vervielfältigung und Verbreitung (§ 77 Abs. 2 Satz 1 UrhG), das Recht auf öffentliche Zugänglichmachung (§§ 78 Abs. 1 Nr. 1, 19a UrhG), Sendung und öffentliche Wahrnehmbarmachung der Darbietung (§§ 78 Abs. 1 Nr. 2 UrhG) ebenfalls zu.

Tonträgerhersteller

Die Rechte des Tonträgerherstellers finden sich in §§ 85 und 86 UrhG. Der Tonträgerhersteller hat folgende Rechte:
Das Recht, den Tonträger zu vervielfältigen, zu verbreiten (einschließlich Vermietrecht) und öffentlich zugänglich zu machen. Dies entspricht den §§ 16, 17, 19a UrhG, welche analog anzuwenden sind.
Der Schutz setzt an, unabhängig davon, was vom Tonträgerhersteller aufgenommen wurde. Der Schutz erstreckt sich demnach auch auf die Aufnahme von Geräuschen oder auch von gemeinfreien Werken.

Praxisbeispiel:
Eine Tonaufnahme zum Beispiel der *Deutschen Grammophon* kann nicht verwendet werden, ohne die entsprechende Genehmigung des Tonträgerunternehmens vorher eingeholt zu haben, nur weil es sich um die Aufnahme eines gemeinfreien Werkes handelt, z. B. einer Beethoven Symphonie.

Das Urhebergesetz gewährt den Schutz des Tonträgerherstellers wegen der zur Festlegung der Tonfolge auf dem Tonträger erforderlichen **wirtschaftlichen, organisatorischen und technischen Leistung** des Tonträgerherstellers. Der Leistungsschutz setzt hier also nicht an eine künstlerische Leistung an. Wie der Bundesgerichtshof im November 2008 hierzu entschied, erstreckt sich dieser Schutz auch auf kleinste Abschnitte der Tonaufnahmen. Da der Tonträgerhersteller diese unternehmerische Leistung für den gesamten Tonträger erbringe, gebe es keinen Teil des Tonträgers, auf den nicht ein Teil dieses Aufwands entfalle und der daher nicht geschützt wäre. Ein Eingriff in die Rechte des Tonträgerherstellers sei deshalb bereits dann gegeben, wenn einem fremden Tonträger kleinste Tonfetzen entnommen werden (BGH Urteil vom 20.11.2008, I ZR 112/06).

Praxisbeispiel.
Das gerade erwähnte Urteil betrifft eine Tonaufnahme der Künstlergruppe *Kraftwerk*. Diese veröffentlichte im Jahre 1977 einen Tonträger,

auf dem sich unter anderem das Stück „*Metall auf Metall*" befindet. Die Künstlergruppe, bzw. Mitglieder der Künstlergruppe, klagten hierbei gegen ein Tonträgerunternehmen, das einen Ausschnitt von ca. zwei Sekunden aus der Kraftwerk-Aufnahme „Metall auf Metall" auf einem im Jahre 1997 erschienenen Tonträger der Künstlerin Sabrina Setlur verwendet hatte. Der BGH urteilte, dass ein Eingriff in das Recht des Tonträgerherstellers vorlag, verwies den Rechtsstreit jedoch an die Vorinstanz zurück, da andere Gründe (freie Benutzung) die Verwendung evtl. doch zulässig machen könnte.

Wichtig für das Verständnis für die Rechtslage an Tonaufnahmen und das Zusammenspiel der verschiedenen Leistungsschutzberechtigten: Die oben beschriebenen Rechte stehen den einzelnen Leistungsschutzberechtigten jeweils alleine und ausschließlich zu. Will also ein Veranstalter eine Aufführung des Künstlers präsentieren und weiter auswerten, benötigt er die entsprechenden Rechte vom Künstler.

Praxisbeispiel:
Soll die Aufführung eines Künstlers bei einem Konzert für das Fernsehen aufgezeichnet und gesendet oder Online zum Stream oder Download angeboten werden, benötigt der Veranstalter auch die entsprechenden Rechte vom Künstler. Diese müssten im Auftrittsvertrag ausdrücklich erwähnt und übertragen werden.

6. Formalitäten beim Erwerb des Urheberrechtsschutzes

Will man ein Patentrecht geltend machen, muss man ein solches Patent beim Deutschen Patent- und Markenamt anmelden. Gleiches gilt für den Markenschutz. Die beiden vorbenannten Schutzrechte sehen also ein formales Prozedere vor, um Rechtsschutz zu erlangen. Ein solches Prozedere gibt es beim Urheberrecht nicht: Das Urheberrecht entsteht automatisch, sofern die oben beschriebenen Voraussetzungen vorliegen, also im Wesentlichen wenn ein Werk vorliegt, eine persönliche geistige Schöpfung.

Auf dem Artwork einer CD finden sich aber so genannten »C- und P-Vermerke«. Was bedeuten diese?

P-Vermerk:
In einigen Ländern (zu denen Deutschland und die EU-Staaten nicht gehören) ist der Schutz der Tonträgerherstellerrechte davon abhängig, dass auf dem Tonträger ein eingekreistes »P« und dazu der Inhaber der Tonträgerherstellerrechte und das Jahr der ersten Veröffentlichung genannt sind. Inhaber der Tonträgerherstellerrechte können sein: a) der erste Hersteller, der die Aufnahme gemacht hat, Repertoire-Inhaber und Inhaber der Verträge mit den mitwirkenden Künstlern ist; b) Rechtsnachfolger des ersten Herstellers oder c) ausschließliche Lizenznehmer des ersten Herstellers. Bei Compilations, die Aufnahmen verschiedener Erstveröffentlichungsjahre und/oder verschiedener Rechteinhaber enthalten, muss bei jeder Aufnahme deren Erstveröffentlichungsjahr und deren Rechteinhaber angegeben werden. Wird auch für die Compilation selbst ein P-Vermerk mit deren Erstveröffentlichungsjahr und deren Herausgeber aufgedruckt, so muss zur Vermeidung von Irreführungen deutlich gemacht werden, dass sich dieser P-Vermerk auf die Compilation bezieht.

C-Vermerk:
In einigen Ländern (zu denen Deutschland und die EU-Staaten nicht gehören) ist der Schutz der Tonträgerherstellerrechte davon abhängig, dass auf dem Tonträger ein eingekreistes »P« und dazu der Inhaber der Tonträgerherstellerrechte und das Jahr der ersten Veröffentlichung genannt sind. Inhaber der Tonträgerherstellerrechte können sein: a) der erste Hersteller, der die Aufnahme gemacht hat, Repertoire-Inhaber und

Inhaber der Verträge mit den mitwirkenden Künstlern ist; b) Rechtsnachfolger des ersten Herstellers oder c) ausschließliche Lizenznehmer des ersten Herstellers. Bei Compilations, die Aufnahmen verschiedener Erstveröffentlichungsjahre und/oder verschiedener Rechteinhaber enthalten, muss bei jeder Aufnahme deren Erstveröffentlichungsjahr und deren Rechteinhaber angegeben werden. Wird auch für die Compilation selbst ein P-Vermerk mit deren Erstveröffentlichungsjahr und deren Herausgeber aufgedruckt, so muss zur Vermeidung von Irreführungen deutlich gemacht werden, dass sich dieser P-Vermerk auf die Compilation bezieht. Welchen Inhalt hat der C-Vermerk? In einigen Ländern (zu denen Deutschland und die EU-Staaten nicht gehören) ist auch der Urheberrechtsschutz an bestimmte Formalien geknüpft: Wer ein Urheberrecht für sich in Anspruch nimmt, muss dies kenntlich machen, indem er ein umkreistes »C« (©), das Jahr der ersten Veröffentlichung und seinen Namen auf dem Werkstück anbringt. Der C-Vermerk auf einem Tonträger bezieht sich nicht auf die enthaltenen Musikwerke, sondern auf das Artwork, also die künstlerische Aufmachung des äußeren Erscheinungsbilds des Tonträgers (Cover, Booklet).

Welchen praktischen Nutzen haben die Vermerke? P- und C-Vermerk sind in Deutschland eine reine Formalie, die nicht Schutz begründend ist. Also: Urheber- und Leistungsschutzrechte sind nicht von der Verwendung der Vermerke abhängig. Sie können aber durchaus von praktischer Bedeutung sein, beispielsweise wenn es um den Nachweis der Rechtsinhaberschaft geht. P- und C-Vermerk sind im Übrigen international anerkannt. Eine zentrale »Vergabe« oder eine Prüfung, ob die Vermerke auf einem Tonträger richtig sind, findet allerdings nicht statt. In den USA und einer Reihe von anderen Staaten ist der Copyright-Vermerk die Voraussetzung für den urheberrechtlichen Schutz. Die Registrierung von Werken und Tonträgern (Tonaufnahmen) ist notwendig für US-Bürger und US-Gesellschaften. Für andere Berechtigte ist die Registrierung freiwillig, aber für die gerichtliche Verfolgung von Rechtsverletzungen eine große Hilfe. Deshalb empfiehlt es sich, solche Werke oder Tonaufnahmen registrieren zu lassen, die innerhalb der USA piateriegefährdet sind. Für die Registrierung von Tonaufnahmen, die außerhalb der USA erstveröffentlicht werden oder worden sind, ist eine vollständige Registrierung erforderlich.

7. Der Rechtsverkehr im Urheberrecht

In den vorgegangenen Abschnitten haben wir gesehen, welche Person und Firmen Rechte halten, an der Musik, die vom Nutzer verwendet werden soll. Im Folgenden soll es darum gehen, wie das Geschäft mit diesem Produkt rechtlich funktioniert. Oben wurde schon erwähnt, dass dem Geschäft mit der Musik die Einräumung von Nutzungsrechten zugrundeliegt. Das Urhebergesetz widmet einen Abschnitt diesem Rechteerwerb und überschreibt diesen Abschnitt dem Rechtsverkehr im Urheberrecht. Es geht hierbei um Rechtsgeschäfte über das Urheberrecht (§ 29 UrhG). Die Vorschriften sind im Wesentlichen aber auch auf die Leistungsschutzrechte anwendbar. Dieser Abschnitt ist ein Teil dessen, der als das **Urhebervertragsrecht** bezeichnet wird. Neben diesen Vorschriften sind die allgemeinen gesetzlichen Bestimmungen (z. B. Bürgerliches Gesetzbuch) anwendbar, soweit sich aus den Bestimmungen des Urhebergesetzes nicht Vorrangiges findet. Die Ausführungen werden sich aber im Wesentlichen auf die Bestimmungen des Urheberrechtsgesetzes beschränken, es geht hierbei um die Vorschriften der §§ 288 bis 44 UrhG.

Die wichtigsten Regelungen zum Rechtsverkehr betreffen die folgenden Fragen: Wie und in welchem Umfange können Urheber- und Leistungsschutzrechte übertragen werden und wie sieht es mit der Vergütung aus. Es geht also um die Frage wie die in den obigen Abschnitten dargestellten Nutzungsrechte von den jeweiligen Berechtigten, also den Urhebern und Leistungsschutzberechtigten auf die jeweiligen Nutzer übertragen werden können und was können die jeweiligen Berechtigten als Gegenleistung erwarten.

Übertragbarkeit des Urheberrechts und Einräumung von Nutzungsrechten

Das Urheberrecht ist nicht übertragbar. Diese gesetzliche Aussage ist weitestgehend bekannt. Eine Ausnahme hiervor ist die Übertragung im Erbwege. So regelt § 28 Abs. 1 UrhG, dass das Urheberrecht vererbbar ist. Der Erbe kann somit an die Stelle des Urhebers treten. Der Urheber kann über sein Urheberrecht auch testamentarisch verfügen (§ 28 Abs. 2 UrhG).

§ 29 Rechtsgeschäfte über das Urheberrecht

(1) Das Urheberrecht ist nicht übertragbar, es sei denn, es wird in Erfüllung einer Verfügung von Todes wegen [...] übertragen. Ansonsten kann es aber nicht übertragen werden. Es können allerdings Nutzungsrechte eingeräumt werden:

§ 29 Rechtsgeschäfte über das Urheberrecht

[...]

(2) Zulässig ist die Einräumung von Nutzungsrechten (§ 31 UrhG), schuldrechtliche Einwilligungen und Vereinbarungen zu verwertungsrechten sowie die in § 39 geregelten Rechtsgeschäfte über Urheberpersönlichkeitsrechte.

Die Einräumung von Nutzungsrechten

Das Urheberrechtsgesetz legt gleich einleitend fest, wie die rechtsgeschäftliche Einräumung von Nutzungsrechten aussehen kann:

§ 31 Abs. 1 UrhG

Der Urheber kann einem anderen das Recht einräumen, das Werk auf einzelne oder alle Nutzungsarten zu nutzen (Nutzungsrecht). Das Nutzungsrecht kann als einfaches oder ausschließliches Recht, sowie räumlich, zeitlich oder inhaltlich beschränkt eingeräumt werden.

Betrachtet man den Text genauer, erschließen sich die wesentlichen Details, die es zu wissen gibt, wenn es um den Rechtserwerb an Musik (wie auch anderer urheberrechtlicher Leistungen) geht.

Bei der Rechtsübertragung kann der Urheber alleine darüber entscheiden, wie er die Rechte übertragen will. Er kann die Übertragung der Rechte einschränken: Sei es nach **Zeit** (z.B. Rechtsübertragung für die Dauer von 10 Jahren), er kann die Rechtsübertragung auf ein **bestimmtes Rechtsgebiet** beschränken (z.B. für das Gebiet Deutschland, Schweiz Österreich) und er kann die Rechte **inhaltlich** beschränken (z.B. nur das Recht, Tonträger herzustellen und zu verbreiten, nicht aber die Rechte an der Aufnahme auch im Internet zu verwenden). Abschließend kann der Rechteinhaber die Rechte zur ausschließlichen Auswertung übertragen oder er kann sich vorbehalten, die Rechte mehreren zu übertragen. das Gesetz spricht von **ausschließlichen** (auch: **exklusiven**) Rechten und **einfachen** Rechten: Die bei den Urhebern und ausübenden Künstlern liegenden Rechte stehen den jeweiligen Rechteinhabern unter Ausschluss jeder anderen Person zu. Im selben Umfang können die Rechte auch übertragen werden. Sie können aber auch als einfache Rechte übertragen werden, das heißt derart einer Person eingeräumt werden, ohne dass eine Nutzung durch andere ausgeschlossen ist.

Der Nutzungsvertrag

Schließt man ein Rechtsgeschäft über Nutzungsrechte ab, liegt diesem Vorgang ein Vertrag zugrunde. Dieser Vertrag bedarf keiner besonderen Form, er kann also auch mündlich geschlossen werden oder in Form einer E-Mail. Ausnahmen hierzu gibt es natürlich, z. B. die Einräumung von Rechten an künftigen Werken (§ 40 UrhG), z. B. im Rahmen eines Verlagsvertrages. Diese Fälle sind aber für das Thema der Nutzung von Medienmusik von geringer Relevanz und sollen auch nicht weiter erörtert werden.

Fehlt ein schriftlicher Vertrag, stellt sich jedoch ein Problem und zwar insbesondere für den Nutzer. Diesem, dem Nutzer, obliegt die Beweislast, wenn es darum geht nachzuweisen, ob und in welchem Umfange er Rechte erworben hat. Kann er dies nicht beweisen, muss er seine Nutzung einstellen (Unterlassung) für die erfolgte Nutzung Schadenersatz leisten. Es liegt also im Interesse des Nutzers klar festzulegen, in welchem Umfang er das gewünschte Werk benutzen darf.

Ganz hilflos ist der Nutzer jedoch nicht, wenn es darum geht, den Umfang der vertraglich erlaubten Nutzung nachträglich zu ermitteln. Verhält es sich also so, dass das Zustandekommen eines Vertrages hinsichtlich einer Rechtseinräumung erfolgt (und auch nachweisbar) ist, hilft eine gesetzliche Auslegungsregelung bei der Ermittlung des tatsächlichen Umfanges der rechtsgeschäftlich eingeräumten Nutzungsrechte. Es handelt sich hierbei um die in § 31 Abs. 5 UrhG ausformulierten Zweckübertragungslehre:

§ 31 Abs. 5 UrhG

Sind bei der Einräumung eines Nutzungsrechts die Nutzungsarten nicht ausdrücklich einzeln bezeichnet, so bestimmt sich nach dem von beiden Partnern zugrunde gelegten Vertragszweck, auf welche

Nutzungsarten es sich erstreckt. Entsprechendes gilt für die Frage, ob ein Nutzungsrecht eingeräumt wird, ob es sich um ein einfaches oder ausschließliches Nutzungsrecht handelt, wie weit Nutzungsrecht und Verbotsrecht reichen und welchen Einschränkungen das Nutzungsrecht unterliegt.

Die Zweckübertragungslehre besagt im Wesentlichen, dass der Urheber im Zweifel keine weitergehenden Rechte überträgt, als es der Zweck der Verfügung (Zweck der Vertragsbeziehung) erfordert. Das Urheberrecht hat allerdings die Tendenz soweit wie möglich beim Urheber zu verbleiben.

Dies führt zu einer Spezifizierungslast – wer sicher gehen will, dass er das betreffende Nutzungsrecht auch tatsächlich erworben hat, muss es auch ausdrücklich bezeichnen. Dies führt im Ergebnis zu den langen Rechtsübertragungsklauseln (**Rechtekataloge**), die in urheberrechtsrelevanten (auch Leistungsschutz) Nutzungsverträgen die Regel darstellen.

8. Unbekannte Nutzungsarten

Das Urhebergesetz sah und sieht Einschränkung vor, wenn es darum geht, dass ein Urheber seine Rechte überträgt für Nutzungsmöglichkeiten, die zum Zeitpunkt des Vertragsschlusses unbekant sind. Das Gesetz wollte, dass der Urheber die Kontrolle über diese neuen Möglichkeiten behält und dann beim Entstehen darüber verfügen konnte. Bis zum Ende des Jahres 2007 galt folgende Regelung:

§ 31 Abs. 4 UrhG

Die Einräumung von Nutzungsrechten für noch nicht bekannte Nutzungsarten sowie Verpflichtungen hierzu sind unwirksam.

Zum Schutze des Urhebers regelte das Urhebergesetz, dass die Übertragung von Nutzungsrechten für – zum Zeitpunkt des Vertragsschusses – noch nicht bekannte Nutzungsarten sowie entsprechende Verpflichtungen hierzu unwirksam waren. Dies war geregelt in § 31 Abs. 4 UrhG. Es ist wichtig zu wissen, dass diese Einschränkung nicht für Leistungsschutzberechtigte galt.

Mit Wirkung zum 1. Januar 2008 wurde diese gesetzliche Regelung zugunsten der Vertragspartner der Urheber geändert. Die Regelung lautet nunmehr:

§ 31 a Verträge über unbekannte Nutzungsarten.

(1) Ein Vertrag, durch den der Urheber Rechte für unbekannte Nutzungsarten einräumt oder sich dazu verpflichtet, bedarf der Schriftform. Der Schriftform bedarf es nicht, wenn der Urheber unentgeltlich ein einfaches Nutzungsrecht für jedermann einräumt. Der Urheber kann diese Rechtseinräumung oder die Verpflichtung hierzu widerrufen. Das Widerrufsrecht erlischt nach Ablauf von drei Monaten, nachdem der andere die Mitteilung über die beabsichtige Aufnahme der neuen Art der Werknutzung an den Urheber unter der ihm zuletzt bekannten Anschrift abgesendet hat.

(2) Das Widerrufsrecht entfällt, wenn sich die Parteien nach Bekanntwerden der neuen Nutzungsart auf eine Vergütung nach § 32 c Abs. 1 geeinigt haben. Das Widerrufsrecht entfällt auch, wenn die Parteien die Vergütung nach einer gemeinsamen Vergütungsregel vereinbart haben. Es erlischt mit dem Tod des Urhebers.

(3) Sind mehrere Werke oder Werkbeiträge zu einer Gesamtheit zusammengefasst, die sich in der neuen Nutzungsart in angemessener Weise nur unter Verwendung sämtlicher Werke oder Werkbeiträge verwerten lässt, so kann der Urheber das Widerrufsrecht nicht wider Treu und Glauben ausüben.

(4) Auf die Rechte nach den Absätzen 1 bis 3 kann im Voraus nicht verzichtet werden.

Die alte Regelung wurde als sehr hinderlich empfunden, wenn eine neue Nutzungsart – wie etwa die Verwertung im Internet – entwickelt worden ist. Wollte der Verwerter das Werk auf diese neue Art nutzen, musste er mit viel Aufwand nach Urhebern oder ihren Erben suchen und sich mit ihnen über die Verwertung einigen. Deshalb soll der Urheber nun über seine Rechte auch für die Zukunft verfügen können. Er erhält aber eine gesonderte, angemessene Vergütung, wenn sein Werk in einer neuen Nutzungsart verwertet wird. Bis zum Beginn der Verwertung in der neuen Nutzungsart kann der Urheber noch seine Meinung ändern und die Rechteeinräumung widerrufen.

Weil bisher Verträge über unbekannte Nutzungsarten unmöglich waren, gibt es heute Archivbestände von Werken, die nicht in modernen Medien verwertet werden können. Hat zum Beispiel der Autor eines Hörspiels 1966 alle Rechte zur Verwertung einem Verlag übertragen, so umfasst dies nicht die Rechte zur Nutzung seines Werks in damals unbekannten Nutzungsarten. Wenn der Verlag das Werk heute auf CD oder im Internet vermarkten möchte, muss er die Rechte nacherwerben. Das kann nach vielen Jahren, vor allem bei Produktionen, an denen viele Urheber beteiligt waren, sehr schwierig, langwierig oder auch unmöglich sein.

Das Gesetz ermöglicht nun die Verwertung in der neuen Nutzungsart und gibt dem Urheber dafür einen Anspruch auf eine gesonderte angemessene Vergütung. Diese Öffnung der Archive liegt im Interesse der Allgemeinheit und der Urheber, weil sie gewährleistet, dass Werke aus der jüngeren Vergangenheit in den neuen Medien genutzt werden und Teil des Kulturlebens bleiben. Falls aber der Urheber nicht möchte, dass sein Werk in einer neuen Nutzungsart verwertet wird, kann er der Nutzung widersprechen, allerdings dann nicht, wenn der Widerruf gegen Treu und Glauben verstoßen würde.

9. Vergütung

Grundsätzlich herrscht auch im Urheberrechtsbereich Vertragsfreiheit. Das heißt, auch in diesem Bereich sind Vergütungen frei verhandelbar. Das Urhebergesetz sieht allerdings gewisse Schutzmechanismen zu Gunsten der Urheber und Leistungsschutzberechtigten vor, die eine minimale Vergütung der Kreativen gewährleisten sollen. Mit Wirkung zum 1. Juli 2002 wurden diese noch verbessert. Es handelt sich um die **§§ 32 und 32a UrhG**.

§ 32 UrhG
Angemessene Vergütung

(1) Der Urheber hat für die Einräumung von Nutzungsrechten und die Erlaubnis zur Werknutzung Anspruch auf die vertraglich vereinbarte Vergütung. Ist die Höhe der Vergütung nicht bestimmt, gilt die angemessene Vergütung als vereinbart. [...]

(2) [...] Im Übrigen ist die Vergütung angemessen, wenn sie im Zeitpunkt des Vertragsschlusses dem entspricht, was im Geschäftsverkehr nach Art und Umfang der eingeräumten Nutzungsmöglichkeit, insbesondere nach Dauer und Zeitpunkt der Nutzung, unter Berücksichtigung aller Umstände üblicher- und redlicherweise zu leisten ist.

(3) Auf eine Vereinbarung, die zum Nachteil des Urhebers von den Absätzen 1 und 2 abweicht, kann der Vertragspartner sich nicht berufen. [...]

§ 32 a UrhG
Weitere Beteiligung des Urhebers
(»Bestsellerparagraph«)

(1) Hat der Urheber einem anderen ein Nutzungsrecht zu Bedingungen eingeräumt, die dazu führen, dass die vereinbarte Gegenleistung unter Berücksichtigung der gesamten Beziehungen des Urhebers zu dem anderen in einem auffälligen Missverhältnis zu den Erträgen und Vorteilen aus der Nutzung des Werkes steht, so ist der andere auf Verlangen des Urhebers verpflichtet, in eine Änderung des Vertrages einzuwilligen, durch die dem Urheber eine den Umständen nach weitere angemessene Beteiligung gewährt wird. Ob die Vertragspartner die Höhe der erzielten Erträge oder Vorteile vorhergesehen haben oder hätten vorhersehen können, ist unerheblich.

[...]

(3) Auf die Ansprüche nach den Absätzen 1 und 2 kann im Voraus nicht verzichtet werden. [...]

10. Urheberrecht im Kontext zu anderen einschlägigen Rechtsgebieten

Die vorausgehenden Ausführungen sollten die rechtlichen Grundlagen des Erwerbs von Rechten zur Musiknutzung darzustellen. Beginnend von den einzelnen Berechtigten und Rechteinhabern wurde versucht darzustellen, dass diesen ausschließliche Rechtspositionen zustehen, die ihnen die Möglichkeiten gibt, die Nutzung ihres Eigentums, ihrer Rechte, anderen zu verbieten aber eben auch zu erlauben. Will man als Musik in den Medien nutzen, und dies richtig tun, dann muss man die Rechte erwerben. Es gibt aber auch eine Vielzahl anderer Gesetze, die im Zusammenhang mit der Musikverwendung in den Medien einschlägig sind und besonders zu beachten sind. Auf diese soll allenfalls kurz und im Wesentlichen zur Verschaffung eines kurzen Überblicks hingewiesen werden.

Persönlichkeitsrecht, Namensrecht, Recht am eigenen Bild

Das allgemeine Persönlichkeitsrecht ist aufzufassen als einheitliches, umfassendes subjektives Recht auf Achtung und Einhaltung der Persönlichkeit. Der Schutz gründet sich auf das Grundgesetz:

Art 2 Abs. 1 GG

Jeder hat das Recht auf die freie Entfaltung seiner Persönlichkeit, soweit er nicht die Rechte anderer verletzt und nicht gegen die verfassungsmäßige Ordnung oder das Sittengesetz verstößt.

und

Art 1 Abs. 1 GG

Die Würde des Menschen ist unantastbar. Sie zu achten und zu schützen ist Verpflichtung aller staatlichen Gewalt.

Geschützt sind die Individualsphäre, die Privatsphäre und die Intimsphäre. Als Ausprägung dieses Persönlichkeitsrechts mit eigener gesetzlicher Regelung ist das **Namensrecht**

§ 12 BGB

Wird das Recht zum Gebrauch eines Namens dem Berechtigten von einem anderen bestritten oder wird das Interesse des Berechtigten dadurch verletzt, dass ein anderer unbefugt den gleichen Namen gebraucht, so kann der Berechtigte von dem anderen Beseitigung der Beeinträchtigung verlangen. Sind weitere Beeinträchtigungen zu besorgen, so kann er auf Unterlassung klagen.

und das Recht am eigenen Bild

§ 22 KUG

Bildnisse dürfen nur mit Einwilligung des Abgebildeten verbreitet oder öffentlich zu Schau gestellt werden. Die Einwilligung gilt im Zweifel als erteilt, wenn der Abgebildete dafür, dass er sich abbilden ließ, eine Entlohnung erhält.

Will man in diese Rechte eingreifen (z.B. Presse) muss es einen berechtigten Grund geben (Meinungsfreiheit, Informationsinteresse der Öffentlichkeit). Will man den Namen oder die Abbildung anderweitig nutzen (Werbung, Merchandising), muss man sich die entsprechenden Rechte zur Nutzung von Name und Abbild vom Betroffenen einräumen lassen.

Im Bereich der Musiknutzung kann das Persönlichkeitsrecht von erheblicher Bedeutung sein. Weiter oben in den Ausführungen wurden die Urheberpersönlichkeitsrechte dargestellt worden. Diese Rechte betreffen den Urheber und Leistungsschutzberechtigten als Rechteinhaber der einschlägigen Rechte. Denkt man aber gleichzeitig an die Nutzung von Fotos, Bildern und Namen, werden die allgemeinen Persönlichkeitsrechte virulent. Die entsprechenden Rechte sind erst zu erwerben, bevor man Fotos, Namen und dergleichen kommerziell verwendet.

Praxisbeispiel:
Im Sponsoring möchten die Sponsorensucher bei Events neben Sponsoren auch immer wieder bekannte Persönlichkeiten bei dem Event haben. Es muss dabei beachtet werden, welche Werbemaßnahmen und Leistungen die Persönlichkeiten erlauben und was kostenlos ist. Es wird da oft mit Namen geworben, oder es werden Ausschnitte aus Shows der Persönlichkeiten gezeigt, ohne die Rechte geklärt zu haben.

Das Markengesetz

Das Markengesetz schützt den Inhaber von Marken (früher Warenzeichen) gegen unbefugten Gebrauch Dritter. Marken müssen beim Deutschen Patent- und Markenamt eingetragen werden, um Schutz zu erlangen. Geschützt sind neben Marken auch geschäftliche Bezeichnungen (Unternehmenskennzeichen und Werktitel) sowie geographische Herkunftsangaben. Eine eingetragene Marke verleiht dem Inhaber eine absolute Rechtsposition, die es ihm erlaubt, die Verwendung eines gleichen oder verwechslungsfähigen Namens zu verwenden.

Praxisbeispiel:
»Queen«, insbesondere im bekannten Schriftzug, ist eine geschützte Marke, die im Zusammenhang mit Musik und Darbietungen von Musik nicht verwendet werden darf ohne vorher die Einwilligung der Rechteinhaber, einer Gesellschaft um die Personen der ehemaligen Bandmitglieder Brain May und Roger Taylor, einzuholen. Verboten hierbei ist lediglich eine mäßige Nutzung, also die Nutzung in auffallender, Aufmerksamkeit erweckender Art. Die Erwähnung in einem Fließtext, zum Beispiel als Hinweis darauf, dass Musik der Künstlergruppe »Queen« gespielt wird, ist dennoch zulässig.

Das Gesetz gegen unlauteren Wettbewerb (UWG)

Das UWG soll – wie der Name schon sagt, vor unlauteren Wettbewerb schützen. Es regelt also das »Unternehmensverhaltensrecht im Wettbewerb«.

Schutzbereiche/Fallgruppen sind u.a. der Behinderungswettbewerb (Boykott, Verletzung von Preissystemen, Ausspannen von Kunden), Geheimnisverrat, Ausbeutung fremder Leistungen.

Gerade im letzten Fall gibt es schwierige Abgrenzungen zum Urheberrecht: Kann ein Urheberrechtsverstoß gleichzeitig ein Wettbewerbsverstoß sein? Ein Tun, das nicht dazu ausreicht, eine Urheberrechtsverletzung zu begründen – kann dies einen Wettbewerbsverstoß darstellen.

Praxisbeispiel:
RTL II »Big Brother«. Mit einem der Bewohner wurde eine Single produziert, **»Es ist geil ein Arschloch zu sein«**. Die Single wurde zum

Hit. Bald darauf begannen andere Firmen den Titel auf Compilations zu nehmen, allerdings nicht in der Originalfassung sondern als Coverversionen. Sie bewarben aber die Compilation in einer Art und Weise, nach der nicht klar war, ob es sich um den Original handelte oder eine Coverversion. Entscheidung des Gerichts: 1. Instanz – wettbewerbswidrig. Aber nur in engen Grenzen (vor allem zeitliche Nähe und »marktschreierische Ausbeutung« des Titels«).

Praxisbeispiel:
Wiederveröffentlichungen von alten Aufnahmen mit Covern neuerer Bilder des jeweiligen Künstlers stellt eine Täuschung der Verbraucher dar und kann daher mit Erfolg von Mitbewerbern abgemahnt werden.

II Besonderer Teil

1 Corporate Media

Rechtlich:
Bei Corporate Video Produktionen muss das Filmherstellungsrecht vom Musikverlag oder Komponisten erworben werden. Die Vervielfältigungsrechte und Aufführungsrechte müssen von der GEMA erworben werden.

Ablauf Musiknutzung:
Ein Autokonzern produziert ein Corporate Video um sein Firmenimage, besonders sein Engagement im Umweltschutz optimal darzustellen. Hier wird überproportional viel Produktionsmusik eingesetzt. Produktionsmusik enthält traditionell viele spezielle »Corporate Musiken«. Sie sind so komponiert und produziert, dass gut darüber gesprochen werden kann. Die Tonalität ist motivierend, positives Image schaffend. Die Musik muss aber auch Sachlichkeit und Seriösität ausstrahlen. Imagefilme sind keine »platten Werbefilme«, sondern haben auch eine Informationsaufgabe, sachlich, positiv. Der Musiknutzer fragt beim den Produktionsmusikverlag um Erlaubnis die Musik in seinen Film einbinden zu dürfen.

Wird die Musik individuell für seinen Film komponiert, werden ca. 7,50 Euro pro Sekunde berechnet, was aber sehr stark schwanken kann, abhängig von Musikstil und dem gesamten Musikbedarf. Premium Produktionsmusik kostet 1,95 Euro/Sek.

Damit hat der Kunde das Filmherstellungsrecht erworben. Von der GEMA muss er nur noch die Vervielfältigungsrechte und Aufführungsrechte einholen.

Dies geht entweder über den pauschalen TWAV Tarif, wo »alle »üblichen Vervielfältigungen und Aufführungen enthalten sind, oder per Einzelabrechnungen (WR-VR-MES), wenn es für den Musiknutzer günstiger kommt, weil er z. B. nur eine kurze Messe hat und sehr wenige Kopien.

Der pauschale TWAV Tarif erfüllt den Wunsch der Produktionsmusikverlage nach einfacher, kundenfreundlicher Lizenzierung. Er wird besonders oft auf Messen angewendet, wo die Corporate Filme sehr gerne gezeigt werden. Der Musiknutzer kann den Film ohne weitere zeitraubende GEMA-Anmeldungen auf diversen Messen zeigen. Die in diesem Tarif enthaltene Anzahl an Kopien deckt den Bedarf für die

Messeeinsätze in der Regel ab. Dies ist sehr kundenfreundlich und wird gerne angenommen.

2. Werbung

Rechtlich:
In der Werbung werden die Persönlichkeitsrechte des Komponisten im besonderen Masse betroffen. Das Musikwerk des Komponisten wird in einem komplett anderen sachlichen Zusammenhang gestellt. Der Komponist wird dadurch sehr stark mit dem beworbenen Produkt verbunden. Die Werbekampagne kann auch sehr starke Auswirkungen auf die Karriere des Komponisten haben (positiv wie negativ) und die Wahrnehmung seiner Musik überlagern. Dies gilt analog auch für den Künstler, also den Leistungsschutzberechtigten. Werbekampagnen können noch stärker crossmedial sein, als Corporate Medien Es hat sich noch nicht ganz durchgesetzt, wird aber in Zukunft immer mehr zunehmen, um die Kunden überhaupt erreichen zu können.

Werbekampagen starten häufig im TV, unterstützt durch Radio Werbung.

Der Musiknutzer muss alle beabsichtigen Mediennutzungen angeben und die entsprechenden Synchronisationsrechte erwerben. Alle Aufführungen und Vervielfältigungen werden über die GEMA abgerechnet. Viele werbetreibende Musiknutzer denken da an »zusätzliche Kosten«. Es ist aber so, dass die Fernsehsender und die Radiosender einen prozentualen Anteil ihrer gesamten Einnahme an die GEMA bezahlen. Aus diesem Topf werden die Komponisten vergütet. Dies gilt für alle Musiken, die im TV oder Radio gespielt werden. Darunter fallen normale Programmmusiken, Erkennungsmelodien und eben auch Werbung. Der werbetreibende Musiknutzer zahlt somit nicht direkt die GEMA, sondern die TV und Radio Sender zahlen die GEMA. Der werbetreibende Musiknutzer zahlt den TV und Radio Sendern aber über deren Werbezeiten Vermarktungsgesellschaften die Werbeschaltungen. Darin sind ja indirekt alle Kosten enthalten plus »Gewinnaufschlag«. Für alle weiteren crossmedialen Werbeschaltungen müssen auch die Synchronisationsrechte erworben werden. Die Vervielfältigungsrechte und Aufführungsrechte werden wieder von der GEMA wahrgenommen.

Kinowerbung:
Synchronisationsrechte Verlag. Die GEMA der Kinobetreiber als pro-

zentualen Anteil von seinen Eintrittsgeldern. Davon werden die Komponisten der Kinofilm Musik, aber auch der Werbemusik bezahlt. Der werbetreibende Musiknutzer zahlt wie bei TV und Radio die GEMA nicht direkt. Indirekt ist dies in seiner Werbebuchung als Kosten enthalten.

Internetwerbung:
TV Werbespots werden auch verstärkt im Internet eingesetzt. Dafür müssen die Synchronisationsrechte erworben werden. Die GEMA nimmt wieder die Aufführungs- und Vervielfältigungsrechte wahr. Die Gebühren orientieren sich an der Anzahl der Seitenaufrufe. Dies ist eine faire und transparente Regelung. Es gibt noch sehr kundenfreundliche pauschale Sonderregelungen für Produktionsmusik.

Werbespots auf Firmen CDs/»Premium CDs«:
Premium Cds, also CDs die Firmen an ihre Kunden verschenken sind sehr beliebt, weil wertvoll, in der Musikzusammenstellung exklusiv und einprägsam. Es wird bei diesen CDs oft die Werbemusik als Titel Track genommen, dann folgen zum Firmenimage passende Musiken. Dafür muss GEMA entsprechend den Tonträger Tarifen (Werbetonträger) bezahlt werden.

Ablauf Musiknutzung:
Es ist ratsam, bei Beginn der Musiklizenzierung schon zu wissen, in welchen Medien die Werbung gezeigt werden soll. Bei Hits kann es sonst passieren, dass nicht jeder Mediennutzung vom Komponisten zugestimmt wird. Produktionsmusik ist besonders einfach und günstig crossmedial zu lizenzieren. Da die Nutzung der Werbemusik im Internet, und da auch besonders im »Viral Marketing« abhängig von den Seitenaufrufen ist, macht es Sinn vorher ein ausreichendes GEMA Budget festzulegen. Dies gilt auch für die »Premium CDs«. Dieses Werbemittel kann den Kunden sehr viel stärker emotional binden als andere Werbemittel wie Kugelschreiber, Kalender etc. Premium CDs werden auch verstärkt als Downloads angeboten. Der Werbetreibende zahlt die entsprechenden Lizenzen und GEMA. Er kann dann seinen Kunden das vereinbarte Kontingent zur Verfügung stellen.
Beispiel: Eine Premium CD mit 12 Titeln und 100.000 Auflage wird als Download zur Verfügung gestellt. Die Kunden des Werbetreibenden können somit analog 12x100.000 = 1.2 mio downloads machen. Der Werbetreibende hat ja dafür bezahlt.

Danach wird der Download gestoppt oder der werbetreibende Musiknutzer lizenziert nach. Dies funktioniert besonders gut mit sogenannten »Geschenk-Codes«, welche die Zugänge erfassbar machen. Dabei ist aber auf einfache Handhabung für die Kunden zu achten.

3. Film/Kino

Rechtlich:
Es muss das Filmherstellungsrecht vom Musikverlag oder Komponisten erworben werden. Es ist auch hier wie bei der Werbung zu beachten, dass die Musiknutzung im Film große Auswirkungen auf die Musik haben kann. Das Musikwerk wird sehr stark mit dem Film in Verbindung gebracht. Es gibt sehr viele Musikhörer, die Musikwerke nur über die entsprechenden Filme zuordnen können.

Beispiel: »Pretty Woman« von Roy Orbison, Titelmelodie des gleichnamigen Films.
Dieses Werk wurde aber nicht für den Film komponiert, sondern war schon in den 60er Jahren ein großer Hit. In der Praxis ist sehr darauf zu achten, für welches Territorium die Rechte erworben werden. Es gibt selbst im Kinobereich viele deutsche Filmproduktionen, wo die Musikrechte nur für den deutschsprachigen Raum erworben werden. Wenn der Film dann auch international ein großer Erfolg wird, müssen die Nutzungsrechte nachverhandelt werden. Alternativ muss sonst die Musik dann für den Export ausgetauscht werden, sofern dies rechtlich möglich ist.

Medienmusik beim Film durchlizenziert:
Die Preise für das Herstellungsrecht werden individuell vereinbart. Sie liegen aber durch die zusätzlichen Auswertungsarten und der größeren »Film wirtschaftlichen« Bedeutung über den Corporate Tarifen.
Es gibt sogenannte pre-cleared Musiken wie z. B. Produktionsmusik. Bei diesen Musiken haben die Komponisten vorab erlaubt, dass ihre Musikwerke für Filme verwendet werden können. Es ist keine GEMA freie Musik und sie ist nicht kostenlos! Werden bekannt Hits eingesetzt, bzw. jegliche Musik die nicht pre-cleared ist, so muss vorab die Zustimmung des Komponisten eingeholt werden. Dies dauert in der Regel immer länger als pre-cleared Musik. Bei maßgeschneiderten individuellen Auftragskompositionen kann der Verlag direkt die Musiknutzung

vertraglich regeln. Bei allen drei Musikarten muss das Tonträgerrecht, also das Recht die Tonaufnahmen zu nutzen, mit erworben werden. Bei Hits durch die dazugehörige Tonträgerfirma die ja nicht immer mit dem Musikverlag verbunden ist. Bei Auftragskompositionen wird dies gleich mit dem Komponisten vertraglich geregelt. Produktionsmusik enthält in der die Verlagsrechte und Tonträgerrechte.

Ablauf:
Filmproduzent Meyer lizenziert Source Musik für einen Abenteuerfilm. Es werden alle Verwendungsarten erfragt und das Herstellungsrecht berechnet. Der Produzent schickt diese Angaben und die GEMA Meldung an die GEMA, die diese Nutzung erfasst und dann systematische alle anderen Auswertungsarten verfolgen kann. Bei ausländischen Kinovorführungen, TV Sendungen etc. übernehmen die Schwestergesellschaften der GEMA die Kontrolle und das Inkasso. Überwachung der Auswertungen, die meistens im Anschluss an die Kinoauswertung DVD Verleih/Verkauf umfassen und dann Pay/Free TV.

4. TV

Rechtlich:
Der rechtliche Ablauf ist bei jeder Musiklizenzierung in allen Medien grundsätzlich gleich. Es muss immer das Herstellungsrecht erworben werden, dann die Vervielfältigungs und Aufführungsrechte. Dies ist auch grundsätzlich beim TV so.

Die TV-Sender brauchen aber sehr viel Musik und es ist für sie daher umständlich die Musiknutzungsrechte bei über 600 verschiedenen Musikverlagen einzuholen und auch noch individuelle Preise zu vereinbaren. Aus diesem Grund wurde der GEMA ausnahmsweise das Herstellungsrecht übertragen, sodass die TV-Sender alle Musiknutzungsrechte der TV Ausstrahlung über die GEMA lizenzieren können.

Ablauf:
Die TV-Sender zahlen der GEMA dafür jährlich einen Prozentsatz ihrer Einnahmen. Die GEMA verteilt die eingenommenen Gelder dann entsprechend ihres Verteilungsschlüssels. Die Musiknutzung ist von Jahr zu Jahr unterschiedlich. Die GEMA teilt die Einnahmen, mehrere Millionen Euro, durch die Gesamtanzahl der Sendeminuten mit Musiknutzung. Dies ergibt dann den Minutenwert, also mit wie viel Euro eine Minute Musik vergütet wird.

5. Radio

Rechtlich:
Die Musiknutzungsrechte im Radio sind faktisch analog zum TV. Das Radio ist sehr »Hit orientiert«. Medienmusik wird für Werbespots, Trailer, Programmvertonung etc. gerne genommen. Im Vergleich zum TV gibt es durch die regionale Radiosenderstruktur hier weniger GEMA Einzelabrechnungen. Musikverlage mit großen Hits sind überall gleich gut vertreten und haben keinen Nachteil. Musikverlage mit Nischenprodukten, die nur auf wenigen Radiosendern gespielt werden, sind etwas benachteiligt, wenn sie bei den Verteilungsrelevanten Sendern nicht gespielt werden. Die GEMA muss erstens die Verhältnismäßigkeit beachten und es lohnt nicht bei den kleineren TV oder Radio Sendern gleich großen Abrechnungsaufwand zu betreiben. Zweitens wird besonders im Radio die gleiche Musik bei großen und kleinen Radio Sendern gespielt, sodass dieses Vorgehen für die große Mehrheit der Musikverlage gerecht ist. Als Nischenmusik Anbieter hat man außerdem die Möglichkeit bei Nachweis der Musiknutzung über einen »Härtefonds« vergütet zu werden. Der schwierige Einzelnachweis und der zusätzliche Aufwand neutralisieren oft den Nutzen. Es wird mittelfristig durch die zu erwartende Vielfalt an neuen IP-TV-Sender und Internet Radios zu neuen Abrechnungsmodellen kommen.

Ablauf:
Die Musiklizenzierung »Herstellungsrecht« wird durch die Musikverlage, anders als im Fernsehen, selber wahrgenommen. Zu beachten ist, dass z. B. bei nationalen Werbespots nicht wie beim Fernsehen, ein Radiosender landesweit alles ausstrahlt, sondern es gibt Senderketten, die für Werbespots zusammengesucht werden, um Deutschland abzudecken.

6. Video/DVD

Rechtlich:
Es gibt immer mehr Zweitverwertungen, weil die TV-Zuschauer gerne unabhängig von der Sendezeit ihre Filme sehen möchten. Bei Abschluss des GEMA-Berechtigungsvertrags waren Zweitverwendungen von TV-Dokumentationen oder TV-Serien noch nicht abzusehen. Schon

aus Wettbewerbsgründen muss die Zweitverwertung lizenziert werden. Wenn ein Reisefilmproduzent ein Video über Schloss Neuschwanstein dreht und dort am Kiosk vermarktet, muss er vom Musikverlag das Filmherstellungsrecht vorher erwerben und zahlt GEMA-Gebühren für die Vervielfältigung seiner Verkaufsvideos. Die entsprechenden Tonträgerrechte muss er natürlich auch noch erwerben. Dreht ein TV-Sender einen ähnlichen Neuschwanstein-Film, so ist für deutsche TV-Sendungen das Herstellungsrecht von der GEMA automatisch erworben worden, nicht aber das Herstellungsrecht für Videozweitverwertung. Der Musikverlag kann zum Zeitpunkt der TV Sendung gar kein Zweitverwertung lizenzieren, weil er über die Nutzung seiner Musik in der Regel ja nicht informiert ist, weil der TV-Sender Herstellungsrecht und Senderecht von der GEMA vorab erworben hat. Diese Regelung soll ja gerade die Lizenzierung vereinfachen.

Ablauf:
Bei deutschen Kinofilmen die von unabhängigen Produzenten gemacht werden oder Co-produziert sind, werden die Nutzungsrechte in der Regel schon für alle Medien vergeben, da stellen sich die oben genannten Fragen gar nicht.

Der Kinofilm wird dann mit den Rechten TV, Video/DVD, Internet »durchlizenziert«. Der Musikverlag vergibt dafür das Herstellungsrecht. Im Video-Kopierwerk wird dann in der Regel die GEMA-Gebühr für die Vervielfältigung entrichtet.

7. Internet

Rechtlich:
Das Internet ist ein vielfältiges Medium. Es ist sehr schade, dass sich bei vielen Nutzern eine »Alles ist geschenkt«-Mentalität entfaltet hat. Dies erschwert die Akzeptanz der Musikvergütung noch einmal zusätzlich.

Musik hat ihren Wert und das Internet hat seinen Wert. Es ist das Leitmedium der Zukunft. 1. Das Internet ist international. Weltweit gleiche Lizenzierungskonditionen wären optimal. Leider ist der Urheberrechtsschutz nicht in allen Ländern ausreichend gesichert und es gibt große Unterschiede in der Gestaltung der Tarife.

Die GEMA hat weltweit Gegenseitigkeitsverträge mit ihren Schwestergesellschaften abgeschlossen. Die EU-Kommission hat am 16.7.2008 beschlossen, dass Verwertungsgesellschaften wie die GEMA ihr nationales

Monopol verlieren und über Ländergrenzen hinweg um Komponisten konkurrieren. Dies soll zunächst für die Bereiche Online, Satellitensendung und Kabelweiterleitung gelten.

Die GEMA, die Komponisten-Verbände und Musikverlage befürchten eine Kappung der »staatsentlastenden Maßnahmen, also nationale Musikförderung«, weil die Einnahmen für die Musiklizenzierung Europaweit gemacht werden können

Ablauf:
Wenn im Internet Werbefilme etc. gezeigt werden, muss das Herstellungsrecht vorher vom Musikverlag erworben werden. Die GEMA rechnet dann wie schon besprochen, gemäß den Internet Seitenaufrufen ab. Im Internet gibt es leider auch sehr viel GEMA-freie Musik, weil viele Nutzer mit einer Pauschalsumme alle Nutzungsrechte abgelten möchten. Sie finden es sehr schwer, Seitenabrufe und Nutzungsintensität abzuschätzen.

8. Podcast

Rechtlich:
In Podcasts und Online Communities sprechen, bzw. schreiben Privat Personen und tun ihre Meinung kund. Sie sind damit faktisch in einem gewissen Masse auch journalistisch tätig, ohne ausgebildete Fachjournalisten zu sein. In Online Communities gibt es eine Nettiquette, die diffamierende Aussagen untersagt und einen freundlichen Kommunikationsstil einfordert. Darüber hinaus können Podcaster und Blogger aber auch rechtlich belangt werden, wenn sie unwahre Tatsachen behaupten, also es nicht mehr bei einer freien Meinungsäußerung bleibt.

Als ich die ersten Podcaster kennenlernte waren alle Podcasts nur privater Natur. Mit einigen Anbietern entdeckte ich dann das große gewerbliche Potential für Corporate Podcasts. Bei solch einer gewerblichen Nutzung muss natürlich die Musik vom Musikverlag zu gewerblichen Konditionen lizenziert werden und auch die GEMA hat dafür neue Tarife entwickelt, an denen ich mitwirken durfte.

Ablauf:
Für den Podcast müssen die Herstellungsrechte vom Musikverlag erworben werden. Hier ist Produktionsmusik sehr stark. Es kann sehr einfach die Musik für einen gesamten Podcast lizenziert werden. Es

kann auch Pauschalierungen geben. Die GEMA nimmt dann die Vervielfältigungs und Aufführungsrechte wahr. Nicht alle Podcaster nehmen GEMA pflichtige Musik, sondern haben auch Gemafreie Musiken und sogenannte Podsafe Musiken, speziell für Podcasts lizenziert.

9. Games

Rechtlich:
Games enthalten sehr viele Rechte. Die Games Entwickler schaffen selber Urheberrechte. Bei den im Kapitel Games beschriebenen angestellten Komponisten ist rechtlich noch darauf zu achten, dass die Vergütungen für die Musikkomposition gemäß Urheberrecht angemessen sind. Bei starkem Missverhältnis, »Bestseller Paragraph« könnten die Komponisten rechtlich noch Nachforderungen stellen.

Die GEMA Vergütungen für die Komponisten orientieren sich immer an der Anzahl der verkauften Exemplare. Dies ist gerecht, weil bei wenig Verkaufserfolg der Komponist wenig bekommt. Der Unternehmen hat dann auch wirtschaftlich keine überproportionalen Kosten, was auch ökonomisch gerecht ist. Bei großem Verkaufserfolg hat der Komponist seinen gerechten größeren Anteil und der Unternehmer wird auch nicht stärker belastet, als bei kleinem Verkaufserfolg.

Komponisten generell einen Festbetrag zu bezahlen wie einen Angestellten wird dem Charakter der kreativen Kompositionsleistung nicht gerecht.

Ablauf:
Das Herstellungsrecht wird vom Musikverlag erworben. Die GEMA nimmt das Vervielfältigungsrecht wahr. Die meisten Games werden in den U.S.A. produziert. Die Musik wird dort oft als buy out verkauft, also pauschal vergütet. Games gibt es in diversen Formaten und auch online als browser games. Die GEMA Gebühren sind deshalb sehr unterschiedlich.

10. Mobile Content

Rechtlich:
Mit Produktionsmusik einige Realtone Hits wie Nationalhymnen in diversen Bearbeitungen und bekannte »Gassenhauer«. Da jeder Real-

tone Klingelton stark gekürzt und komplett neu zusammengeschnitten wird, ist es eine Bearbeitung und es sind entsprechende Lizenzen vom Musikverlag zu erwerben. Bei Produktionsmusik wird immer die Tonaufnahme mit lizenziert.

Ablauf:
Das Herstellungsrecht wird vom Musikverlag erworben. Die Vervielfältigungsrechte von der GEMA.

11. Mobile Advertising

Rechtlich:
Bei Mobile Advertising ist immer darauf zu achten, dass alle Nutzungsrechte vom Musikverlag/Tonträgerfirma eingeholt werden. Wird ein Werbespot direkt für Handys produziert, ist das auch kein Problem. Werbeagenturen und Werbeproduzenten müssen besonders auf korrekte Lizenzierung achten, wenn ihr Werbespot sich selbständig macht. Beispiel: Musik wird für einen TV Werbespot ordnungsgemäß lizenziert. Der ist so lustig, dass er auf www.myvideo.de, www.clipfish.de also großen Video Community Portalen eingestellt wird. Das ist rechtlich nicht ganz einwandfrei, denn die Community Mitglieder sollen ihre eigenen Videos einstellen. Für die Werbeagenturen bedeutet dies aber zusätzlichen kostenlosen Werbeeffekt.

Von diesen Online Portalen ist es dann nur noch ein kleiner Schritt alles Mobil zu empfangen. Beides sind tolle Viral Marketing Möglichkeiten. Man denke nur an den tollen Hornbach Spot mit Mike Hammer, wo ein Motorrad Stuntman einen Hornbach Markt überfliegt, es aber nicht ganz schafft, weil der so groß ist. Wo man im Kontext dieser Video Communities denkt, da ist entweder ein schlimmer Unfall passiert, oder das ganze ist clever getürkt, handelt es sich in Wirklichkeit um einen genialen Werbespot. In der Praxis hat sich immer mehr eine Durchlizenzierung der TV Werbespots auch für Internet und Mobil durchgesetzt, was gut und fair ist.

Ablauf:
Das Herstellungsrecht wird vom Musikverlag erworben. Mobile Werbespots sind meistens Bestandteil einer crossmedialen Werbekampagen. Die Werbemusiken wurden in der Regel schon für TV, Radio und Internet lizenziert.

12. Hörbücher

Rechtlich:
Bei den ersten Hörbuchvertonungen kam es zur ersten Begegnung von zwei Urheberrechtsinhabern. Im Film wurde schon immer Musik eingebunden. Die Filmemacher sind es gewohnt, aus ihren Einnahmen auch die musikalischen Urheber zu bedienen. Beim Hörspiel trifft das auch zu, wenn auch im kleineren Rahmen.

Am Anfang war den Hörbuchproduzenten der GEMA-Tarif zu hoch. Neben anderen Gründen hat das oben beschriebene sicher auch eine Rolle gespielt und die Tatsache, dass Musik im Hörbuch noch dezenter eingesetzt wird, als bei Hörspielen oder gar Film. Wenn wenig Musik eingesetzt wird, ist es wichtig dass die GEMA-Mindestvergütung dies entsprechend widerspiegelt. Die GEMA-Mindestvergütung soll dafür sorgen, dass Musiknutzer nicht unverhältnismäßig geringe Tarife bezahlen, oder sogar versucht sind die Musiknutzung künstlich runter zurechnen. Das ist fair und gut. Auf der anderen Seite darf die Mindestvergütung aber auch nicht so angelegt sein, dass wo wirklich wenig Musik gebraucht wird, die Mindestvergütung für überproportionale Belastung sorgt. Beispiel: Sie brauchen wirklich nur eine Minute Musik, nämlich für die Eröffnung und den Abspann ihrer Produktion. Wäre da eine Mindestvergütung für 20 Minuten Musik, wären sie überproportional belastet.

Der Autor ist in diversen GEMA-Tarifausschüssen, und man findet immer eine einvernehmliche und gerechte Lösung.

Ablauf:
Das Herstellungsrecht wird vom Musikverlag erworben, die Vervielfältigungsrechte von der GEMA.

D
Was bringt die Zukunft?

Die Kreativwirtschaft ist die innovative Schlüsselindustrie der Zukunft

Die technischen Innovationszyklen werden immer kürzer. Der technologische Vorsprung wird deshalb immer kleiner. In den 70er Jahren war der USP (unique selling proposition) als das unschlagbare Verkaufsargument noch sehr technikgeprägt. Heute kann man PCs, Handy und eigentlich fast alle technischen Geräte nur noch marginal voneinander unterscheiden. Markenbeliebtheit und Markentreue muss demnach mit anderen Merkmalen ergänzt werden.
Ein wichtiges Merkmal ist die Kreativität. Kreativer zu sein als die Wettwerber, wird die Schlüsselkompetenz der Zukunft. Das ist auch logisch, weil wir in einer Wissensgesellschaft leben, in der mehr Wissen und Informationen verfügbar sind als jemals zuvor. Aus diesen Informationen kreativ Neues zu schaffen – darin besteht die Kunst. Kreativität kann man nicht wie Technologien kopieren. Entweder jemand ist kreativ oder nicht. Der wirklich Kreative wird immer wieder neue Ideen haben. Kreativität wird durch Erfahrung gefördert, wenn der Kreative »über den Tellerrand gucken kann« und unkonventionell denkt. Darin liegt eine große Chance für ältere Arbeitnehmer und ältere Selbständige, erfolgreich zu sein. Die ALG Unternehmensgruppe z.B. ist auf Existenzgründung in den Creative Industries spezialisiert und verzeichnet seit geraumer Zeit eine überproportional starke Nachfrage verglichen mit Existenzgründungen in traditionellen Bereichen. Es ist auch ein Paradigmenwechsel in der Bevölkerung zu sehen, dass Kunst, Kultur etc. nicht mehr als »brotlose Kunst« gesehen werden, sondern als wichtige Wirtschaftsfaktoren und trotzdem der Kunst dienlich. Dies kommt auch in der verstärkten Nachfrage nach Sponsoren zum Ausdruck. Die Künstler akzeptieren immer mehr Sponsoren. Die Sponsoren sehen die Kunst immer stärker als auch wirtschaftlich interessante Partner. Dieser Trend wird sich fortsetzen.

Ausblick:
Die einzelnen Medienbereiche und Nutzungsformen

1. Die Zukunft von Corporate Media

Corporate Media hat sich in den Jahren stark gewandelt. In den 70er Jahren waren die Filme sehr informativ, oft Technik lastig und extrem sachlich. Heute spielen auch dramaturgische und unterhaltende Filmelemente eine große Rolle. Der sachliche Gesamteindruck darf aber dadurch nicht gestört werden. Die Filme sind aber unterhaltender und damit ansprechender geworden. Die Besonderheit an Corporate Media liegt in der großen Ausweitung der benutzen Medien. In den 70er und 80er Jahren gab es faktisch nur Video. Es kamen dann die CD Rom und DVD dazu. Beide Medien werden immer noch gerne bei Messen eingesetzt. Eine wichtige Rolle spielen auch »Kiosk Systeme«, bei denen der Messebesucher verschiedene Videoclips abfragen kann und weitere Informationen bekommt. Die Corporate Medien werden in der Regel auch immer im Internet eingesetzt, somit ist hier besonders starke crossmediale Vernetzung gegeben. Es wird verstärkt 3-D Filme in allen Corporate Medien geben. Corporate Blogs werden eine immer wichtigere Rolle spielen. Für Firmen wird ein positives Image immer wichtiger, weil die Kunden immer mehr darauf achten und die Produkte der Firmen immer gleichwertiger und damit austauschbarer werden.

Zukunft der Musik in Corporate Media:
In Corporate Medien wird schon immer sehr viel Musik verwendet. Die Medienvielfalt hat enorm zugenommen, wodurch auch die Musiknutzung angestiegen ist. In Corporate Blogs wird es auch immer mehr Möglichkeiten der Musiknutzung geben. In Corporate-Medien gibt es traditionell viel Produktionsmusik. Dies wird so bleiben und in Zukunft noch weiter ausgebaut werden. Produktionsmusik kann gut in neuen Medien eingesetzt werden und ist musikalisch und thematisch gut für Corporate-Inhalte geeignet.

2. Die Zukunft der Werbung

Die Werbewirkung lässt nach. Es lassen sich nicht mehr alle Kunden werblich erreichen. Die Zahl der Werbekanäle hat stark zugenommen. Es gibt noch großes Potential bei »Mobile Advertising«, »In Game Advertising« und im «Viralen Marketing«.

Viele Sponsoring-Experten sagen voraus, dass Sponsoring und Werbung in Zukunft noch stärker verzahnt werden wird. Dabei werden auch Events eine immer größere Rolle spielen.

Zukunft der Musik in der Werbung:
In Werbung wird verstärkt Musik eingesetzt werden, weil Werbung in immer mehr Medien eingesetzt wird. Es enthalten auch immer mehr Werbespots Musik.
Musik wird immer eine wesentliche Rolle bei der Emotionalisierung der Emotionalisierung der Werbebotschaften spieen. Die Produktionsmusik wird durch die crossmediale Vielfalt eine noch größere Rolle spielen. Daneben haben auch Auftragskompositionen sehr stark ihre Berechtigung, um sehr individuell und crossmedial optimiert die Werbebotschaft zu emotionalisieren. Hits werden aber auch weiter genutzt werden, und die Chancen werden steigen über Werbekampagnen Hits zu schaffen.

3. Die Zukunft des Films/Kino

Die Filme werden noch stärker crossmedial genutzt werden als heute. Aus erfolgreichen Filmen werden oft Games abgeleitet und produziert. Es ist sinnvoll, diese Nutzung schon bei der Konzeption des Drehbuchs zu berücksichtigen, da Games besondere dramaturgische Anforderungen an die Helden stellen. Gute Games ermöglichen spielerische Vielfalt etc. Der Film gibt dies im Idealfall her. Die Filmvermarktung wird sich wandeln und inidividueller werden. Video on Demand wird zunehmen, dadurch wird es mehr Einzelabrechnungen geben. Es gibt zunehmend mehr virale Vermarktung, etwa Filmausschnitte wie bei www.youtube.com usw.

Zukunft der Musik im Film und Kino:
Dafür muss auch die Musiknutzung angemessen vergütet werden. Wie bei der Werbung liegt auch im Film großes Wachstumspotential für Musikverlage, weil sich die Nutzung durch die Medienvielfalt vervielfacht. Auf der anderen Seiten ersetzen aber auch einige Mediennutzungen wie Games, Video on Demand den traditionellen Filmkonsum. In der Gesamtbilanz wird aber durch crossmediale Nutzung mehr Musik verwendet werden.

4. Die Zukunft des TV

Für Musikverleger und Komponisten sind die TV-Sender eine wesentliche Einnahmequelle. Dies gilt insbesondere für Produktionsmusik, weil dort ja nicht der CD Verkauf Schwerpunkt der Geschäftstätigkeit ist, aber auch Musikverlage mit vielen Hits suchen im TV nach Kompensation für rückläufige Tonträgerverkäufe.
Der starke Wettbewerb der Fernsehsender sorgt für Ausweitung der Aktivitäten im Internet, Communities und Events. So sollen TV Zuschauer gebunden werden.
Es gibt daher immer wieder Diskussionen mit der GEMA, wie weit diese Einnahmen zur Berechnung der GEMA-Tantiemen zugrunde liegen sollen, weil diese Aktivitäten oft durch Tochterfirmen oder Drittfirmen wahrgenommen werden. Die GEMA-Gebühren sind ein Prozentsatz der TV-Sendereinnahmen. Es ist schwer die Zukunft des Fernsehens vorauszusagen. manche halten Fernsehen für ein »Relikt aus vergangenen Zeiten«, weil besonders viele junge Leute nur noch im Internet zu erreichen sind. Andere sehen die Zukunft im IP-TV. Das Fernsehen wird sich sicher stark wandeln, aber nicht »Tod zu kriegen« sein, weil es doch sehr stark im Lebensstil ganzer Generationen verankert ist und sich auch gut mit neuen Medien wie Internet crossmedial verbindet. Die Programmvielfalt der Fernsehsender ist heute schon sehr groß, wird aber noch weiter steigen. Intelligente elektronische Programmführer und neue TV-Angebote wie www.moretv.de sorgen für mehr Komfort. Da TV-Werbung durch Festplattenrekorder und andere Geräte immer mehr umgangen werden kann, ist es notwendig TV-Werbung noch zielgerichteter und interessanter zu machen. Es wird immer mehr Spartensender geben, sodass die Zielgruppen besser erreicht werden als mit den Vollprogrammen. Die TV-Sender werden verstärkt auf gute redaktionelle Beiträge und Programme achten müssen, um sich im Wettbewerb der TV-Sender behaupten zu können. TV-Sender brauchen damit auch ein schärferes Profil.

Zukunft der Musik im TV:
Da die Fernsehsender auch sehr aktiv sind im Internet, mobil und bei Events, wird die Musik aus dem Fernsehen aus Wiedererkennungsgründen auch in den anderen Medien verwendet. Auf diese Weise können neue Musikkünstler crossmedial vermarktet werden, sofern die sonstigen Rahmenbedingungen stimmen. Insgesamt wird die Musiknutzung durch die weiter steigende TV-Programmvielfalt steigen.

DIE EINZELNEN MEDIENBEREICHE UND NUTZUNGSFORMEN

5. Die Zukunft des Radios

Wie beim Fernsehen wird auch der Untergang des Radios von vielen vorhergesagt. Viele Radiosender binden allerdings auch das Internet stark ein und werden innovative Synergien finden. Das Radio hat in der Bevölkerung traditionell und aktuell eine starke Verankerung als Informationsmedium. Es kann überall gehört werden. Die Radiosender werden ihre Services für Hörer weiter ausbauen und auch Internet-Communities bilden müssen, um attraktive Mehrwerte gegenüber reinem Musikprogramm bieten zu können.

Zukunft der Musik im Radio:
Für eine stärkere Musikvielfalt im Radio ist es wünschenswert, dass es mehr Spartenprogramme gibt. Die Organisationsstrukturen wie die erforderlichen Lizenzen der Landesmedienanstalten und die Strukturen der Radiowerbung erschweren heute noch Spartenprogramme. Das Digitalradio könnte den Durchbruch für Spartensender bringen. Spartensender verfügen über eine »spitze Zielgruppe«, an die gut Produkte vermarket werden können. Es können Reisen in Eigenregie durchgeführt werden, Konzerte uvm. Dies kann dann auch der Musikindustrie neue Impulse geben.

6. Die Zukunft Video/DVD

Als das Video den Markt erobert hat, gab es Befürchtungen, es würde den Kinomarkt zerstören. Dies ist nicht passiert. Dem Video werden jetzt weitere Medien zur Seite gestellt wie z.B. Video on Demand. Das Video und auch die DVD werden aber ebenfalls überleben, weil sie unter anderem ein gute haptische Geschenk sind. Zusätzlich müssen aber attraktive Extra-Features entwickelt und angeboten werden.

Zukunft der Musik in Videos/DVD:
Bei Videos/DVD ist keine weitere Steigerung der Musiknutzung zu erwarten. Die Musiknutzung ist bereits sehr hoch und sehr stark an Kinofilme und TV-Serien gekoppelt, die auf Video/DVD weiterverwertet werden. Es gibt auch jetzt schon viele Special Interest-Filme zu den Themen Reisen und Hobbies, so dass da kaum noch Steigerungen zu erwarten sind.

7. Die Zukunft des Internets

Das Internet ist bereits zum Leitmedium geworden. Es ist faktisch eine Plattform für Musik, Film, Games, Bilder etc. und umfasst damit auch alle in diesem Buch dargestellten Inhalte. Das Internet wird mit dem Fernsehen verschmelzen und uneingeschränkt mobil werden.

Zukunft der Musik im Internet:
Es wird sehr viel Musik gehört, leider nur nicht immer korrekt bezahlt. Gute Geschäftsmodelle zu finden ist die wesentliche Herausforderung der Musikindustrie.

8. Die Zukunft des Podcast

Die Zukunft des Podcast vorauszusagen ist schwer. Podcasting ist faktisch eine Form der Internetnutzung und kann durch andere Mediendarstellungsformen ersetzt werden.

Zukunft der Musik in Podcasts:
Die Musiknutzung wird sich analog zu dieser Entwicklung verändern.

9. Die Zukunft der Games

Games sind als Kulturgut anerkannt und kommen immer mehr weg vom negativen Ballerspiel-Image. Games werden zunehmend in Bildungsmedien eingesetzt und werden auch verstärkt von älteren Spielern (50 plus) genutzt. Die Games-Branche wird weiter wachsen.

Zukunft der Musik in Games:
Games werden zunehmend auf Filmen, TV Serien etc. basieren. Die Musik wird dann oft identisch sein. Es gibt immer noch sehr viel Gema-freie Musik, »buy outs« und angestellte Komponisten in diesem Bereich. Bei CD-Roms und im Internet gab es in den Anfängen die gleichen Strukturen, es hat sich dann aber Gema-pflichtige Musik durchgesetzt.

10. Die Zukunft des Mobile Content

Die mobile Nutzung wird zunehmen, weil immer mehr Menschen Informationen, Musik, Games etc. mobil und unterwegs nutzen möchten.

Zukunft der Musik in Mobile Content:
Die Musiknutzung wird analog des verwendeten Contents erfolgen.

11. Die Zukunft des Mobile Advertising

Mobile Advertising wird analog zum Mobile Content zunehmen. Da die Konsumenten immer mobiler agieren, erreicht sie stationäre TV-Werbung nicht mehr. Mobile Advertising wird deshalb überproportional wachsen.

Zukunft der Musik in Mobile Advertising:
Die Musiknutzung wird analog des verwendeten Contents erfolgen. Musik wird auch im Umfeld der mobilen Werbung eingesetzt.

12. Die Zukunft der Hörbücher

Der Hörbuchmarkt wird weiter wachsen und die Themenvielfalt wird zunehmen.

Zukunft der Musik in Hörbüchern:
Der Anteil an Musik in Hörbüchern wird generell zunehmen. Die Musikanteile werden analog zum Film weiter wachsen.

Fazit: Musik in der Kreativwirtschaft

Jeder Bereich der Kreativwirtschaft benötigt Musik. Neue Medien sind im B2B-Bereich ein Wachstumsmotor, weil mehr Musik benötigt wird. Die Kreativindustrie hat wirtschaftlich dieselbe Bedeutung wie die Automobilindustrie und ist zukunftsweisend. Sie schafft überproportional viele Arbeitsplätze und Firmengründungen. Das Einkommen der Kreativen ist unterdurchschnittlich. Dies muss sich ändern.

Verehrte Lesen, Sie haben in diesem Buch den gewinnbringenden Einsatz der Musik in der Kreativwirtschaft kennen gelernt. Musik hat ihren Wert und ist gemessen an dem Gewinn für die Musiknutzer preiswert. Musik ist Bestandteil des täglichen Lebens und die Kreativwirtschaft ist eine Zukunftsbranche. Lassen Sie uns partnerschaftlich ein gute Zukunft bauen und viel Spaß mit Musik haben.

E
Glossar und Service

Glossar

360 Grad-Vermarktung
Bedeutet die rundum Vermarktung eines Künstlers/Komponisten. Die 360 Grad-Vermarktung kann folgende Elemente enthalten: Musikverlag, Tonträgerfirma, Konzertveranstalter, Merchandising, Sponsoring, alle Medienveröffentlichungen mit/über den Künstler als Brand: Hörbücher, Kochbücher, Bildbänder, Reiseführer uvm. Der Ansatz ist, dass nicht mehr der Verkauf von Tonträgern und damit die Funktion einer Schallplattenfirma im Vordergrund steht.

3-D Filme
Ein 3D-Film ist ein dreidimensionaler Film (auch stereoskopischer Film oder Raumfilm genannt). Der dem Zuschauer durch stereoskopisches Verfahren ein bewegtes Bild mit dem Eindruck echter räumlicher Tiefe bietet.

Advergames
sind Spiele, die speziell und im Auftrag eines Markenartiklers entwickelt wurden und deren primäres Ziel es ist, die Marke des beauftragenden Unternehmens zu promoten.

Affiliate (Partnerprogramm)
Affiliate Programme sind eine internetbasierte Vertriebslösung, bei der meistens ei kommerzieller Anbieter seine Vertriebspartner erfolgsorientiert durch eine Provision vergütet. Der Produktanbieter stellt hierbei seine Werbemittel zur Verfügung, die der Affiliate auf seinen Internetseiten zur Bewerbung der Angebote des Kooperationspartners verwendet.

AIDA Formel
AIDA ist ein Werbewirkungsprinzip von Elmo Lewis. Es enthält die vier Phasen, die den Kunden zur Kaufentscheidung bringen.
1. Attention: Die Aufmerksamkeit des Kunden wird angeregt.
2. Interest: Er interessiert sich für das Produkt.
3. Desire: Der Wunsch nach dem Produkt wird geweckt.
4. Action: Der Kunde kauft das Produkt

Audio-Branding
Beim Audio-Branding wird das Auditive Teil der Marke und ihrer Identität. Audio-Branding gehört damit zur Corporate Identity und hat maßgeblichen Anteil am Wiedererkennungswert der Marke. Zum Audio-Branding gehört das Audio Logo, Corporate Song und Corporate Voice, alles zusammen wird als Corporate Sound bezeichnet.

Auftragskomposition
wird speziell für einen Kunden, ein Produkt oder ein Projekt komponiert. Auftragskompositionen gehören zur Medienmusik und können für Kinofilm, Film, TV und Werbung in allen Medien eingesetzt werden.

Bandübernahmevertrag
Bei einem Bandübernahmevertrag produziert ein Künstler oder Produzent auf eigene Kosten Musikwerke, die ein Label dann vermarktet. Der Künstler bekommt dafür eine höhere Vergütung als bei einem Künstler Exklusivvertrag, bei dem das Label die Produktion bezahlt.

Bearbeitung
Unter Bearbeitung versteht man die musikalische Bearbeitung eines geschützten Musikwerkes. Dem Urheber ist die Nutzung seines Werkes auch in abgewandelter Form vorbehalten. Bearbeitungen eines Werkes dürfen nur mit der Einwilligung des Urhebers veröffentlicht oder verwertet werden.

Bildungssponsoring
Sponsoring beruht auf Sach oder Geld Leistungen des Sponsors und entsprechenden Gegenleistungen des gesponserten. Im Bildungsbereich werden Bildungsmedien wie Buch, Film, Audio, Vorträge etc. gesponsert.

Brand (Marke)
Eine Marke, früher auch Warenzeichen genannt, dient dazu, Waren oder Dienstleistungen eines Unternehmens von Waren und Dienstleistungen anderer Unternehmen zu unterscheiden. Sie werden häufig mit einem R, TM oder SM gekennzeichnet. Markenrechte sind wie Patente und Urheberrechte geistiges Eigentum. Umgangssprachlich versteht man unter einer Marke das Produkt, wie z. B. Coca Cola.

Browsergame
Ein Browsergame benutzt einen Werb-Browser als Benutzerschnittstelle. In der einfachsten Form erfolgt die Berechnung des Spielgeschehens vollständig auf den Servern des Spiele Anbieters, wodurch keine Software-Installation auf dem Rechner des Spielers erforderlich ist. Browserspiele können von mehreren Spielern gleichzeitig gespielt werden. Die meisten Browserspiele sind kostenlos, für erweiterte Features oder für Support können aber Gebühren anfallen. Browserspiele werden oft auch zur Markenwerbung eingesetzt.

BtB
bezeichnet geschäftliche Transaktionen zwischen Unternehmen. In der Medienmusik sind dies z. B. Musiklizenzierungen und Musikverkäufe an Unternehmen. Diese können die Musik zwar weiterveräußern, dies geschieht aber dann faktisch aus zweiter Hand.

BtC
bezeichnet geschäftliche Transaktionen zwischen einem Unternehmen und einem Konsumenten, also einem Privatverbraucher. In der Medienmusik ist diese Unterscheidung wichtig, weil der Musikrechteinhaber wissen muss, ob die Musik nur privat genutzt wird, oder gewerbliche Interessen verfolgt werden. Dies beeinflusst die Lizenzierung und das Preisgefüge.

Buchsponsoring
Sponsoring beruht auf Sach- oder Geldleistungen des Sponsors und entsprechenden Gegenleistungen des gesponserten. Buchsponsoring kann sowohl bei Sachbüchern als auch Unterhaltungsliteratur durchgeführt werden.

Businessplan
Der Businessplan (auch Geschäftsplan genannt) ist eine schriftliche Zusammenfassung eines unternehmerischen Vorhabens. Grundlage ist die Geschäftsidee wobei Strategie und Ziele dargestellt werden. Der Businessplan besteht aus den Bereichen Markt, Produkt/Dienstleistung, Produktion, Wettbewerb, Marketing/Vertrieb, Organisation, Finanzierung, Unternehmerteam, Forschung & Entwicklung, Executive Summary Der Businessplan wird zur Kreditvergabe von Banken benötigt, um Förderungen zu bekommen, Partner zu finden, aber am wichtigsten für die Gründer selber um komplexe Sachverhalte übersichtlich darzustellen

und einen »Fahrplan für die Existenzgründung zu haben«. Businesspläne werden nicht nur bei Firmenneugründungen, sondern auch bei Umstrukturierungen, Nachfolgeregelungen etc. eingesetzt.

Businessplan-Wettbewerb
Businessplan-Wettbewerbe sind Instrumente zur Förderung des Unternehmertums. Sie entwickelten sich in der 1980 er Jahren am MIT (Massachusetts Institute of Technology) in den U.S.A. 1995 wurde in München der erste deutsche Businessplan Wettbewerb ins Leben gerufen, www.mbpw.de. der zu den erfolgreichsten Wettbewerben weltweit zählt. Die Firmengründer sind im Wettstreit um das beste Gründungskonzept, welches in drei Stufen mit attraktiven Geldpreisen honoriert wird. Getragen wird der MBPW von ehrenamtlichen Juroren, Coaches, der Landesregierung und der Wirtschaft.

Corporate Blog
Ein Corporate Blog ist der Weblog eines Unternehmens.

Corporate Media
Oberbegriff aller unternehmensbezogenen AV-Anwendungen, Corporate Video, Corporate TV und Internet.

Creative Commons
Creative Commons (Schöpferisches Gemeingut) ist eine gemeinnützige Gesellschaft, die im Internet verschiedene Standard-Lizenzverträge veröffentlicht, mittels derer Autoren an ihren Werken, wie z. B. Texten, Bildern, Musikstücken usw. der Öffentlichkeit Nutzungsrechte einräumen können.

Crossmedia
Crossmedia bezeichnet die Kommunikation über mehrere inhaltlich, gestalterische und redaktionell verknüpfte Kanäle, die den Nutzer zielgerichtet über die verschiedenen Medien führt und auf einen Rückkanal verweist. Im Marketing ist die Werbebotschaft so gestaltet, dass dem Verbraucher mindestens drei Medien angeboten werden, um die Werbebotschaft zu empfangen, oder sich interaktiv damit zu beschäftigen, wie z. B. TV, Internet, Mobil, Print.

Dachmarke
Die Dachmarke ist die übergeordnete Marke einer sogenannten Marken-

familie, die sich durch einen besonderen Wiedererkennungswert und in der Regel eine große Akzeptanz in der Zielgruppe hat. Sie bewirbt selbst keine Leistungen wie Produkte oder Dienste. Beispiel: Ferrero ist die Dachmarke für Nutella, Duplo,Hanuta.

Darstellende Kunst
Darstellende Kunst ist ein Überbegriff für Formen der Kunst, deren Werke auf vergängliche Darbietungen oder Darstellungen beruhen. Aufgrund des Live-Charakters dieser Kunstform spricht man auch von ephemeren Künsten (gr. Ephemeros »flüchtig«). Die Darbietungen finden in der Regel in Anwesenheit eines Publikums statt.

Designwirtschaft
Design bedeutet Formgebung. Design beeinflusst die Produktgestaltung und die Designwirtschaft ist ein wesentlicher Wirtschaftsfaktor und Teil der Kreativwirtschaft.

Download
Download bezeichnet die Übertragung von Daten von einem Computer, oder aus dem Internet auf seinen eigenen Computer. Neben der Vollständigkeit und Fehlerfreiheit der übertragenen Daten ist die Übertragungsgeschwindigkeit ein wichtiges Kriterium. Die zur Verfügung stehende Übertragungsbandbreite hat sich immer mehr verbessert. Illegale Downloads sind ein Kernproblem der Musikwirtschaft im besonderen und der Kreativwirtschaft allgemein.

DP
DP ist die Abkürzung für »Domaine Public« (frz. Gemeingut). DP bezeichnet alle Werke die keinem Urheberrechtsschutz unterliegen. Darunter fallen auch urheberrechtlich geschützte Werke nach Ablauf der Schutzfrist. In Deutschland ist dies 70Jahre nach dem Tod des Urhebers. Die Werke können dann frei und unentgeltlich verwendet und verwertet werden.

Dreieck der Medienmusik
Als Dreieck der Medienmusik bezeichnet der Musikberate Andreas Bode Auftragskomposition, Produktionsmusik und Hits, sofern sie im B2B Bereich medial eingesetzt werden. Medienmusik ist die Verbindung von Musik und Medien nicht nur mit künstlerischem Hintergrund, sondern auch mit kommerziellen, verkaufsfördernden Aspekten.

DVD
Die DVD ist ein digitales Speichermedium, ähnlich der CD, aber mit deutlich höherer Speicherkapazität. Es ist die englische Abkürzung für Digital Versatile Disc.

Early Adopter
Early Adopter sind Menschen oder Firmen, welche die neuesten technischen Errungenschaften erwerben oder nutzen, obwohl diese teuer und oftmals unausgereift sind. Sie übernehmen aber dadurch eine technologische Führerschaft.

E-Book
Ein E-Book macht das Medium Buch mit seinen medientypischen Eigenarten in digitaler Form verfügbar. Es gibt zwei Arten: 1. Virtuelles Buch, welches auf dem Computer-Bildschirm wirklichkeitstreu nachgebildet wird, mit computertypischen Eingabemöglichkeiten (Maus, Tastatur). 2. Digitale Kopie: Ein real existierendes Buch wird als wirklichkeitsgetreue Kopie des Originals angeboten. Es gibt spezielle E-Book Lesegeräte.

E-Card
Eine E-Card ist eine elektronische Postkarte. Man nennt sie auch Grußkarten. Auf einer Website sind diverse Kartenmotive. In einem Web-Formular trägt man die E-mail Adresse und eine persönliche Nachricht ein. Der Empfänger erhält dann eine automatisch generierte E-Mail, die üblicherweise einen Link zur Postkarte enthält.

Existenzgründung
Bezeichnet die Realisierung einer beruflichen Selbständigkeit. Im wirtschaftlichen Sinne bedeutet es eine Unternehmensgründung. In der Kreativwirtschaft gibt es überproportional viele Existenzgründungen. Im internationalen Vergleich hat Deutschland eher wenig Existenzgründer. Existenzgründungen werden staatlich gefördert und auch die Existenzgründungsberatung (z.B www.alg-gruenderberatung.de)

Filmwirtschaft
Filmwirtschaft und Filmindustrie bezeichnen jenen Wirtschaftszweig der sich mit der Herstellung, Vervielfältigung und der Verbreitung von Kino-,Fernseh-und anderen Filmen beschäftigt. Dies umfasst auch Unternehmen wie Filmproduktionsgesellschaften und Filmverleiher.

Filesharing

Filesharing bedeuten das direkte Weitergeben von Dateien zwischen Benutzern des Internets unter Verwendung eines sogenannten Peer-to-Peer Netzwerks. Dabei befinden sich die Daten auf den Computern der Teilnehmer und werden von dort aus verteilt. Normalerweise kopiert man Daten von fremden Rechnern (Download), während man gleichzeitig andere Daten versendet (Upload). Man braucht spezielle Computerprogramme, um auf solche Netzwerke zugreifen zu können. Filesharing ist die Basistechnologie der internetbasierten Dateitauschbörsen. Die Teilnahme an solchen Netzwerken ist legal, aber nicht das Anbieten von urheberrechtlich geschützten Werken ohne Erlaubnis des Urhebers.

First Mover

First Mover sind Unternehmen, die als erstes einen Markt betreten. Sie tragen das größte Risiko, haben aber auch die größten Gewinnchancen, da sie als erstes den Markt besetzen und dadurch Wettbewerbsvorteile haben, wenn ihre Dienstleistungen auch wirklich wettbewerbsfähig sind.

Flatrate

Eine Flatrate ist ein Pauschaltarif, bei dem alle Nutzungen abgegolten sind. Der Begriff kommt aus der Telekommunikationsbranche für Dienstleistungen wie Telefonie und Internet. Flatrates haben die Nutzung des Internets positiv beeinflusst. Flatrates sind für die Musiknutzung im Gespräch, was urheberrechtlich und verrechnungsmäßig etwas schwieriger wird. Flatrates werden wegen ihrer Werbewirkung auch in anderen Bereichen verwendet z. B. »Flatrate Parties«, bei denen man unbegrenzt trinken kann. Die Anbieter aller Flatrates gehen davon aus, dass nicht jeder Nutzer das den Flatrate Berechnungen zugrunde liegende Volumen voll ausschöpft. Wachstum wird verstärkt durch Neukundengewinnung erzielt.

GEMA

Die GEMA, die Gesellschaft für musikalische Aufführungs- und mechanische Vervielfältigungsrechte, ist eine Verwertungsgesellschaft, die in Deutschland die Aufführungs- und Vervielfältigungsrechte von denjenigen Komponisten, Textdichtern und Verlegern von Musikwerken vertritt, die GEMA-Mitglieder sind. In der Schweiz ist die SUISA und in Österreich die AKM und AUME dafür zuständig.

Gründerberatung

Existenzgründungsberatung unterstützt Firmengründer bei allen Gründungsfragen und im Hinblick auf Betriebswirtschaft, Marketing, Vertrieb, Sponsoring. Spezialisierte Gründerberater z.B. mit Berufserfahrung aus der Kreativbranche sind vorteilhaft, weil die Gründer dieses Wissen sofort praxisnah umsetzen können. Idealerweise ist der Berater auch selber erfolgreicher Unternehmer um über aktuelles, praxisnahes Wissen zu verfügen (siehe www.alg-gruenderberatung.de).

Gründercoachig

Gründercoaching bezeichnet das bis zu 90% staatlich geförderte Existenzgründerberatungsprogramm. www.kfw.de Die Höchstförderung von bis zu 90% erhalten ALGI oder ALGII-Bezieher. Es gibt außerdem ein Vorgründungscoaching mit bis zu 70% Förderung der Beratungsdienstleistungen, sowie 50% Förderung für alle jungen Firmen bis fünf Jahre nach Firmengründung. Ziel dieser staatlichen Förderungen ist, die Erfolgsquote von Firmengründern zu erhöhen. Die Berater müssen KFW gelistet sein.

Gründungszuschuß

gehört zum staatlich geförderten Existenzgründungsprogramm. Es bezeichnet die »Hilfe zum Lebensunterhalt« in Höhe des ALGI. Voraussetzung für den Gründungszuschuss ist die »Fachkundige Stellungnahme«, welche die wirtschaftliche Tragfähigkeit des Gründungsvorhabens untersucht und wo sie vorliegt, bescheinigt. Auf fachkundige Stellungnahmen für die Kreativindustrie spezialisiert ist die www.alg-gruenderberatung.de

GVL

GVL. Die Gesellschaft zur Verwertung von Leistungsschutzrechten nimmt die Zweitverwertungsrechte der ausübenden Künstler, Tonträgerhersteller, Videoproduzenten und Filmhersteller wahr. Die GEMA führt für die GVL das Inkasso durch.

Handheld Konsolen

Ein Handheld kann mit einer Hand getragen werden und ist ein Gerät mit eigener Stromversorgung für unterschiedliche Anwendungen. Hier sind tragbare Spiele Konsolen gemeint. Dazu gehört aber auch der Apple iPod, PDA, also tragbare Computer und Smartphones.

Hit
Erfolgreiches, zu den meistverkauften Tonträgern gehörendes Musikwerk. Hits sind in den Charts, den Verkaufslisten, wie z. B. www.mediacontrol.de

Hörbuch
Ein Hörbuch, auch Audiobook, ist eine gesprochene Lesung beliebiger Genres. Es werden auch Audioguides als Hörbücher veröffentlicht.

Immaterielles Wirtschaftsgüter
sind ungegenständliche Vermögen, Konzessionen, gewerbliche Schutzrechte, Lizenzen, Firmenwerte, Patente, Warenzeichen oder Markenrechte.

Ingame Advertising
ist die Einblendung von Werbebotschaften in Computerspielen. Statisches Ingame Advertising, SIGA, enthält die Werbebotschaft während der gesamten Lebensdauer des Spiels. Dies ist Nachteilig, wenn sich das Produkt ändert und es ist schwer die Fertigstellung des Spiels punktgenau mit der Werbekampagne zu koordinieren. Dynamisches In- Game Advertising, DIGA ist die geo- und zeitcodierte Schaltung von Werbemitteln. Werbebotschaften werden also dynamisch in das Spiel hinein geschaltet.

Independent
Als Independent werden Musikunternehmen bezeichnet, die nicht zu den großen globalisierten Musik Konzernen gehören. Musikalisch steht es für kreative Ausdrucksformen als Abgrenzung zum Mainstream. Viele Independent Musikverlage und Tonträgerfirmen gehören dem www.vut.de an.

Industriemusik
Als Industriemusik bezeichnet man Produktionsmusik die speziell für Industriefilme produziert wird. Früher war dies einmal ein sehr eigenständiges Genre, heute ist diese Musik sehr modern geworden und es wird eine immer größere musikalische Vielfalt in den Industriefilmen verwendet. Die Musik darf aber nicht die Informationsaufnahme in diesen Filmen beeinträchtigen, sondern muss sie unterstützen.

IP-TV
IP-TV ist die digitale Übertragung von breitbandigen Anwendungen wie Fernsehprogrammen und Filmen über ein digitales Datennetz. Hierzu wird das im Internet verwendet Internet Protokoll (IP) verwendet.

Jingle
Ein Jingle ist eine kurze, einprägsame Tonfolge oder Melodie. Ein Jingle kann ein akustisches Erkennungsmerkmal eines Hörfunk- oder Fernsehsenders, oder eines beworbenen Produktes sein. Jingles können als Hörmarke geschützt werden.

Klingelton
Als Klingelton ist hier eine digitalisierte Audiodatei gemeint, die von Mobiltelefonen bei einem ankommenden Anruf abgespielt wird.

Komponist
Ein Komponist ist ein Künstler, der musikalische Werke, also Kompositionen schafft. Das Wort kommt aus dem lateinischen componere = zusammensetzen.

Kopierschutz
Als Kopierschutz bezeichnet man Maßnahmen, um die Vervielfältigung von Daten zu verhindern. Ein absoluter Kopierschutz ist im Allgemeinen nicht möglich, da die Daten auf einem Datenträger für ein Abspielgerät lesbar sein müssen. Die Umgehung eines Kopierschutzes ist gem. §108b UrhG und §111 a UrhG verboten.

Kreativität
Kreativität bezeichnet die Fähigkeit schöpferischen Denkens. Sie ist die Grundlage der Kreativwirtschaft.

Kreativwirtschaft
Zur Kreativwirtschaft gehören:
1. Verlagsgewerbe/Musikindustrie
2. Filmwirtschaft einschließlich TV-Produktion.
3. Rundfunkwirtschaft
4. Darstellende Künste und Bildende Künste, Musik und Literatur
5. Journalisten- und Nachrichtenbüros
6. Museumsshops, Kunstausstellungen
7. Einzelhandel mit Kulturgütern (Buch-, Musikfach-, Kunsthandel)

8. Architekturbüros
9. Designwirtschaft
10. Werbewirtschaft und Sponsoring
11. Games
12. Software

Kultursponsoring
ist die Form des Sponsoring, die Musik, Theater, und Kunst sponsert. Kultursponsoring ist im Volumen und der Projektanzahl erheblich geringer als Sportsponsoring, hat aber ein großes Wachstumspotential. Wie bei allen Sponsoringarten geben die gesponserten auch hier dem Sponsor gute Gegenleistungen. Kultursponsoring grenzt sich eindeutig vom Mäzenatentum, also Förderung ohne Gegenleistung ab.

Markengesetz
Das deutsche Markengesetz dient dem Schutz von Marken. Zusammen mit dem Geschmacksmustergesetz, dem Gebrauchsmustergesetz und dem Patentgesetz werden die Nebenerzeugnisse und Kennzeichen von Unternehmen im Rahmen des gewerblichen Rechtschutz geschützt.

Mediamorphose
Mediamorphose beschreibt den Wandel von Kunst durch Kommunikationstechnologie.

Medienkonvergenz
Medienkonvergenz bedeutet die Annäherung verschiedener Einzelmedien in Bezug auf wirtschaftliche, technische oder inhaltliche Aspekte.

Medienmusik
Medienmusik bezeichnet die Verbindung von Musik und Medien. Dies ist künstlerisch, aber auch funktional möglich.

Mediensponsoring
ist eine eigenständige Sponsoringgattung und gehört zu den Haupt-Sponsoringarten wie Sportsponsoring, Kultursponsoring und Bildungssponsoring. Sponsoringpartner sind Medien, dabei sehr stark TV. Bei allen anderen Sponsoringarten spielt Mediensponsoring aber auch oft eine wichtige Rolle bei der Durchführung der Sponsoringengagements.

Megatrend
Von John Naisbitt und Matthias Horx geprägter Begriff. Megatrends dauern mindestens Jahrzehnte an, sind weltweit zu beobachten und bedeutend wie z. B. die Globalisierung und die zunehmende Lebenserwartung.

Mobile Marketing
Mobile Marketing bezeichnet Marketingmaßnahmen unter Verwendung drahtloser Telekommunikation und mobiler Endgeräte mit dem Zielt, Konsumenten direkt zu erreichen und zu einem bestimmten Verhalten zu führen.

Mobiles Internet
Bezeichnet die Möglichkeit, das gesamte oder Teile des Internet außerhalb des ursprünglich stationären Arbeitsplatzes auf einem Mobilgerät zugänglich zu machen. Dies kann über WLAN geschehen, z. B. mit Hotspots in Flughäfen, an denen man sich in das Internet einwählen kann, oder auch mit UMTS-fähigen Handys oder Labtops.

Mobisodes
Mobisode ist ein Kofferwort aus mobile und Episode. Es ist eine Folge einer TV-Serie die auf dem Handy empfangen werden kann. Mobisodes werden oft speziell für mobile Endgeräte produziert, um das mobile Medium technisch und inhaltlich optimal einzusetzen.

Musikberater
Ein Musikberater berät professionelle Medienproduzenten und Agenturen im Hinblick auf die Musikauswahl zur Zielerreichung der Medienbotschaft, Musiklizenzierung und Musikeinbindung. Er verbindet musikalisches Know-how mit den wirtschaftlichen Anforderungen seiner Kunden.

Musikwirtschaft
Die Musikwirtschaft ist ein Teilbereich der Kreativwirtschaft. Sie produziert und verwertet Wirtschaftsgüter, die mit der Schöpfung, Interpretation oder Rezeption von Musik im Zusammenhang stehen.

Nintendo DS
Ein Nintendo DS ist ein Dual Screens-System, also ein Handheld mit zwei Bildschirmen, einem eingebauten Mikrofon und weiteren techni-

schen Neuerungen. Dieses System ermöglicht eine vereinfachte Spielesteuerung.

Nintendo Wii
Wii ist eine fernsehgebundene Spielekonsole. Sie hat einen Controller mit Bewegungssensoren, welche die Position und Bewegungen des Spielers im Raum registrieren. Dadurch können reale Bewegungen des Spielers im Spiel umgesetzt werden.

Online-Community
Eine Online-Community, also Netzgemeinschaft, ist eine Gemeinschaft von Menschen, die sich via Internet begegnet und austauscht. Dies findet über dafür eingerichtete Plattformen statt. E-Mail, Chat, Instant Messenger und Foren sind die bekanntesten Kommunikationstools.

Peer-to-Peer
In einem reinen Peer-to-Peer Netz sind alle Computer gleichberechtigt und können sowohl Dienste in Anspruch nehmen als auch Dienste zur Verfügung stellen.

Persönlichkeitsrecht im Sinne des Urheberrechts
Der Künstler verfügt über Persönlichkeitsrechte, so das Recht auf Anerkennung in Bezug auf seine Darbietung (§ 74 UrhG) und das Recht, die Beeinträchtigungen seiner Darbietung (Entstellungen) zu untersagen (§ 75 UrhG).

Podcast
Podcast oder Podcasting bezeichnet das Produzieren und Anbieten von Mediendateien (Audio oder Video) über das Internet. Das Kofferwort setzt sich aus den Wörtern iPod und Broadcasting zusammen. Ein einzelner Podcast ist somit eine Serie von Medienbeiträgen, die über einen Feed automatisch bezogen werden können.

Podsafe Music
Bezeichnet Musikwerke, die so lizenziert sind, dass sie kostenlos in den USA Podcasts verwendet werden dürfen. Andere Verwendungsarten müssen lizenziert werden.

POS (Point of Sale)
Der Point of Sale ist der Verkaufsort. Hier wird meistens die Verkaufs-

entscheidung getroffen. Es gibt POS Videos, in denen Verkaufsprodukte dargestellt werden, um den Kunden zum Kauf zu animieren.

Produktionsmusik
Produktionsmusik ist Musik für den professionellen Einsatz in Film, TV, Radio, Werbung, Hörbuch, Podcast, Internet, Games und allen anderen Medien.
Sie ist Teil der Medienmusik.

Second Life
Ist eine Online 3D-Infrastruktur für von Benutzern gestaltete, virtuelle Welten, in der Menschen durch Avatare interagieren, spielen, Handel treiben und anderweitig kommunizieren können.

Score Music
Filmmusik, welche die Filmhandlung unterstützt und nicht optisch im Film sichtbar wird.

Social Commerce
Social Commerce ist eine konkrete Ausprägung des elektronischen Handels, bei der aktive Beteiligung der Kunden und die persönliche Beziehung der Kunden untereinander im Vordergrund stehen. Beispiel: www.eadeo.com

Sound Design
Sound Design, Tongestaltung ist die kreative Arbeit mit Klängen und Geräuschen.

Source Music
Musik die in der Filmszene vorkommt.
1. Optisch sichtbar durch Musiker im Film wie z. B. Bar-Pianist, Sänger, Orchester.
2. Musikquellen in der Filmszene wie Radio, Anrufbeantworter, Klingelton etc.

Spielekonsole
Sind Computer oder computerähnliche Geräte, die ursprünglich für Videospiele entwickelt wurden. Sie bieten außerdem weitere Funktionen wie die Wiedergabe von Audio-CDs und DVD/Video. Da die Ressourcen einer Konsole voll ausgeschöpft werden und die Software

optimiert ist, wirkt ein Konsolenspiel oft flüssig. Die Leistungsfähigkeit einer Konsole kann so groß wie bei einem Computer sein. Der Nachteil ist, dass die Plattform auf einem einheitlichen Entwicklungsstand stehen bleibt, während PCs ständig weiter entwickelt werden.

Sponsoring
Sponsoring ist die Förderung von Personen, Gruppen, Menschen, Veranstaltungen oder Organisationen in Form von Geld, Sach- und Dienstleistungen mit der Erwartung, eine die eigenen Marketingziele unterstützende Gegenleistung zu erhalten.

Suchmaschinenoptimierung
Suchmaschinen Marketing auch Search Engine Optimization genannt (SEO), ist ein Fachbegriff für Maßnahmen, die dazu dienen, dass Webseiten auf Ergebnisseiten von Suchmaschinen auf höheren Plätzen erscheinen.

TV-Trailer
Ein Trailer ist ein aus einigen Filmszenen zusammengesetzter Clip zum bewerben eines Kino- oder Fernsehfilms, eines Computerspiels oder anderer Veröffentlichungen. Trailer werden meistens musikalisch unterstützt.

Urheberrecht
Das Urheberrecht regelt den Schutz eines Werkes für seinen Urheber.

Verwertungsgesellschaft
Eine Verwertungsgesellschaft ist eine Einrichtung, die Urheberrechte für eine große Anzahl von Urhebern zur gemeinsamen Auswertung wahrnimmt. Gesetzliche Grundlage ist das Urheberrechtswahrnehmungsgesetz. Aufsichtsbehörde ist das deutsche Patentamt in München.

Virales Marketing
Ist eine Marketingform, die existierende soziale Netzwerke und Medien nutzt, um Aufmerksamkeit auf Marken, Produkte oder Kampagnen zu lenken, indem Nachrichten sich epidemisch wie ein Virus ausbreiten.

Websponsoring
Websponsoring, auch Onlinesponsoring genannt, bezeichnet Formen des Sponsoring von Internetangeboten. Es bezahlt ein Sponsor den

Webseiten Betreiber für die Platzierung von Werbemitteln, wobei im Idealfall zwischen Betreiber und Sponsor inhaltliche Zusammenhänge bestehen.

Werbemusik
Werbemusik unterstützt die Werbebotschaft durch Emotionalisierung. Sie kann als Musik-Bett, Jingle(vocal, instrumental) oder Audio Logo eingesetzt werden.

Werk
Als Werke werden im Urheberrecht Schöpfungen von Urhebern bezeichnet, die durch das Urheberrecht geschützt werden. Ein geschütztes Werk entsteht durch den Vorgang, in dem der Urheber des Werkes eine Idee umsetzt und ihr eine wahrnehmbare Form gibt.

Service für professionelle Musiknutzer in allen Medien

Häufig gestellte Fragen

Wo erfahre ich welcher Musikverlag die Rechte an den von mir gewünschten Musiken hat?

1. www.gema.de
Die GEMA hat eine umfangreiche Musikwerke Datenbank mit den Rechteinhabern Komponisten und Verlage. Es gibt einen großen öffentlichen Bereich in dem jeder nach Musikwerken suchen kann. Es sind alle wesentlichen Werkangaben enthalten und die Kontaktdaten der Rechteinhaber.

2. CD und Online Metadaten
Wenn es sich um Hits und kommerzielle CDs handelt, sind die Verlagsdaten immer auf der CD angegeben. Nicht zu verwechseln mit der Schallplattenfirma, die in der Öffentlichkeit immer bekannter ist, als der Verlag.3. Bei Produktionsmusiken sind analog alle Daten auf der CD enthalten, oder im Online Suchprogramm, bei downloads als Metadaten.
Fazit: Es ist in der Regel einfach, die Musikrechteinhaber herauszubekommen. In Einzelfällen besonders bei internationalen Titeln kann es schwieriger werden. Bedenken Sie aber immer, dass Unwissenheit nicht vor Strafe schützt. Sie können nicht einfach geschützte Musik ohne Lizenzerwerb in professionellen Medien verwenden. Sie verstoßen dann gegen das Urheberrecht.

2. Wie unterscheiden sich Musikverlag und Tonträgerfirma (»Schallplattenfirma«)
Der Komponist komponiert das Musikwerk. Er kann seine Werke selber vermarkten oder gibt sie einem Musikverlag der dies für ihn übernimmt. Wenn sein Musikwerk jetzt von einer berühmten Sängerin, z.B. Madonna gesungen wird, hat Madonna die Leistungsschutzrechte an ihrer Stimme und ihrer Aufnahme. Sie überträgt diese Rechte einer Tonträgerfirma (»Schallplattenfirma«) zur Vermarktung. Dies bedeutet für die Musiklizenzierung müssen Sie immer beide Rechte einholen. Wenn Sie

nur die Nutzungsrechte vom Musikverlag einholen, bedeutet dies, dass Sie das Musikstück selber einspielen lassen müssen. Sie dürfen keine Aufnahme einer Tonträgerfirma verwenden. Der Komponist erhält Tantiemen für die Nutzung seiner Musikwerke, egal wer sie singt. Der Sänger erhält immer nur Vergütungen für seine Aufnahmen.

3. Ist jede Musik geschützt?
Nein, es gibt PD »Public Domain« Werke, die 70Jahre nach dem Tod des Komponisten gemeinfrei sind. Es darf sie jeder ohne Vergütung benutzen. Dies trifft auch auf bekannte Volkslieder, »Gassenhauer« zu, wo man die Entstehung der Musikwerke nicht mehr nach verfolgen kann. Auch wenn kein Komponist mehr zu ermitteln ist, sind seine Werke gemeinfrei. Die meiste klassische Musik ist Public Domain, weil der Komponist über 70 Jahre tot ist. Die gilt für Mozart, Beethoven etc. Es kann also jeder diese Musiken aufnehmen und erhält an seiner Aufnahme ein Leistungsschutz recht für bisher 50 Jahre nach der Aufnahme. Diese Schutzfrist wird voraussichtlich auf 95 Jahre verlängert.

Kurzfassungen: Musiklizenzierung für professionelle Medienproduktionen

Ziel: Konkrete Hilfestellung bei der Musiklizenzierung zu geben. Es werden Abläufe schematisch dargestellt, um verständlicher zu sein. Weitere Unterstützung geben Musikberater, Musikverlage, Tonträgerfirmen, GEMA und GVL.

Allgemeine Informationen zur Lizenzierung
Diese Angaben werden in der Regel vom Musikverlag benötigt:
Um was für eine Medienproduktion handelt es sich?
Der Musikverleger möchte wissen, wie sein Musikwerk verwendet wird. In neuen Medien möchte er Sicherheit haben, dass sein Werk Medienkonform gut dargestellt werden kann. Die Art der Medienproduktion ist auch wichtig für die Berechnung der Lizenzgebühr und spätere Abwicklung mit der GEMA für das Vervielfältigungsrecht oder Aufführungsrecht.

Welche Daten sind erforderlich?
Name des Komponisten, Jahr der Komposition, Name und Anschrift des Musikverlages, Dauer der verwendeten Musik, bei verschiedenen Fassungen, Angabe welche Fassung gewählt wurde. Daten des Musiknutzers, gewünschter Auswertungszeitraum, Auflage der Medien, evtl. Verkaufspreis. Grund: Nur mit diesen Daten ist eine faire Vergütung und Abrechnung möglich.

Was passiert, wenn ich die Musiknutzung nicht melde?
Das ist eine Urheberrechtsverletzung die geahndet wird und dazu führt, dass Sie die Musiknutzungsrechte nicht erworben haben. Es kann ihre gesamte Medienproduktion gestoppt werden. Die Komponisten, Musikverlage und die GEMA kontrollieren wo die Musik verwendet wird.

Wie kommt die GEMA an die Musik?
Die Komponisten machen einen Berechtigungsvertrag mit der GEMA. Dieser Vertrag regelt die Zusammenarbeit mit der GEMA im Wesentlichen wie folgt:
Der Komponist muss GEMA Mitglied werden. Der GEMA wird ein Inkassomandat erteilt. Die GEMA Mitgliederversammlung kann das Wahlrecht ausgeübt werden. Die GEMA hat einen Aufsichtsrat mit den drei Mitgliedsgruppen Komponisten, Texter, Verleger. Jede Komposition wird dann vom Komponisten oder Musikverlag der GEMA gemeldet. Gemäß dieser Meldung werden dann alle Musiknutzungen dieses Werkes von der GEMA erfasst und abgerechnet.

Muss jeder Komponist in der GEMA sein?
Nein, es gibt auch sogenannte GEMA freie Komponisten und damit »Gema freie« Musik. Hier werden die Aufführungsrechte und Vervielfältigungsrechte von den Komponisten, bzw. ihren GEMA freien Verlagen direkt den Musiknutzern in Rechnung gestellt.

Wie funktioniert die weltweite Musiklizenzierung?
Der Musikverlag kann von Deutschland aus weltweit seine Musik lizenzieren. Musikverlage haben oft auch Subverleger in anderen Ländern, besonders in den wichtigsten Musikmärkten U.S.A., Japan, U.K, Frankreich. Der Subverleger kann vor Ort die Nutzungen, Abrechnungen noch besser kontrollieren und vor allem auch aktiv die Musik promoten.

SERVICE FÜR PROFESSIONELLE MEDIENNUTZER

Wie wird man Komponist für Medienmusik?
Professionelle Kompositionen liefern können mit Verständnis für die Bedürfnisse der Medienunternehmen. Der Komponist muss wissen, dass mit seiner Musik mehr Waschmittel oder Finanzanlagen verkauft werden sollen. Die Musik wird funktional angewendet. Wer dem kritisch gegenüber steht, ist außerhalb der Medienmusik besser aufgehoben. Die meisten Medienmusik Komponisten sehen aber gerade in dem funktionalen Nutzen eine Bereicherung ihrer künstlerischen Ausdrucksformen und komponieren mit Stolz und großem Engagement.

Wie werde ich ein guter Medienmusik-Nutzer?
Die Musikrechteinhaber wie Musikverlage, Komponisten und GEMA sind Partner der Medienmusik Nutzer. Offene und ehrliche Musikmeldungen der Nutzer schaffen eine gute Basis. Die Musikrechteinhaber geben in der Regel alle nötige Hilfestellung für den korrekten Erwerb der Nutzungsrechte. Es ist hilfreich, wenn die Medienproduktion so gut wie möglich den Rechteinhabern erklärt wird, damit eine optimale Lizenzierungsbasis gefunden werden kann. Eine Partnerschaft auf Augenhöhe klappt dann optimal, wenn sich die Musikrechteinhaber über die Nutzung ihrer Medienmusik freuen und sich nicht »künstlerisch abgehoben« fühlen. Besonders bei neuen Medien, z. B. als das Internet startet sind manchmal die Klangmöglichkeiten noch nicht optimal, was das musikalische Werk beeinträchtigen kann. Wenn der Medienmusiknutzer die positive Wirkung der Musik und das damit verbundene Gewinnpotential für ihn erkannt hat, ist dies eine gute Basis für faire Preisverhandlungen. Medienmusik Komponisten sind Profis, die von ihren Kompositionen leben. Sie schaffen enorme Werte und brauchen eine faire Vergütung. Sie leiben Musik und werden alles tun, dass sich ihr künstlerisches Engagement positiv und monetär auf die Medienprodukte der Medienmusik Nutzer auswirkt.

Musik im TV (außer Koproduktionen und Werbespots, Merchandising Trailer etc.)

Diese Nutzungsrechte werden benötigt:
Das Herstellungsrecht wird ausnahmsweise von der GEMA und nicht vom Musikverlag vergeben. Jeder TV-Sender mit einem GEMA Vertrag kann Gema pflichtiges Repertoire inklusive Herstellungsrecht für das normale TV Programm verwenden, also ohne Werbung und Nutzung

anderer Medien. Voraussetzung ist natürlich, dass der Musikverlag GEMA Mitglied ist. Hintergrund: Da im TV sehr viel Musik verwendet wird, haben die Verlage diese Recht an die GEMA abgetreten. Die GEMA kassiert den Anteil für das Herstellungsrecht mit.

So bekommt der Musiknutzer seine Nutzungsrechte:
Musik im normalen TV Programm: Musik aus dem Musikarchiv auswählen. Die verwendete Musik wird auf der Sendeliste vermerkt. Musikwerk, Komponist, Texter, Musikverlag und den GVL LC für die Musikaufnahme. Die Musikmeldungen werden dann an GEMA/GVL versandt. Die GEMA macht das Inkasso für die GVL.

So bekommen die Komponisten und Musikverlage ihr Geld:
Die TV-Sender zahlen im Schnitt ca. 4 % ihrer Umsätze an die GEMA. Die Vergütung ist nach der Musiknutzung gestaffelt und reicht von 0,32 % der Einnahmen bei 0-10 % Musiknutzung, also z. B. einem Nachrichtensender bis 5,63 % der Einnahmen bei z. B. einem Musiksender. Tarif Fernsehen S-VR/FS-Pr vom 1.1.2007
Die GEMA teilt alle Einnahmen durch Dauer der insgesamt benutzten Musiken. Dies ergibt einen Minutenwert von z. B. Euro 5,-. Dieser Minutenwert wird gewichtet nach Größe der TV-Sender und nach der Art der Musiknutzung, also Werbung, TV Serie, Nachtprogramm etc. Dadurch wird eine faire Vergütung erzielt. Die GEMA überweist jedem Komponisten seinen Anteil direkt, ca. 60 % der Einnahmen. Die Musikverlage erhalten eine Gesamtabrechnung.

TV-Koproduktionen:
Musiknutzer im TV müssen bei Koproduktionen aufpassen, da muss das Herstellungsrecht direkt vom Verlag erworben werden. Bei TV Koproduktionen finanzieren z. B. ein TV-Sender, ein TV Produzent und etwaige Förderinstitutionen einen Film gemeinsam. Koproduktionen werden oft gemacht, wenn der Film sehr aufwendig und teuer ist, also das normale Budget eines TV-Senders sprengt.

TV-Werbung, Merchandising Trailer, Cross Promotion Trailer etc.
Hier müssen die Filmherstellungsrechte vom Musikverlag erworben werden. Die Preise für z. B. Werbung schwanken sehr stark. Für Hits wird oft ein Prozentsatz des Media Budgets fällig. Der Deutsche Musikverlegerverband differenziert die Vergütung nach den einzelnen Sendern. Produktionsmusik kostet ca. Euro 2.500 für einen nationalen TV

Spot inkl. Masterrecht bzw. Tonträgerrecht. Die anderen Werbeformen orientieren sich im Verhältnis an den TV Spots. Wichtig: Musik in der Werbung berührt die Persönlichkeitsrechte es Komponisten im besonderen Masse. Es darf niemals Musik für Werbung einfach so genommen werden in der irrigen Annahme, die GEMA Zahlung reicht.

Radio
Die Radiosender zahlen wie die TV-Sender GEMA und dürfen dadurch alle Musik aus dem GEMA Repertoire für das Radioprogramm nutzen. Für Werbung, Merchandising etc. gilt das für TV gesagte analog. Der Lizenzierungsablauf ist wie im TV. Die Radiosender zahlen an die GEMA zwischen 0,78 % Ihrer Einnahmen bei einem Musikanteil von 0-10 % bis zu 7,75 % ihrer Einnahmen bei einem Musikanteil von 90-100 %.

Kino/Film: Ablauf Musiklizenzierung
Der Kinofilmproduzent lizenziert das Filmherstellungsrecht bei dem dazugehörigen Musikverlag. Die Preise für das Filmherstellungsrecht betragen lt. DMV mindestens Euro 750,-, bei Euro 7,50 pro Sekunde für Deutschland. In der Regel werden gleich die Nutzungsrechte für TV, Video und oft auch Internet gegen Aufschläge mit erworben. Wenn der Kinofilm aufgeführt wird, zahlen die Kinobesitzer 1,25 % vom Umsatz an die GEMA gemäß Tarif T-F vom 01.01.2008.

Video/DVD: Ablauf Musiklizenzierung
Das Filmherstellungsrecht wird beim Musikverlag erworben. Die Preise schwanken und sind bei Hits in der Regel höher als bei anderen Musiktiteln, die lt. DMV Empfehlung den Kinofilmtarifen entsprechen, also Euro 7,50 pro Sekunde, wobei es Abschläge von 25-75 % bei kleineren Produktionen geben kann. Produktionsmusik liegt bei ca. Euro1,90 pro Sekunde. Die GEMA Vergütungen für die Vervielfältigungsrechte betragen 4,5375 % des Detailhändlerpreises.

Podcast
Die Herstellungsrechte werden vom Musikverlag erworben. Die Masterrechte von der Tonträgerfirma. Die GEMA hat augrund des jungen Podcast Marktes und den vielen unterschiedlichen gewerblichen Nutzungsformen noch keinen allgemein gültigen Tarif (Stand August 2008). Es wird daran gearbeitet und bis dahin werden Podcasts individuell lizenziert. Private, also nicht gewerbliche Podcasts können ab Euro 10 pro Monat lizenziert werden.

Internet (gewerbliche Homepage): Ablauf Musiklizenzierung
Das Herstellungsrecht muss vom Musikverlag erworben werden. Die Lizenz ist unterschiedlich hoch für Werbung und Imagevertonungen. Hits haben da wie immer eine große Bandbreite in den Vergütungstarifen. Die DMV Richtlinien orientieren sich wieder am Film. In der Produktionsmusik wird unterschieden zwischen Image Inhalten, die sich dann an Imagefilmen weltweite Lizenz orientieren, also Euro 2,90 pro Sekunde und Werbung, die sich dann an den TV Spot Lizenzen orientiert, also für Deutschland Euro 2.500,–. Die GEMA berechnet für gewerbliche homepages bei bis zu 5 Minuten Musik Euro 25,– im Monat bei bis zu 25.000 visits. Produktionsmusik hat einen Sonderpreis von Euro 70,- pro Jahr für Imagebildende Homepages. Bei Werbung Euro 100,– pro Monat.

Games: Ablauf Musiklizenzierung
Das Herstellungsrecht wird vom Musikverlag erworben und entspricht bei großen Games mit großer Verbreitung den Kinofilm Lizenzen. Bei kleineren Games gibt es Abschläge. Die GEMA berechnet für die Vervielfältigung zwischen 1,875 % bei bis zu 6 Minuten GEMA Repertoire bis zu 7,55 % bei 54 -120 Minuten Musik. Diese Vergütungssätze gelten für Produktionsmusik und individuell für Games komponierte Musiken.

Mobile Content und Mobile Advertising: Ablauf Musiklizenzierung
Das Herstellungsrecht wird vom Musikverlag erworben. Da der Content sehr unterschiedlich ist, werden verschiedene Tarife angewandt. Sie sind analog den Games Tarifen, oder bei Festinstallierten Klingeltönen besondere Tarife VR-AV-DT-H1. Downloads fallen unter VR-OD2.

Hörbücher: Ablauf Musiklizenzierung
Das Herstellungsrecht wird vom Musikverlag erworben. Gema Lizenz VR-TH 6 Die Mindestvergütung für ein Hörbuch beträgt 0,40 Euro für bis zu 60 Minuten. Die Tarifberechnung ist ansonsten sehr analog zu Musik CDs, 10 % vom Detailverkaufspreis oder 13,75 % des vom Hersteller veröffentlichen höchsten Abgabepreises.

Corporate Media z. B. Messefilme
Das Herstellungsrecht wird wieder vom Verlag erworben. Hits finden hier nicht so häufig statt. Wenn ja, sind die Lizenzen aber günstiger als wie bei großen Kinofilme, weil diese Filme ja nicht kommerzielle ver-

kauft werden, sondern das Image stärken sollen. Auftragskompositionen kosten sehr unterschiedlich. Es ist keine Regel erkennbar, weil es auf die Menge der Musik ankommt und auf das Renommee des Komponisten. Es sind aber immer ein paar tausend Euro. Produktionsmusik liegt bei Euro 1,95 pro Sekunde. Die GEMA berechnet den TWAV-Tarif mit Euro 69,00 pro Minute. Dies enthält die Aufführungen auf Messen etc. und Vervielfältigungen.

Premium Service-Adressen

Medienmusik-Nutzer: www.auster-medienmusik.de
Beratung für alle Unternehmen, die Musik gewinnbringend einsetzen wollen: www.alg-unternehmensberatung.de / www.alg-gruenderberatung.de
Musikberatung für Werbeagenturen, Filmproduzenten, Medienunternehmen: www.musikconsultant.de
Sponsoringberatung, Sponsoringkonzeption, Sponsoringvermittlung Sonderwerbeformen: www.alg-sponsoringberatung.de / www.alg-sponsoringvermittlung.de

Verbände:
www.dmv.de: Deutscher Musikverleger Verband
www.vut.de: Verband unabhängiger Tonträgerfirmen
www.musikindustrie.de: Bundesverband Musikindustrie e.V
www.drmv.de: Deutscher Rockmusikerverband
www.biu-online.de: Bundesverband Interaktive Unterhaltung e.V.
www.game-bundesverband.de: Bundesverband Entwickler Computerspiele
www.gvu.de: Verfolgung von Urheberrechtverletzungen
www.usk.de: Unterhaltungssoftware Selbstkontrolle

Verwertungsgesellschaften:
www.gema.de: Komponisten/ Musikverlage
www.gvl.de: Interpreten/ Tonträgerfirmen
www.gwff.de: Film und Fernsehrechte
www.vffvg.de: Film und Fernsehproduzenten
www.bildkunst.de: Bild Künstler
www.vg.wort.de: Wortbeiträge
www.dmv.de: Deutscher Musikverlegerverband

Premium Musik-CDs:
www.alg-musikvermittlung.de / www.medientraeger.de

Der Autor:
www.alg-unternehmensgruppe.de / www.erfolgreich-blog.de

Literatur- und Linkliste

100 Partnerprogramme: www.100partnerprogramme.de.
123 Consulting: www.123consulting.at, Kino 2008, Vortrag Harald Grabner.
Affilinet: www.affilinet.de.
ALG Gründerberatung: www.alg-gruenderberatung.de.
ALG Musikvermittlung: www.alg-musikvermittlung.de.
ALG Seminare: www.alg-seminare.de.
ALG Unternehmensgruppe: www.alg-unternehmensgruppe.de.
Arbiton, US Television Bureau of Advertising, Entertainment Association and Yankee Group 2005.
Arri: www.arri.de.
Arthaus Musik: www.arthaus-musik.de.
Auster Medienmusikverlag GmbH: www.auster-medienmusik.de.
Bagusat, Ariane, Hermann, Arnold (Hrsg), Management-Handbuch Bildungssponsoring, 1. Auflage 2006, Erich Schmidt Verlag.
Bastian, Günther, Prof., Institut für Musikpädagogik an der Goethe Universität Frankfurt, Sophienstr. 1-3, 60487 Frankfurt am Main.
Best Corporate Publishing: www.bcp.de.
Best of mp3: www.bestofmp3.de.
Bitkom Branchenverband Internet: www.bitkom.org.
Blaes, Ruth/Gregor A. Heussen (Hrsg), ABC des Fernsehens, UVK Medien, Konstanz 1997.
Blog Census, Das Blogger Portal: www.blogcensus.de.
Bloginitiative Germany: www.bloginitiativegermany.de.
BMW Brand Games: www.bmw.com.
BR Online: www.br-online.de. Manfred Spitzer (Autor Mozarts Geistesblitze) BR-Online Serie Gehirnforschung: »Wie entsteht Musik im Kopf?.
Branchenbarometer Elektronisches Publizieren 2006 (Oktober 2006), Studie des Arbeitskreises Elektronisches Publizieren, Börsenverein des Deutschen Buchhandels, Frankfurt am Main.
Bruhn / Kopiez / Lehmann (Hrsg), Musikpsychologie: Das neue Handbuch, Rowohlt Taschenbuch Verlag GmbH, Reinbeck bei Hamburg 2008.
Bundesregierung: www.bundesregierung.de.
Bundesverband Audiovisuelle Medien E.V., Video-Markt-Studie 2007 vom 3.3.2008, Hamburg: www.bvv-medien.de.
Buschmeier, Alexander, Mobile Music, 1. Auflage 2006, Rainer Hampp Verlag.
Clio Awards: www.gwa.de/awards-vents/clio-awards.

LITERATUR- UND LINKLISTE

Coca Cola Sponsoring: www.cokesideoflife.de.
Coke Music: www.mycokemusic.ch.
Creative Commons Lizenzen: www.creativecommons.org.
Daimler Blog: www.daimler.de.
Das Hörbuch geht online..., Verbraucherumfrage zum Hörbuch-Download (Januar 2005), Arbeitskreis Hörbuchverlage, Börsenverein des Deutschen Buchhandels, Frankfurt am Main.
Der Standard: www.derstandard.at.
Djbobo: www.djbobo.de.
DMV Musikverleger-Richtlinien: www.dmv.de.
Eadeo: Das Well-Web: www.eadeo.de.
Eck, Klaus, Unternehmen im Online Dialog zum Kunden, Orell Füssli Verlag AG, Zürich 2007.
Eltern Community: www.eltern.de.
Engh, Marcel, Popstars als Marke: Identitätsorientiertes Markenmanagement für die musikindustrielle Künstlerentwicklung und -vermarktung, Gabler Edition Wissenschaft, Gabler Fachverlage, Wiesbaden 2006.
Entspannung durch Musik bei Herz-Patienten vom 24.6.2009, Glarean Verlag (www.glareanverlag.wordpress.com).
EU Kommission 2009: Das Jahr der Kreativität, www.europa.eu.
Explido: www.explido.de.
Fachverband für Sponsoring: www.faspo.de.
Filmmusik 2000: www.filmmusik2000.de.
Filmszene: www.filmszene.de.
Fishers Friend: www.fishers-friend.de, Angelcommunity.
Fokus Schulsponsoring: www.focus.de/schule.
Forward2Business Kongress: www.forward2business.de.
Frank Zander: www.frank-zander.de.
Friedrichsen, Jenzowsky, Dietl, Ratzer, Die Zukunft des Fernsehens: Telekommunikation als Massenmedium, Praxisforum Medienmanagement, Verlag Reinhard Fischer, München 2006.
Friedrichsen, Mike, Dr., Bruhn, Prof. GWA Studie 2004.
Gassner, Hans Peter, Media Perspektiven 6/2007.
GEMA Jahrbuch 2007, Hrsg. GEMA, Nomos Verlag.
General Public Licence (GNU): www.gnu.de (Juni 2009).
Gensch, Gerhard, Bruhn, Herbert, Musik und Kaufverhalten. Studie AUME und AKM 31.5.2009..
Grüner, Herbert / Kleine, Helene / Puchta, Dieter / Schulze, Klaus Peter, Kreative gründen anders!, Transcript, Bielefeld 2009.
Haas/Frigge/Zimmer, Radio Management, Verlag Ölschläger GmbH, München 1991.
Handbuch Filmmusik 1, Verlag Ölschläger GmbH, München, 2. Auflage 1990.

LITERATUR- UND LINKLISTE

Heiser, Jörg, Die sieben großen Lügen des Kunstmarktes, aus: Welt: www.welt.de/kultur/article392695/Die-sieben-grossen-Luegen.html vom 16.6.2009.

Horst Schlämmer Blog: www.horstschlaemmerblog.de.

Hübner, Georg, Die Veränderung der Rezeption und Distribution von Musik durch das Aufkommen des Web 2.0, Europäische Hochschulschriften Reihe V Volks-und Betriebswirtschaft, Bd./Vol 3313, Peter Lang, Internationaler Verlag der Wissenschaften, Frankfurt am Main.

Hugo Boss: www.hugoboss-sailing.com und www.hugobosscom.de, Sportsponsoring.

Inar: www.inar.de, Arvato mobile startet gnab 2.0, vom 24.6.2009.

Internet Portale: www.youtube.de, www.freenet.de, www.myvideo.de, www.clipfish.de.

Internet-TV: www.zattoo.de, www.ehrensenf.de.

Jägermeister-Sponsoring: www.jägermeister.de.

Jamba: www.jamba.de.

Karsten, Eric/Schütte, Jörg, Firma Fernsehen: Wie TV-Sender arbeiten, Rowohlt Taschenbuch Verlag GmbH, Reinbeck bei Hamburg 1999.

Kopierwerk Geyer: www.cinepostproduction.de.

Korosides, Konstantin, Fernsehwerbung in Deutschland, 1. Auflage 2008, Nomos Verlag, Baden-Baden.

Kotler, Philip, Marketing Management, 12. Auflage 2007, S. 700, Pearson Education Deutschland GmbH, München.

Lammenett, Erwin, Praxiswissen Online-Marketing, 1. Auflage 2006, Gabler Verlag, Wiesbaden.

Langner, Sascha, Viral Marketing, Gabler Verlag, Wiesbaden 2006.

Lehmann, Rolf G. (Hrsg), Handbuch Corporate Media, Verlag Moderne Industrie, Landberg am Lech.

Lokalisten: www.lokalisten.de.

Lufthansa: www.lufthansa.de, www.lufthansa.com.

Marktforschungsinstitut TNS Emnid: www.tns-emnid.com.

Maxnet: www.maxnet.de.

Media Infodienst: www.media-infodienst.de.

Mediacontrol: www.mediacontrol.de, Hitparade, Musik, Video etc..

Medien und Internetmanagement, 5. Auflage 2006, Gabler Verlag, Wiesbaden.

Mediendienst Heise: www.heise.de.

Mediendienst Intro: www.intro.de.

Milnet: www.milnet.com.

Mittelstandswiki: www.mittelstandswiki.de, Vodafone initiiert locale Internet-Werbung auf Handy, vom 24.6.2009.

Miyazaki, Shintaro, Medien, ihre Klänge und Geräusche – Medienmusik vs.

Instrumentalmusik., Deutschland. HU Berlin: www.2.hu.berlin.de/fpm/popscript/themen/pst09/miyazaki.htm.
Mobiles Lernen: www.m-learning.info.
Mobisodes: www.mobile-aesthetic.de.
Monaco, James, Film verstehen, Rowohlt Taschenbuch Verlag GmbH, Reinbeck bei Hamburg 1992.
Moorhuhn: www.moorhuhn.de , das Advergame für Johnny Walker .
Mühlenbeck, Frank / Skibicki, Klemens Dr. Verkaufsweg Social Commerce, Books on Demand, Norderstedt 2007.
Mühlenbeck, Frank /Prof. Klemens Skibicki, Community Marketing Management, 2008, Books on Demand, Norderstedt.
Müller, Dieter K. / Engel, Bernhard, Dr., Vortrag TV-Wirkungstag, Frankfurt 18. 4. 2007.
Müller-Lietzkow, Jörg / Bouncken, Ricarda B., Gegenwart und Zukunft der Computer- und Videospielindustrie in Deutschland, Wolfgang Seufert, Edition Gamesmarkt, Entertainment Media Verlag, Dornach b. München, 1. Auflage 2006.
Münchener Businessplan Wettbewerb (MBPW): www.mbpw.de.
Music Flatrate-Test: www.music-flatrate24.de vom 24.6.2009.
Musicmonster: www.Musicmonster.fm.
Musikindustrie: www.musikindustrie.de.
Musikindustrie: www.musikindustrie.de, Hamburger Mediendialog vom 8. 6. 2009.
My video: www.myvideo.de.
Mymusic: www.mymusic.de (Musikportal).
Nachrichtendienst Wordpress: www.taeglichfrisch.wordpress.com.
Napster: www.napster.de.
Netzwerk Zukunft: www.netzwerk-zukunft.de.
Nomaden der Lüfte: www.nomadenderluefte.de.
Online Community Pro 7: www.prosieben.de/club_community.
Online Software AG: www.online-software-ag.de.
PC Welt: www.pcwelt.de.
Piratenpartei: www.piratenpartei.de, Grundsatzprogramm der Piratenpartei vom 10. 9. 2006.
Podcast DE: www.podcast.de (Das Podcast Pioniere Portal).
PR Blogger: www.pr-blogger.de.
Price Waterhouse Cooopers, Studie Entertainment & Media Outlook 2005-2009.
Price Waterhouse Coopers (PWC): www.pwc.de.
Pure Play Music Inline Musikvermarktung: www.pureplaymusic.com vom 24. 6. 2009.
Red Bull Events: www.redbull.de.
Report zur Branchenumfrage unter Hörbuchverlagen (Oktober 2006), Ar-

LITERATUR- UND LINKLISTE

beitskreis Hörbuchverlage, Börsenverein des Deutschen Buchhandels, Frankfurt am Main.

Ringe, Cornelius, Musik als Markenzeichen von Unternehmen, 1. Auflage 2005, VDM Verlag Dr. Müller, Berlin.

Rock am Ring Festival: www.rock-am-ring.de.

Rodriguez/v. Rothkirch/Heinz, www.musikverkaufen.de. Die digitale Musikwirtschaft, Verlag Musikmarkt GmbH & Co. KG, München 2007.

Rößler, Matthias, Musik überall? Aus chip online: www.chip.de vom 24.6.2009.

Schildhauer, Thomas / Woska Guido/ Hünnekens Wolfgang (Hrsg), Institut of Electronic Business, Trendstudie IP-TV. Fernsehen der Zukunft.

Schleswig Holstein Musikfestival: www.shmf.de.

Schneider, Beate / Weinacht, Stefan, Musikwirtschaft und Medien: Märkte – Unternehmen-Strategien, Praxisforum Medienmanagement, Verlag Reinhard Fischer, München 2007.

Schneider, Dominik / Tanner, Matthias, Studie »Rezipienten von Corporate Blogs«.

Scholz, Heike, Mobile Zeitgeist: www.mobile-zeitgeist.com.

Schott International 2000, Studie Musikerziehung und ihre Wirkung. Eine Langzeitstudie an Berliner Grundschulen..

Schramm, Holger, Die alltägliche Nutzung von Musik zur Regulierung von Stimmungen, 1. Auflage 2005, Herbert von Halem Verlag, Köln.

Second Life Lindenlab: www.lindenlab.com.

Siemens Micro Music Award: www.siemens.com.

Simon Stockhausen: www.simonstockhausen.de.

Social Commerce Community: www.eadeo.de oder www.eadeo.com.

Softwarehouse AG: www.softwarehouse.de.

Spiller, Ulrich, Vortrag Frankfurter Buchmesse 20.10.2005, Medienkonvergenz – bleibt da noch Platz für Printprodukte? Universität Leipzig Medienkonvergenz Monitoring Report 2008.

Sponsoring 2008, Fachverband für Sponsoring, New Business Edition, New Business Verlag GmbH & Co.KG, Hamburg.

Sporttherapeuthen Paradisi: www.paradisi.de.

Steam: www.steam.de.

Strömer, Tobias H., Online-Recht, dpunkt Verlag, Heidelberg, 4. Auflage 2006.

TOP DSL: www.top-desl.de, Internetfernsehen in Form von Werb-TV kommt langsam, aber es kommt, 24.6.2009.

Virales Marketing und Trendscouts TRND: www.trnd.com.

Vorleser: www.vorleser.de, Hörbuch Internet Portal.

Webgains: www.webgains.de.

Wella Schulungsfilme: www.wella.de.

Weltweites Musikernetz: www.EJamming.de.

Wengenroth, Kai, Neue Erlösformen im deutschen Fernsehen, VDM Verlag Dr. Müller, Berlin 2006.
Werben und Verkaufen (WUV): www.wuv.de WUV Verlag, München.
Werben und Verkaufen Nr. 37/2007.
Wie Web-Spots wirken, Forschungsgruppe Zukunft Digital, Werben & Verkaufen Nr. 26/2009.
Wikipedia: www.wikipedia.org.
Wilfer, Christian, Virales Marketing: www.viralmarketing.de.
Z_ Punkt: www.z_punkt.de Zukunftsforscher Klaus Burmeister und Andreas Neef.
Zanox: www.zanox.de.
ZDF, Volle Kanne Magazin: www.vollekanne.zdf.de.
Zimmermann, Olaf / Schulz, Gabriele unter Mitarbeit von Ernst, Stefanie, Zukunft Kulturwirtschaft. Zwischen Künstlertum und Kreativwirtschaft, Klartext Medienwerkstatt GmbH, Essen 2009.
ZKM: www.zkm.de.
Zukunftsinstitut: www.zukunftsinstitut.de, Matthias Horx.

Über die Autoren

Andreas Bode – Business Angel Kreativwirtschaft
Diplombetriebswirt und BA Hons, zertifizierter KMU Unternehmensberater, KFW gelistet. Juror/Coach MBPW, IHK Prüfungsausschuss, Hochschuldozent. Experte Kreativwirtschaft in der Initiative Kultur & Kreativwirtschaft der Bundesregierung

Andreas Bode startete seine Musikmanagement-Karriere 1989 bei MCPS in London. Es folgte die Filmbranche, 1995 wurde er Gründungsgeschäftsführer der BMG Zomba Production Musik (Bertelsmann). Er machte es weltweit zu einem führenden Unternehmen. Er hat Musik für alle Medien lizenziert, produziert und konnte so wertvolle, praxisnahe Einblicke in alle Medien und in das Innovationsmanagement gewinnen. 2008 gründet er die ALG Unternehmensgruppe (www.alg-unternehmensgruppe.de) Existenzgründungsberatung (www.alg-gruenderberatung.de) und Sponsoringberatung (www.alg-sponsoringberatung.de)

Er ist Geschäftsführender Gesellschafter der Internetfirma EADEO (www.eadeo.com) und der Auster Medienmusik Verlag GmbH (www.austermedienmusik.de). Er ist Vorstand im Fachverband für Sponsoring (FASPO), Vorstand Netzwerk Zukunft, Leiter AK »Absolute Beginners« und Leiter AK Bundesverband Community Management.

Kontakt:
Tel. 08121 / 98 08 33
andi_bode@t-online.de / www.alg-unternehmensgruppe.de

Christopher Mueller
Rechtsanwalt, spezialisiert auf die Bereiche Urheber- und Medienrecht

Christopher Mueller begann nach dem Studium und Referendariat in Passau und München und nach Abschluss eines Master-Studiengangs in Chicago seine berufliche Tätigkeit als Justiziar bei der Firma BMG Entertainment. Nach sechs Jahren wechselte er in die Film- und TV-Branche als Justiziar der Firma UFA Film & TV GmbH.

Seit 2003 ist er selbständiger Rechtsanwalt in München, wo er als Partner der Kanzlei Schulze Küster Müller Mueller sich auf die Interessenvertretung im Bereich des Urheber- und Medienrechts spezialisiert hat (www.artsandlaw.com).